U0922766

主　编：何晓锋

编　委：张丽琴　彭佩霞　黄桂兴　吴　芬　李艳芬
伍雪梅　何玉华　孙　燕　曾楹莹　庾思敏
李颖珊　杨　托　刘思远　刘广慧　黄诗韵
陈洁琳　李晓昕　罗佩敏　郭嘉琪　黎晓雯
邹泳怡　郑冰瑶　郭尚贤

指导单位：中共佛山市教育局机关委员会
佛山市教育局教学研究室

本书系首批广东省基础教育学科教研基地项目（佛山市小学道德与法治）、广东省中小学三科统编教材“铸魂工程”专项课题（GDJY-2021-A-b100）的重要成果。

铸魂润心，点亮未来

主编 何晓锋

广东高等教育出版社
Guangdong Higher Education Press
·广州·

图书在版编目（CIP）数据

铸魂润心，点亮未来/何晓锋主编. —广州：广东高等教育出版社，2022. 7

ISBN 978 – 7 – 5361 – 7286 – 9

Ⅰ. ①铸…　Ⅱ. ①何…　Ⅲ. ①中国共产党 – 党史 – 青少年读物　Ⅳ. ①D23 – 49

中国版本图书馆 CIP 数据核字（2022）第 125655 号

ZHUHUN RUNXIN DIANLIANG WEILAI

出版发行	广东高等教育出版社 地址：广州市天河区林和西横路 邮政编码：510500　电话：（020）87554153　38493773 http://www. gdgjs. com. cn
印　　刷	广东鹏腾宇文化创新有限公司
开　　本	787 毫米 ×1 092 毫米　1/16
印　　张	21
字　　数	386 千
版　　次	2022 年 7 月第 1 版
印　　次	2022 年 7 月第 1 次
定　　价	42. 00 元

前　　言

2021年是中国共产党百年华诞。我们党的历史，是一部百年奋斗的恢宏史诗，涵盖政治、经济、文化、军事、党的建设等方方面面，蕴含着中国共产党的磅礴力量和共产党人的无穷智慧。青少年是社会主义事业的建设者和接班人，是党史学习教育的重要群体。党史蕴含着丰富的思想政治教育资源，是青少年成长的“心灵鸡汤”。深入贯彻落实习近平总书记关于学习党史的重要论述，就要全面贯彻党的教育方针，引导广大青少年读懂“历史”这本最好的教科书，从中源源不断汲取思想养分，努力成长为担当民族复兴大任的时代新人。

百年党史卷帙浩繁，学什么，怎么学？作为首批广东省基础教育学科教研基地，佛山市小学道德与法治学科教研基地紧紧抓住了育人良好契机，突破狭小学段和课堂意识，落实大中小学思政课一体化建设。从2021年2月筹划“党史学习教育进校园·佛山市百万师生同上一堂思政课”活动，到2022年6月在全省率先推出“铸魂润心，点亮未来”舞台上的思政课，持续带动佛山各中小学深入开展党史学习教育，让百年党史走进青少年的心中，实现“立德树人”“铸魂育人”的根本使命。这一系列党史学习教育进校园活动引起了广大师生的共鸣，广大师生系统了解党的历史知识、党的光辉实践、党的光辉历程、党的丰功伟绩、党的历史经验和历史教训，进一步增强“四个意识”（政治意识、大局意识、核心意识、看齐意识）、坚定“四个自信”（中国特色社会主义道路自信、理论自信、制度自信、文化自信）、做到“两个维护”（坚决维护习近平总书记党中央的核心、全党的核心地位，坚决维护党中央权威和集中统一领导）。

在此特别感谢佛山市全体中小学思政课教师！他们立足实际、守正创新，积极投身于思政课改革创新大潮，把党史学习融入青少年的学习和生活当中，紧贴青少年需求，以青少年喜闻乐见、易于接受的形式，通过学、讲、颂、唱、绘、演等多种方式开展学习教育，着力讲好党的故事、革命的故事、英雄的故事，从中源源不断汲取思想养分，引导青少年做到知史爱党、知史爱国，坚定不移听党话、跟党走，让红色基因、革命薪火代代传承。

为持续推出高质量理论、教学及活动成果，总结和宣传各地各校党史进校园系列活动的先进经验和典型做法，推动广大师生继续深入学习党的历史和知识，增强对党的思想和情感认同，勇担历史重任，践行时代使命，佛山市小学道德与法治学科教研基地选取党史学习教育进校园活动的优秀成果，结集成册。

本书围绕佛山市中小学在党史学习教育活动中的创新举措、课堂教学、理论总结、特色活动、成功经验等组织实施情况，征集三类作品，包括党史学习教育理论文章、党史学习教育活动典型案例（嵌入校园文化、汇入社会实践、走入少先队和共青团组织生活等）和党史融入思政课程教学设计。主要体现以下几点：一是坚持正确方向。作品坚持正确的政治方向和价值取向，体现正确的党史观，牢牢把握住党的历史发展的主题主线、主流本质。二是富有教育意义。作品聚焦学生党史教育，以学生为主体，把党史教育贯穿活动始终，有理论文章、典型案例、教学设计，体现活动的教育性。三是增强育人实效。作品富有创新性、吸引力、感染力，结合学校和学生实际进行特色打造和品牌塑造，增强思政课的思想性、理论性和亲和力、针对性，提升育人实效。四是体现学术价值。作品可复制、能推广，对学校开展党史学习、教学及理论研究具有借鉴意义和参考价值。

成才先成人，立德先立人。感恩今天幸福生活的来之不易，大力发扬红色传统、传承红色基因，赓续共产党人的精神血脉，厚植爱国主义情怀，树立远大理想，立报国之志、增建国之才、践爱国之行，做一个懂得感恩、爱党爱国，有家国情怀、有使命担当的时代新人，努力成长为能担当民族复兴大任的时代新人。这就是本书以“铸魂润心，点亮未来”为名的缘由和主旨。

本书得到中共佛山市教育局机关委员会的悉心指导、佛山市教育局教研室的大力支持，在此表示衷心的感谢！风正帆扬，奋戢争先！

我们始终牢记为党育人、为国育才的使命，引导广大师生在学思践悟中坚定理想信念，在奋发有为中践行初心使命，不断谱写教育事业发展新篇章。

何晓锋

2022 年 7 月 7 日

目 录

上编 理论探索

"活化"党史教育，推动"红"育英才

——革命老区小学党史学习教育的有效路径 …… 2

弘扬高明革命精神，争做新时代传承者 …… 4

以党史学习打造新时代思政课新样态 …… 7

基于党史学习教育的历史教学探索 …… 9

探索"家校社"三位一体的青少年党史学习教育 …… 11

以史铸魂，将党史教育融入小学思政课堂 …… 14

中国特色社会主义制度自信的依据 …… 16

传承红色基因，厚植爱党情怀

——小学低年段读、写、绘、演多元融合学习党史 …… 18

学好党史，为未来奠基 …… 21

感悟思想伟力，汲取前行力量 …… 24

学史力行，做新时代的教师 …… 25

"六个有别于"，上好党史思政课 …… 28

信仰如磐，铁杵成针 …… 30

党史引领开新局，思政力行育新人 …… 32

基于"135＋"思路推进小学党史学习教育 …… 35

青少年党史学习教育效果提升策略与路径 …… 38

讲好红色故事，让红色基因根植学生心底

——东洲中学红色教育彰显育人特色 …… 42

红星闪耀，点亮未来
——以党史教育“学·研·行”促先进组织建设 …………… 45
习近平党史教育思想融入高中思政课堂教学
——以“中国特色社会主义”为例 …………………… 48
奋进新时代，我们向未来 …………………………… 50
挖红色教育资源，育新时代好少年
——基于立德树人的小学低年段“红色教育”实践 ……… 53
以“三同四起来”主题教育模式将党史教育融入中学道德与法治教学的策略研究 …………………………… 55
四度并行，推动党史学习教育走进童心
——以中共精神谱系之“长征精神”的学习为例 ……… 58

中编 活动案例

党史学习教育进校园
——佛山市百万师生同上一堂思政课 ………………… 62
弘扬铁军精神，传承红色基因
——铁军小学党史学习教育活动案例 ………………… 65
学史需力行，实践出真知
——桂洲中学推动党史进校园之社会实践案例 ………… 68
系列化·活动型·铸品牌
——李兆基中学团校学党史教育活动案例 …………… 72
为学校谋发展，为师生谋幸福
——龙江中学党史学习教育典型案例 ………………… 75
红色精神耀中华，系列活动促内化
——伦教中学学生党史主题学习案例 ………………… 78
“活”字为功，红色血脉入脑润心
——容山中学党史进校园活动典型案例 ……………… 81

以党史铸魂育人，唱响“大思政”三部曲
——郑敬诒职校党史学习教育活动案例 …………………………… 84
以史育人，有“融”乃强
——以“五个融合”推进党史学习教育进校园活动走深走实………
…………………………………………………………………… 87
寻红色文物，述百年党史
——大良实验小学党史学习教育活动实例 ……………………… 91
学习百年党史，传承红色基因
——东村小学党史学习教育活动案例 …………………………… 94
“学习党历史·演绎党故事”活动案例
——陈村镇勒竹小学党史学习教育活动案例 …………………… 97
党建引领团建，传承红色基因
——桂凤初级中学党史学习教育活动案例 ……………………… 99
融入岭南文化，筑牢民族团结
——佛山一中西藏班学子红色研学系列活动 …………………… 103
学党史，忆先辈，争做时代好少年
——三水区实验小学党史学习教育活动案例 …………………… 106
文化引领，传承红色基因，培育谦雅学子
——西南八小党史学习教育活动案例 …………………………… 108
让红色电影提升思政课魅力
——三水中学附属初中党史学习教育活动案例 ………………… 111
童心向党，强国有我
——思贤小学党史进校园之体育节开幕式一分钟表演案例 …… 113
走进毛泽东诗词系列活动
——党史教育嵌入班级文化建设活动案例 ……………………… 116
学党史，争做最美志愿者
——华材技校党史学习教育活动案例 …………………………… 119

学习党史重实践，传承薪火守初心
——龙津小学党史学习教育活动案例 …………………………… 122
红色回忆展
——2021 年澜石小学“童心向党”庆国庆红色教育主题展览活动
…………………………………………………………………………… 125
勇猛精进，向光前行
——“党史学习进校园，登峰精神照我行”活动案例 ………… 128
赓续红色基因，陶塑百年党史
——以陶艺传统文化承载百年党史学习教育 ………………… 132
“小小红船，百年征程”党史进课堂
——佛山一小党史学习教育活动案例 ………………………… 135
党史进校园
——佛山九小党史学习教育活动案例 ………………………… 138
广覆盖多形式全过程，高扬党团队三旗传递
——佛山三中党史学习教育活动案例 ………………………… 142
织密“四张网”，赓续红色基因
——高明一中附小党史学习教育活动案例 …………………… 145
立足社会大课堂，讲好思政课小课堂
——沧江中学党史学习教育活动案例 ………………………… 149
青春心向党，争做红色文物守护人
——高明教育局党史学习教育活动案例 ……………………… 152
追寻红色足迹，庆祝建党百年
——纪念中学党史学习教育活动案例 ………………………… 155
与党同心同德，与人民同向同行
——里水高中为医护送温暖，为学生立榜样 ………………… 157
学党史，悟思想，红色基因代代传
——旗峰小学党史学习教育进校园活动案例 ………………… 161

学史力行，筑牢务实笃行的好园风
——西樵中心幼儿园听音湖分园党史学习教育活动案例 ········ 164
出彩五育润青春，同心向党筑梦想
——盐步职业技校党史学习教育活动案例 ························ 167
一颗红心蕴教育希望，一根红线牵家校情怀
——狮山高级中学党史学习“双一”家访活动成果案例 ········ 170
开展党史教育，传承红色文化
——海三路小学党史学习教育活动案例 ························ 173
桂江学子心向党，逐梦未来齐远航
——桂江小学党史学习之庆祝建党100周年活动案例 ·········· 177
开展项目式党史学习，弘扬和传承红色基因
——叠滘初中党史学习教育活动案例 ···························· 180
弘扬长征精神，传承红色基因
——松岗中心小学党史学习教育典型案例 ······················ 183
“红色小剧场”让党史学习教育“活”起来
——罗村实小党史学习教育活动案例 ···························· 186
弘扬伟人、英雄文化，开展校园党史教育
——南海一中党史学习教育活动案例 ···························· 189
校史党史齐头进，砥砺前行开新局
——大圃中学党史学习教育活动案例 ···························· 193
组建党史学习共生圈，开展沉浸式党史班级活动
——黄岐初中党史学习教育活动案例 ···························· 196
学党史，做榜样，创未来
——灯湖三小党史学习教育进校园活动案例 ·················· 199
厚植红色精神，赋能党史教育活动
——展旗学校党史学习教育活动案例 ···························· 202

下编　教学设计

回顾峥嵘岁月，培育时代新人 …… 208
改革创新谋发展 …… 212
少年有梦 …… 218
中国共产党领导的多党合作和政治协商制度 …… 223
传承红色基因，争做时代新人 …… 229
跨越时空的井冈山精神 …… 234
弘扬长征精神，重塑理想信念 …… 239
百年薪火，青春许国 …… 244
逐梦星辰大海，勇担复兴大任 …… 249
中国共产党的历次工作重心转移 …… 255
致敬最闪耀的星 …… 259
中国有了共产党 …… 264
铁军精神薪火相传，红色血脉生生不息 …… 269
中国共产党领导人民站起来、富起来、强起来 …… 273
坚持改革开放 …… 280
没有共产党就没有新中国 …… 286
百年逐梦，复兴中华 …… 291
弘扬中华优秀传统文化和民族精神 …… 296
始终走在时代前列 …… 301
伟大的改革开放 …… 305
始终坚持以人民为中心 …… 309
党在我心中 …… 314
改革开放促发展 …… 318

上编　理论探索

“活化”党史教育，推动“红”育英才

——革命老区小学党史学习教育的有效路径

佛山市顺德区东村小学　谭润仪　刘肖玲　梁文龙　欧阳晓萍

2021 年 2 月 20 日，习近平总书记在党史学习教育动员大会上指出：“抓好青少年学习教育……让红色基因、革命薪火代代传承。”可谓意义深远。广大教育工作者落实“从小学党史，永远跟党走，赓续革命精神血脉”责任重大。党史内容十分丰富，而小学生年龄小，知识储备少，认知水平处于初级阶段，他们的理解、领悟能力不强，系统学习能力也比较弱。那么，如何将“党史”内化其心、外化其行，则是摆在学校面前的重要课题。

落实党史学习教育，红色文化资源是根与魂。佛山市顺德区东村小学地处佛山市顺德区杏坛镇东村革命老区，红色教育资源得天独厚。解放战争时期，东村是顺德的六个革命老区之一，是革命教育的重要阵地，1994 年被佛山市人民政府命名为“解放战争游击根据地”，现为顺德区党员教育基地。近年来，学校在坚持全面贯彻国家教育方针的同时，依托本地红色文化资源，结合学生的年龄特征和认知水平，努力创建具有“家乡味”的红色德育特色学校，认真规划让党史教育“活”起来的策略和路径，走出了一条特色鲜明的党史学习教育之路。

一、让党史学习教育在红色环境熏陶中“活”起来

校园环境是师生赖以学习、工作、生活的外部条件，是校园内在精神的外化，体现了一所学校的文化内涵。红色校园环境建设，让学生耳濡目染，实现环境育人。

橱窗、宣传栏是校园文化建设的重要载体，为使每一面墙壁“会说话”，让每一面墙壁能育人，学校围绕“党史学习教育”这一主题，将手抄报、书画作品、摄影作品、学生作文等优秀作品定期展出；布置“红色画廊”，悬挂革命英雄相片及相应的故事，无声地述说革命故事；开辟党史长廊，让学生在行走间感受党的光辉历程，潜移默化地接受党史学习教育，成为学校红

色教育宣传阵地的一块亮点。此外，学校致力于优化教室“红色”环境的营造，如教室一角开辟出“革命英雄烈士角”，定期刊出革命英雄事迹的黑板报；建立“班级红色图书角”，引导学生学习革命历史，感召党史精神。同时，学校成立“红色社团”红领巾基地，设立专题研究组，在校园网、公众号中开辟出“红色专栏”，加大宣传力度，开创学校德育工作新局面。

二、让党史学习教育在灵动的课堂中“活”起来

课堂是最经常、最持久、最有效的教育阵地，是学校铸魂育人的主渠道，是党史学习教育的主路径。因此，学校充分挖掘并整合各学科红色教育素材，将情感态度与价值观的落实、思想政治教育与党史学习教育紧密结合，让静止不动的文字“动”起来，在课堂教学中落实党史学习教育。

为了把红色教育与学科教学紧密结合，将常规的课堂教学与各种主题红色教育活动有机结合，学校以红色教育课程的方式，突出与主题班队课、道德与法治、语文等课程的合理整合，互相促进，融为一体，以课堂教学的方式，将丰富的红色教育资源以“笔尖下的红色教育”为主要导向，按不同年级学生的年龄特点编制各年级的校本课程：一、二年级“笔尖下的红色故事”，三年级“笔尖下的红色歌曲”，四年级“笔尖下的红色诗歌”，五年级“笔尖下的红色人物”，六年级“笔尖下的红色剪影”，扎实推进爱国主义教育和核心价值观教育，通过校本课程“笔尖下的红色教育”让学生了解东村本地的党史与革命史。

三、让党史学习教育在多彩的活动中“活”起来

学校坚持“以学为本，以行践知”的工作原则，扎实开展学校系列主题活动。让学生在活动与体验中学党史，把党史植根于学生的幼小心灵。学校从“讲—写—画”着手，把对学生红色精神教育内化为学生自觉的行为，让学生成为自己发展的主人。如定期开展“我口述我言”的小小故事家擂台赛、“我手写我心”的小小作家明星赛、“我手画我想”的小小画家作品展等系列活动，将党史学习教育融入实践活动，让学生从中感受党的历史，探究革命精神。

此外，在各种节日、重大历史事件和历史人物的纪念日，学校以活动为载体，吸引学生广泛参与，如清明节组织学生到东村革命英雄纪念碑前开展“清明祭英烈”活动；在庆祝“八一”建军节时，开展“老区儿童心向党”为主题的系列教育活动；建队节时，开展“光荣入队，做革命接班人”活

动。在学完整套校本课程，了解整个革命英雄的战斗全程后，组织学生到“东村革命老区”“东村革命史党史纪念馆”等根据地进行实地考察，重温红色历史，把课内学习与课外实践紧密结合起来。

党史学习教育是一项长期的系统工程，在推动基础教育课程改革的进程中，学校依托红色资源优势，充分发挥革命老区的优势，以党史学习教育传承优秀的革命文化，不断探索新形势下依托本地红色文化资源发展具有本校特色的德育文化教育，让党史教育在丰富的文化中“活”起来、在灵动的课堂中“活”起来、在多彩的活动中“活”起来，逐步形成具有革命老区特色的小学党史学习教育进校园、红色德育育人的有效模式，真正让党史学习教育走心、走实、走深。

弘扬高明革命精神，争做新时代传承者

佛山市高明区第一中学附属小学　李晓婷

作为广东省著名的革命老区之一，高明区拥有丰富的革命历史文化资源，有中国人民解放军粤中纵队纪念馆、高明县立三小旧址（陈汝棠纪念馆）、小洞革命烈士纪念堂、高明区红色廉政文化教育基地、谭平山故居等，每一处都非常有代表性，每一处都有着浓浓的革命文化气息。

依托大湾区一体化发展战略，高明不断加快打造湾区西部综合交通枢纽建设及珠西先进制造新高地的提质增效，在产城融合的发展中走出了一条引领式、差异化、效益型的高质量发展之路。佛山市高明区位于广东省中部，珠三角西翼，是珠江、西江交汇的重要节点。该区总面积938平方千米，常住人口44.29万，下辖荷城街道、杨和镇、明城镇、更合镇和西江产业新城。

作为广东省著名的革命老区，高明拥有丰富的革命历史文化资源，在中国民族解放和独立运动中，高明区更是涌现了不少仁人志士，其中最具代表性的便是“革命三谭”。所谓“三谭”是指谭平山、谭植棠和谭天度，此三人为高明同乡，均在革命时期做出了重要贡献。而今，随着时代变迁，“革命三谭”精神在新时期具有历久弥新的时代价值，这股精神力量化为一种勇往直前的进取精神，正指引着高明区在新时代不断续写出发展的奇迹。迎难而上的进取精神，促使高明区紧扣创新、协调、绿色、开放、共享五大发展理念，谋划出更具竞争力的城市发展路径。

一、“革命三谭”精神融入城市血脉

高明区建有“三谭”革命事迹展览馆，展览馆中详细介绍了“三谭”精神。他们是中国共产党创建时期最早的一批党员，是中共广东组织的创建人、领导者与参与者，是最早接受和传播马克思列宁主义的革命志士，因此被合称为“三谭”。“他们热爱人民、热爱祖国，把自己的一生无怨无悔地献给了革命事业。从五四运动到十一新中国成立，几乎都有他们的一份业绩。”史料记载了那段峥嵘岁月。1917 年，谭天度在省城教书，谭平山、谭植棠分别考入北京大学，专攻哲学、历史。1921 年，三人在广州创办《广东群报》，建立广东共产党支部。这些具有时代意义的创举，正是“革命三谭”最辉煌的成就。

为保护和传承“革命三谭”红色文化遗产，更好地发挥高明区红色革命文化资源优势，传承红色基因，弘扬红色文化，2018 年 5 月，高明区启动了谭平山故居修缮工程和佛山市高明区红色廉政文化教育基地改建项目。“就设计上，谭平山故居修缮工程与红色廉政文化教育基地项目进行统一规划、连片打造，项目按照‘统筹规划、分步实施’的原则，在进行总体规划设计基础上，分两期进行：第一期为谭平山故居修缮及佛山市高明区红色廉政文化教育基地工程；第二期为谭平山广场建设工程。总体项目都建有配套的停车场、公共汽车站、休息区、文化服务驿站和户外休闲区。计划未来打造成国家级的爱国主义教育基地、廉政教育基地、统一战线教育基地和谭平山思想研究中心等。”工作人员表示，当前学术界对“革命三谭”的认知也在进一步深化。党史学者、广东省政协办公厅原副巡视员高宏的认为，“三谭”可以作为一个历史文化品牌予以整体开发。其研究和开发的价值在于：他们三个人是中共党史上最早的一批共产党员，体现了勇于解放思想、接受新理念和新思维的可贵精神；此后，他们一起参加了建党、统战、建军等开创性活动，创办了中共党史上第一份省级机关报，体现了勇于实践、先行先试的宝贵品质；在后来的境遇中，“三谭”的历史表现又使得他们成为不计较个人名利，为了共产主义理想而奋斗终生的典范。

通过一项项活动的举办，弘扬“三谭”精神，掀起学习红色文化的热潮。从 2015 年起，高明区每年定期举办谭平山文化节、开笔礼、谭平山与践行社会主义核心价值观研讨座谈会、“我们的价值观”征文比赛、谭平山故事会进社区进校园等活动。“三谭”文化紧密地走到了党员和群众的身边，逐渐受到专家学者、周边地区的关注，如今展览馆年接待游客量连年攀升。高明区已着力从区级层面统筹红色场馆资源，挖掘红色文化内涵，优化软硬件条件，探索红色旅游开发，努力让红色文化成为激发高明高质量跨越发展的动力源泉。

二、“三谭”革命文化的传承

“三谭”精神永远值得我们学习，需要我们后辈去传承。我们要让更多的子孙后代去铭记他们，学习他们的精神。

我们可以通过参观“三谭”展览馆，了解他们的事迹。当初在艰苦的条件下，先辈们凭着坚定的毅力保卫了自己的国家，我们为祖先感到自豪！为自己是中华民族的子女而感到骄傲！“以人为鉴，可以知得失；以史为鉴，可以知兴替。”通过参观，我们不仅重温了那段历史，进行了一次爱国主义教育，学习了革命烈士的精神。我们现在的优越生活是无数的革命先烈用热血、用生命换来的，我们应该备感珍惜，决不能因优越的生活条件而忘却艰苦奋斗的精神。参观后，我们将铭记历史，学习“三谭”永葆革命初心、矢志不渝的崇高精神。在今后的职业生涯中，将以此为动力，加强学习，努力向上，立足本职岗位，以此来报答那些值得尊敬的革命烈士。

同时，身在高明，学校教育也可充分利用当地红色资源，加强红色文化教育，培养学生的爱国主义意识，用这段艰苦卓绝的革命岁月来教育学生，铭记历史，从现在做起，从生活做起，做一个满怀感恩之心的爱国好学生！

三、传承红色基因，争当时代新人

传承红色基因，争做时代新人。我们应该珍惜现在的和平时光，刻苦学习，努力拼搏。用心听每一节课，认真完成每一次作业，坚定理想信念，磨砺坚强意志，锻炼强壮体魄，用实际行动发扬先辈们的革命精神，将红色的血脉一代代传承下去。

但在今天和平的环境里，我们是怎么做的呢？有些人在舒适的生活中迷失了自己：一些青少年自立、自强意识差，过度迷恋手机、电脑，玩游戏通宵达旦，谈游戏滔滔不绝、眉飞色舞；提读书学习则眉头紧锁、唉声叹气；自私自利观念重，缺乏爱心与同情心，遇到一点困难就退避三舍，受到一点挫折就寻死觅活。遥想当年革命英雄在缺衣少食、弹药匮乏、敌军围追堵截等的艰难条件下，创造出无数壮举，难道我们不感到羞愧吗？尽管战火时代早已离我们远去，没有了炮火轰鸣、水深火热的艰苦岁月，有的则是过于安逸平静的生活，我们也不能对自己降低要求。殊不知，生于忧患，死于安乐。

少年智则国智，少年强则国强，少年雄于地球，则国雄于地球。我们要担负起这份责任，牢记使命，用红色的激情去拥抱时代、拥抱人生，让红色基因代代相传，永不变色。

以党史学习打造新时代思政课新样态

佛山市教育局教学研究室　何晓锋

在庆祝我们伟大的党百年华诞之际，全党正热火朝天集中开展党史学习教育。党的历史，是一部百年奋斗的恢宏史诗，蕴含着中国共产党的磅礴力量和无穷智慧。青少年是社会主义建设者和接班人，是党史学习教育的重要群体。作为落实立德树人的关键课程，在思政课开展党史学习教育的全过程，有助于打造教学新样态，进一步厚植师生坚定走中国特色社会主义道路的信念，鼓起迈进新征程、奋进新时代的精气神，增强实现中华民族伟大复兴中国梦的信心。

一、以党史学习丰厚思政课教学广度

党史蕴含着丰富的思想政治教育资源，是青少年成长的“心灵鸡汤”。思政课教师要灵活运用党史生动的历史素材，讲好中国共产党的故事，提炼精神内涵，补足青少年思想之“钙”。将百年党史生动的素材、鲜活的印记融合在思政课堂，能极大地丰厚思政课教学广度，为枯燥晦涩的理论阐述注入栩栩如生的灵魂，带动学生的激情，增强课堂的趣味，从而引起学生情感认同，提高思政课的时效性。

二、以党史学习增强思政课教学信度

上好思政课，最重要的是解决好学生思想信度问题。党在百年奋斗历程中形成的宝贵经验和规律性总结，为思政课教学信度提供了重要基础和有力支撑。思政课教师要积极以党史的客观性、真实性涵育学生的思想认知和价值认同，做到入耳、入脑、入心，保持政治清醒，厚植家国情怀，坚定跟党走的志向。通过党史学习，探知党和国家事业的来龙去脉，思索党在历史上遭遇的逆境和顿挫，体会党领导人民不懈奋斗的艰辛过程，同时旗帜鲜明地揭露和批判历史虚无主义乱象，追本溯源、正本清源，才能增强思政课的真实性。

三、以党史学习提升思政课教学效度

思政课程是一门价值观教育的课程，引领学生的精神成长与思想提升，实现教学活动收益、教学活动价值至关重要。思政课教师要善于利用党史知识来提升教学效度，不断增强思政课的针对性和感染力，讲好历史故事、用活红色资源，把学生带入党史教育的背景和议题之中，通过感受党的智慧、力量、信念、光荣传统，增强学生对党的思想认同、情感认同，坚定不移听党话、矢志不渝跟党走，实现思政课的政治引导功能。

四、以党史学习挖掘思政课教学深度

强调思政课的政治引导功能，要以透彻的学理分析回应人，以辩证的理论维度启发人，以彻底的思想理论说服人。思政课教师要在党史教育中坚持历史思维，持续挖掘思想政治理论背后的历史文化底蕴，提升学生学习的境界，丰富学生学习的层次，点拨学生学习的方法，才能很好地阐释中国共产党的“能”、马克思主义的“行”、中国特色社会主义的“好”等重要理论问题，解除学生学习过程中的心理疑惑，守住学生崇高理想信念的阵地。

思政课在党的革命、建设、改革各个历史时期，发挥了定海神针的作用。百年党史蕴含着推进思政课教学创新的丰富内容，我们要因势利导、与时俱进，从党史中汲取养分，努力推动思政课改革创新，拓展思政课建设的新思路，提高思政育人的说服力和感染力。

基于党史学习教育的历史教学探索

佛山市顺德区罗定邦中学　张欢

2021年2月20日，习近平总书记在党史学习教育动员大会上的讲话中强调："要在全社会广泛开展党史、新中国史、改革开放史、社会主义发展史宣传教育。""要抓好青少年学习教育……厚植爱党、爱国、爱社会主义的情感。"无论是从新高考评价体系的要求出发还是从新的课程标准内容来说，历史学科毫无疑义是党和国家加强党史学习教育的主要学科阵地。

一、明理与增信：党史学习教育的重要性

习近平总书记在党史学习教育动员大会上的讲话中指出："在近代中国最危急的时刻，中国共产党人找到了马克思列宁主义，并坚持把马克思列宁主义同中国实际相结合，用马克思主义真理的力量激活了中华民族历经几千年创造的伟大文明，使中华文明再次迸发出强大精神力量。实践证明，马克思主义是我们认识世界、把握规律、追求真理、改造世界的强大思想武器，是我们党和国家必须始终遵循的指导思想。"

历史课堂的学史明理就是讲清楚马克思主义基本原理及其中国化的基本脉络；历史课堂的学史增信就是增强同学们对马克思主义的信仰、对中国特色社会主义的信念和对党和人民的忠诚；历史课堂的学史崇德就是培养同学们的家国情怀和崇尚社会主义核心价值观；历史课堂的学史力行就是打好红色基因基础，力求把同学们培养成具有开拓创新和勇于践行的精神，着眼于解决学习生活中的问题，长大后成为合格的社会主义接班人。

二、崇德与力行：党史学习教育基本思路

历史课堂上开展党史学习教育，我们必须坚持马克思主义的历史观。习近平总书记指出，中国共产党运用历史唯物主义，在领导中国人民进行革命、建设和改革的各个历史时期，不断对中国的社会运动以及社会运动的发

展规律进行系统的、具体的、历史的分析，在认识和实践的过程中积极运用规律，在运用中又不断加深对规律的把握，“推动党和人民事业取得了一个又一个胜利”。

历史课堂上开展党史学习教育，我们必须坚持历史唯物主义的人民立场。毛泽东同志指出：“人民，只有人民，才是创造世界历史的动力。”遵循历史唯物主义的群众史观，中国共产党始终坚持人民立场是根本政治立场。习近平总书记指出：“人民立场是马克思主义政党的根本政治立场”，“人民立场是中国共产党的根本政治立场，是马克思主义政党区别于其他政党的显著标志”。

历史课堂上开展党史学习教育，我们必须坚持辩证唯物主义的科学方法论。争取民族独立和人民解放、实现国家富强和人民富裕是近代以来摆在中国人民面前的两大历史任务。党史的主题和主线，就是中国共产党带领中国人民为完成这两大历史任务而不懈地奋斗。

三、初心与使命：党史学习教育教学建议

中国共产党的历史不仅记录了中国共产党自身的发展历程，而且展现了我国内政外交的方方面面。因此，开展好党史学习教育，客观上要求历史教师既要突出重点，也要兼顾各个方面。

在历史课堂的党史学习教育中，我们应该认真全面地学习党的通史和专门史，厘清党史的来龙去脉、前因后果，并将不同阶段衔接起来。具体可通过几个“结合”来实现：结合重大事件，如抗日战争、新中国成立初期“一化三改”、改革开放等；结合重要会议，如遵义会议、中共八大、十一届三中全会等；结合重要文献，如《中共中央关于党的百年奋斗重大成就和历史经验的决议》等；结合重要人物，如毛泽东、邓小平、习近平等领导人。

在历史课堂的党史学习教育中，我们应该将百年党史融入中国近现代史、五百年的社会主义运动史、五千年的中华民族文明史中，要引导学生从波澜壮阔的历史画卷中，深刻认识和体会到中国共产党既是中国工人阶级的先锋队，也是中国人民和中华民族的先锋队这一本质属性；梳理清楚百年党史的源流及关键节点，引导学生理解不同时代背景下中国共产党人的奋斗历程；还要运用史论结合、论从史出的学科方法，利用图表、多媒体等方式增强党史学习教育的生动性。

在历史课堂的党史学习教育中，我们要重视典型事件和史实的梳理，理解我们党坚持实事求是原则所取得胜利的过程。比如，全民族抗日战争爆发后不久，国内曾出现“亡国论”和“速胜论”两种判断。这些错误判断虽然可以举出一些事实作为论据，但都是片面的事实。毛泽东同志写作《论持

久战》，具体比较了中日双方的长处和弱点，认为中国的抗战必将取得胜利，但会是持久战，并指出它的发展要经历三个阶段，以及每个阶段所应采取的方针政策。

在历史课堂的党史学习教育中，我们应该有机融合地方党史的研究和学习。中国共产党一路走来，其间风云变幻，地方党组织发挥了不可或缺的作用，写下了浓墨重彩的一笔。所以，地方党组织的前世今生、成败得失也应包含在党史学习教育范围之内。我们要因地制宜、因势利导，充分挖掘和利用当地红色资源，借助文献、图片、遗址和爱国主义教育基地，通过情境再现和现场重温，充分展示共产党人的革命精神，增强学生对家乡革命史和建设史的深刻认识，逐渐培养学生的家国情怀。

习近平总书记指出："历史、现实、未来是相通的。历史是过去的现实，现实是未来的历史。"我们遇到的很多现实问题都可以在历史上找到它们的影子，反过来，历史上曾经发生过的很多事情也都可以作为我们处理当下问题的镜鉴。正是在这个意义上，我们开展好党史学习教育正当其时，且任重道远！

探索"家校社"三位一体的青少年党史学习教育

佛山市顺德区龙江镇东海小学 欧阳志敬

2021年2月20日，习近平总书记在党史学习教育动员大会上强调："要抓好青少年学习教育，着力讲好党的故事、革命的故事、英雄的故事，厚植爱党、爱国、爱社会主义的情感，让红色基因、革命薪火代代传承。"青少年阶段是人生的播种出苗期，今天，我们在孩子们心田播种什么，他日就会收获什么。"历史是最好的教科书，也是最好的清醒剂"，党史是青少年成长与教育过程中丰富的营养，从青少年阶段开始引导青少年学习党史，多种途径理解党史，心田受党史营养浸润，思想根基必会被扎牢。我们探索"家校社"三位一体，相互协调、相互配合，以多种不同的合作方式共同支持青少年党史学习，让学史明理"生根"于孩子的心，让学史增信"发芽"于孩子言行，让学史崇德砥砺孩子品格，让学史力行指引孩子努力的方向。

一、定位青少年党史学习教育为合力的突破口

我们以青少年党史学习教育为突破口，推动“家校社”合力育人。“家校社”协同育人是学校组织、家长参与、社会支持的工作格局，我们探索在学校主导下，组建青少年党史学习教育“家校社”领导小组，做好顶层设计，完善三位一体的党史学习教育网络，由社区“五老”（老党员、老干部、老军人、老模范和老教师）、学校教师、家长等组成党史学习教育讲师团，互派进驻，做到同步研究、同步部署，协同开展规定动作，使青少年党史学习教育成常态化制度。

学校定期组织教师进家庭、入社区，开展党史教育调查研究、宣传党史教育，协助社区开发党史教育项目和资源，制订社区青少年党史教育培训计划。家庭是社会的基本细胞，社区、学校主动联结家庭开展党史学习教育，使家庭这个细胞得到滋养，让党史精神信仰优化家风、文明社区，相互作用。优化社区“家校社”合作机制，建章立制，拓展社区青少年党史学习教育的服务功能，为党史学习教育办实事，开放资源，主动牵头联合学校、家庭，推动学校、家庭党史学习教育走深走实。

二、打造“家校社”青少年党史学习教育师资队伍

“家校社”共育青少年党史学习教育是一个强大的教育磁场，遴选组建社区“五老”、学校教师、家长等党史学习教育的讲师团，这些“火种”尤为重要。“培养什么人、怎样培养人、为谁培养人”，这是“家校社”青少年党史学习教育讲师团必须回答清楚的根本问题。我们讲师团必须是政治过硬，能用“四个意识”（政治意识、大局意识、核心意识、看齐意识）导航、“四个自信”（中国特色社会主义道路自信、理论自信、制度自信、文化自信）强基、“两个维护”（坚决维护习近平总书记党中央的核心、全党的核心地位，坚决维护党中央权威和集中统一领导）铸魂，才能讲深讲透党史，才能涵养青少年的正确价值观、人生观、世界观。通过培训发挥“火种”作用，持之以恒用好党史这本最好的教科书，用青少年听得懂、听得进的语言有的放矢地启发他们，真正把党史学习实践活动变成有德性的课堂。

三、学校融合“家社”办党史学习教育课程

契合青少年年龄特点及成长规律，单一的学校“说教”模式不能满足党史学习教育走深走实的要求。学校争取家庭、社区支持参与，强化活动教育，开发有主题方案的教育课程，课内课外同步联动，引导青少年感悟、践行，切实把党的声音传递给青少年，接受党精神与信仰的洗礼。

道德与法治、语文课堂是党史学习教育的主阵地，道德与法治、语文课打造党史展播课程。学校选取了建党百年来的一些关键时期、重大事件、英雄人物的相关读本，开展亲子共读、亲子展演、亲子红色影视剧配音、课本剧展演等活动课程，对个别家庭重点指导。社区利用社区文化舞台创设机会，把亲子党史展演推送给群众，青少年与家人在演绎英雄先辈时，激发青少年对党史文化的热爱，使知史爱党、知史爱国自觉地内化于心。

“唱支山歌给党听……”学校音乐课可以开展党史学习教育红歌唱课程。教师通过音乐课堂教授青少年用心用情唱，让青少年在“有声课堂”，了解歌曲的背景，寻根党史，让青少年把红色歌曲、红色党史唱给爸爸妈妈听，把党史红歌唱课程延伸到家庭、社区，让青少年施展拳脚、展示风采，同时厚植爱党、爱国、爱社会主义的情感。

学校的美术课程设计中也可以融入红色党史学习教育元素。让学生在学习美术专业技能时，通过党史国史手抄报设计、党史插画设计、英雄造型绘画等形式，指导学生用艺术的手段，重温中国共产党伟大历程，绘画英雄人物，升华情感的共鸣。社区则可提供街道宣传栏展示学生作品，让学生党史学习更为走心、入心。

学校可以开展“党史我来讲”演讲课程。社区结合学校课程邀请青少年开展“周六榕边说书人”的活动。周六、周日，青少年在街角公园与群众分享红色小故事，由“听众”变成“主讲”，教人者自教，青少年要讲明讲透红色经典的故事，就得先学习成材。学校结合课程，深入开展了国旗下党史演讲及小小党史播音员等活动，让红色历史融入校园生活。家庭结合学校课程，积极参与学校或社区党史演讲录播秀比赛。“家校社”合力让“党史我来讲”课程“活”起来，让党史讲得“有滋有味”，让党史学习植根青少年内心，进一步坚定他们发奋图强、报效祖国的理想信念。

“家校社”三位一体开展青少年党史学习教育，全方位、全网络形成合力，综合施策，让党史学习教育日常化、直观化、生动化，引导新一代青少年学真知、悟真谛，永远跟党走，树立远大理想，为实现中华民族伟大复兴贡献自己的青春力量。

以史铸魂，将党史教育融入小学思政课堂

佛山市顺德区仓门小学　欧阳佩诗

2021 年 2 月 20 日，习近平总书记在党史学习教育动员大会上强调：“要抓好青少年学习教育，着力讲好党的故事、革命的故事、英雄的故事，厚植爱党、爱国、爱社会主义的情感，让红色基因、革命薪火代代传承。”小学思政课是小学生思想政治教育的主渠道，是立德树人的关键课程。思政课教师应当主动作为，将党史学习教育融入小学思政课教学，把红色基因传承好、把红色资源利用好、把红色传统发扬好，是思政教育者的重要使命和历史责任。

一、从思政课程到课程思政，实现全员全过程全方位育人

美国心理学家罗杰·斯坎克说过，人类生来并不能很好地理解逻辑，却能很好地理解故事。通过故事说理载道，能起到事半功倍的教育效果。

（一）找准教材内容切点讲党史故事

中国共产党百年奋斗历程波澜壮阔，党的历史上的重大事件、重要会议和党在各个历史时期的重要任务以及中国共产党的精神谱系，都是思政课堂不可多得的教育资源。要找准党史故事与教材内容的结合点，全面统整教材中隐含党史元素的有效资源，萃取出党史教育元素，自然融入而不是生硬说教，在历史故事的叙事中，以情感人，既普及了党史知识，又提高了思政课教学的实效性。以小学“道德与法治”五年级下册第三单元“百年追梦，复兴中华”为例，在第七课“不甘屈辱、奋勇抗争”教学中，可以以林则徐、邓世昌、关天培等历史人物的故事为引导，进一步引领学生学习中国共产党人的优良作风，激发学生热爱中国共产党、热爱社会主义、热爱祖国的情感。

（二）不同学段党史学习“精准滴灌”

针对低年段的小学生，通过“画一画”“唱一唱”“访一访”“讲一讲”等方式启蒙爱党爱国情感。思政课教师通过“图说”描绘中国共产党的发展壮大历程。通过“唱演”，师生一同唱响《我的中国心》，爱党爱国的情感在学生心中勃发。针对中年段的小学生，通过成立红色宣讲团、讲红色故事、寻访探究等活动筑牢思想基础。对于高年段的小学生，通过推出“追寻先烈足迹，传承红色基因”研学线路，串联黄有权革命事迹展览馆、沙头村史馆、曲艺文化一条街等红色地标，线下参观、线上点亮地标，充分发挥红色场馆育人作用。

（三）用好地方红色资源讲党史故事

红色文化是中国共产党百年奋斗探索历程中所形成的极其宝贵的文化成果，承载着中国共产党人的初心使命和精神品质，是一部荡气回肠的革命史诗。以佛山市顺德区均安镇为例，均安具有厚重的红色文化资源，最为突出的是黄有权革命事迹展览馆，馆内依托黄有权生平轨迹，用图片、文字、视频、实物等多种形式全面真实立体地展现了黄有权投身革命、战斗不息、坚毅顽强的一生，这些故事深深打动了学生。这些家乡的党史故事，有吸引力和感召力，能够引起学生情感上的共鸣，使学生在红色文化洗礼中坚定理想信念，传承红色基因，自觉抵制历史虚无主义，增强政治认同感，培育文化自信。

二、从红色研学到“大思政课”，活用资源传承红色基因

（一）开展红色研学，讲好红色故事

开展线下线上沉浸式体验学习。首先，充分开发当地的红色资源，利用信息技术拓展党史学习的深度和广度，实现线下育人资源和线上育人平台的深度融合。例如，学校组织学生走出校门，实地参观本地的红色文化景点黄有权革命事迹展览馆，让学生在客观真实的史迹文物面前亲自感知和体验。其次，利用线上育人平台进行虚拟仿真教学。充分利用新媒体和互联网技术，将革命遗迹和文物进行数字化展示，创设云参观，并运用 VR、AR 技术，真实再现历史场景、人物。在历史情境中体悟真理，感悟红色精神，使红色文化入耳、入脑、入心。

（二）上好“大思政课”，打造“网红”课堂

不仅要开展思政课沉浸式党史学习教育，构建校内校外、线上线下党史教育的“红色矩阵”，创新形式推动青少年党史学习教育走深走实、入脑入心，而且上好一堂大思政课也至关重要。2021 年本就是不平凡之年，组建由全国抗击新冠肺炎疫情先进个人汪勇、甘如意，抗击新冠肺炎疫情青年志愿服务先进个人、全国“最美教师”华雨辰，全国三八红旗手标兵等组成的报告团，深入小学思政课，让伟大抗疫精神由耳入心，化作青少年成长的不竭动力。将党史学习教育有机融入“道德与法治”学科中，让每一天的每一堂课中都渗透着党史知识，课堂也随之“红”了起来。

历史是一面镜子，鉴过往而知未来，风劲帆满图新志，砥砺奋进正当时。总之，小学思政课教学中的党史教育必须下力气抓好，这是时代赋予教育人的新使命，是落实立德树人根本任务的奠基石。我们应加强对小学生的党史教育，用党的实践创造和历史经验启迪他们，用党史的优良传统、伟大成就鼓舞他们，发挥好党史以史鉴今、资政育人的重要作用。

中国特色社会主义制度自信的依据

佛山市顺德区乐从中学　黎勤
电子科技大学中山学院　冯来兴

党的十九届四中全会是在中华人民共和国成立 70 周年之际，实现“两个一百年”奋斗目标历史交汇点召开的一次极其重要的会议。全会审议通过的《中共中央关于坚持和完善中国特色社会主义制度、推进国家治理体系和治理能力现代化若干重大问题的决定》比较系统地回答了我国国家制度和治理体系的一系列基本问题，是“中国之治”的宣言书和行动纲领，也是中国特色社会主义制度自信的基本依据。

一、制度自信源自中国特色社会主义制度的内在价值

马克思主义认为，一个国家到底应该实行什么样的制度和治理体系，不是由人们主观事先设定好的，也不是人们临时拍脑袋决定的，而是由这个国

家在长期发展的历史、社会性质、文化传统等因素共同作用的结果，是历史发展合力共同作用的结果。新中国成立后，党团结和带领全国各族人民完成了对个体经济和资本主义工商业的社会主义改造，最终确立了社会主义制度，为中国特色社会主义制度建设奠定了制度前提和政治基础。

20 世纪 70 年代末以来，党领导人民积极推进改革开放和社会主义现代化建设，进行了一系列伟大实践探索，在实践探索中既注重顶层设计，又充分尊重群众的首创精神，并不断进行经验总结和提炼升华，逐渐形成中国特色社会主义制度和国家治理体系。在实践探索中，科学社会主义的一系列价值原则在中国特色社会主义制度中得到了更为充分的体现和诠释。中国特色社会主义制度将以人民为中心、以人民当家作主作为其本质特征和根本政治遵循，并落实到我们党治国理政的各项实际工作中去。中国特色社会主义制度不仅用一系列的制度设计保证人民当家作主真正实施，而且在各项具体工作中以人民群众的高兴满意，以最广大人民根本利益为最高标准，不断保障和改善民生，不断解决人民群众最关心、最直接、最现实的利益问题。

二、制度自信源自中华民族优秀的历史文化传统和对人类制度文明有益成果的汲取

制度自信不仅仅是制度本身的问题，它还有赖于文化的滋养。中华民族优秀的传统文化是中国特色社会主义制度自信的文化基础。中华文化源远流长，在长期的历史演进中形成了以儒家思想为主要内容，包括道家、墨家、法家等思想精华的优秀传统文化，在国家制度和治理方面也形成了一系列有益思想，这些优秀传统文化的精华已经融入中国人的血液中，是中国特色社会主义制度内在的精神文化之源。马克思主义传入中国后，逐渐被中国先进分子所接受，并将之与中国几千年的优秀历史文化相融合，最终扎根中国大地开花结果。

中国共产党成立，彻底改变了中国、中国人民和中华民族的面貌。中国共产党团结带领人民开创了中国特色的民主革命道路和社会主义革命道路，建立新中国、确立社会主义基本制度，为当代中国一切发展进步奠定了制度基础和根本政治前提。20 世纪 70 年代末以来，我们党团结带领人民不断完善中国特色社会主义制度和国家治理体系，为中华民族伟大复兴奠定了更具活力的体制保证和更为完善的制度保证，使当代中国焕发出前所未有的生机活力。

改革开放以来，我国国家制度和治理体系也大胆吸收和充分借鉴世界各国的优秀成分和进步因素，使中国特色社会主义制度内涵更加丰富，机制更

加有效，运行更加顺畅，从而使中国特色社会主义制度和国家治理体系能够大踏步赶上并逐渐引领时代潮流，具有显著优越性和强大生命力。

三、制度自信源自我国国家制度和国家治理体系的显著优势

一个制度好不好，是否优越，要从大的原则、大的目标、大的方面去评判和把握。党的十九届四中全会从政治、经济、文化、民生等多个领域全面总结了13个显著优势，这既是国家制度运行的内在逻辑，也是对我国国家治理经验成就的总结，是中国特色社会主义制度合规律性与合目的性的统一，是我们坚定制度自信的底气所在。

这13个方面的显著优势，如坚持党指挥枪，确保人民军队绝对忠于党和人民，有力保障国家的主权、安全、发展利益是我国制度的显著优势。无论时代和国际风云如何发展变化，我们的军队永远是党和人民的军队，想人民之所想，急人民之所急。无论是2003年“非典”、2008年汶川地震，还是2020年的新冠肺炎疫情防控以及2021年的河南水灾中，每次重大灾难、险情和挑战，人民军队总是第一时间向地方伸出援助之手，紧紧地与人民群众站在一起，齐心协力夺取最后的胜利。这些与西方军队在重大危机或重大疫情中的表现形成了鲜明的对比。如果说中国共产党的领导是中国特色社会主义制度的定海神针，人民解放军则是中国特色社会主义制度的压舱石。

回望过去，我们已经建立完善了中国特色社会主义制度，并取得举世瞩目的成就；展望未来，我们更有信心更有能力创造出更多“中国之治”的发展奇迹。我们要更加坚定中国特色社会主义制度自信，并将制度优势转化为治理效能，为实现中华民族伟大复兴奠定坚实的基础。

传承红色基因，厚植爱党情怀

——小学低年段读、写、绘、演多元融合学习党史

佛山市三水区实验小学　陈剑凤

2021年是中国共产党成立100周年，中共中央印发《关于在全党开展党史学习教育的通知》，社会各界掀起了学习党史的热潮。作为一名小学生，更应该在人生的启蒙阶段，学习党史，陶冶情操，传承红色基因。

一、读、写、绘、演多元融合学习党史的必要性

“奋斗百年路，起航新征程。”我们党的一百年，是矢志践行初心使命的一百年，是筚路蓝缕奠基立业的一百年，是创造辉煌开辟未来的一百年。学习党史是我们每个中国人的必修课，“学史明理，学史增信，学史崇德，学史力行”。

教育部原党组书记、部长陈宝生指出：“要在以党史为重点的‘四史’教育中开辟铸魂育人新境界，用好用活百年党史这部最厚重的教科书，讲深讲透习近平新时代中国特色社会主义思想。”[①] 可见，在小学生中开展党史的学习非常必要。但是，值得注意的是，党史的学习也需要遵循儿童的身心发展规律。小学低年段的学生识字少，理解能力不足，活泼好动，注意力不持久，如果生硬地向他们灌输党史的知识，可能会让学生产生疲乏、抵触的心理。因此，我们需要因材施教，在党史学习中通过读、写、绘、演多元融合的途径，充分调动小学低年段学生的兴趣，让他们乐于学习，在党史学习中汲取营养，茁壮成长。

二、读、写、绘、演多元融合学习党史的途径

读、写、绘、演是四种学习方式，四者之间既相互独立，又相互融合。读是开端，先引导小学生读有关党史的故事，读完故事后，让学生写下自己的心得。由于小学低年段的学生识字量少，书面表达能力欠缺，还可以让学生以绘画的形式把学习党史内容的思想和情感描绘出来。最后，可以把党史故事变成剧本，通过角色扮演，加深学生对革命英雄品质的理解。

（一）读：读红色故事，铭记百年党史

在建党100年的历史长河中，无数仁人志士为了救百姓于水火中，为了让人民过上更好的生活，抛头颅，洒热血，留下了一个个感人的故事。我们可以选取适合小学低年段学生阅读的红色故事。一方面，可以立足小学教材，让学生阅读红色故事。如部编版小学语文二年级上册《朱德的扁担》，

---

① 陈宝生. 以党史学习教育为契机 推动新发展阶段铸魂育人走深走实：习近平新时代中国特色社会主义思想铸魂育人座谈会召开［EB/OL］.（2021－03－22）［2021－09－01］. http://www. moe. gov. cn/jyb_ xwfb/gzdt_ gzdt/moe_ 1485/202103/t20210322_ 521871. html.

下册《雷锋叔叔，你在哪里》等。另一方面，可以借助课外阅读书目，扩大学生红色故事的阅读广度。如可以带领学生阅读《小侦察员张嘎》《少年游击队》等故事。

阅读红色故事，让学生铭记我们党走过的百年艰苦历程，从而在他们纯真的心灵烙下难忘的记忆。

（二）写：写心中感悟，厚植爱党情怀

《语文课程标准》指出，第一学段（1～2 年级）的学生在阅读方面要“对写话有兴趣，写自己想说的话，写想象中的事物，写出自己对周围事物的认识和感想”[①]。因此，在阅读红色故事后，我们可以引导学生写下自己的体会或者感想。如看完《两个小八路》后，学生写道：“孙大兴，你真是太勇敢了！你们虽然那么瘦小，但是，你们的形象是多么的高大，我要向你们学习，为党和国家出一份自己的力量。”学生通过抒发自己的感想，激发出强烈的爱国主义热情，不知不觉已在心中厚植了爱党的情怀。

（三）绘：绘壮阔征程，争做时代少年

近几年，“读写绘”的课程在小学低年段尤为盛行。低年段学生识字少，语言表达还不够精确，但是想象力丰富，形象思维活跃。绘画可以帮助低年段学生更好地理解故事，表达自己内心的真实想法。

在学习党史内容时，一方面，可以引导学生把自己看过的故事画下来，加深对故事的理解，明白我们现在优越的生活靠的是无数革命人士牺牲自己宝贵的生命才换来的，我们更应该心怀感恩之情，珍惜当下。另一方面，奋斗百年路，起航新征程，经过了一百年的奋斗，祖国的未来是波澜壮阔的，是充满希望的。所以可以启发学生思考，祖国的未来是怎样的前景，我们在这时代的潮流中应该成为怎样的少年，尝试用手中的画笔描绘出祖国的蓝图。

（四）演：演英雄事迹，传承革命精神

党的百年奋斗史中，每个英雄人物都有血有肉，每个故事都跌宕起伏。那些生动的故事，我们已经无法亲眼看见，却可以角色代入，通过扮演故事中的角色，重现英雄人物的一言一行、一举一动，体会故事中人物的内心。如在引导学生读完《抗日英雄王小二》的故事后，可以把这个故事改编成剧本，让学

---

① 中华人民共和国教育部. 义务教育语文课程标准（2011 年版）[M]. 北京：北京师范大学出版社，2012.

生选定角色，表演给同学们看。为了给学生提供更多的演出机会，可以利用升旗时国旗下的讲话时间、班队会的时间，让学生表演英雄事迹。

角色扮演，让学生通过有趣的表演形式学习英雄人物的品质，锤炼精神，砥砺品格，使革命精神传承下去。

三、结语

总而言之，通过读、写、绘、演的形式学习党史，能够让党史的内容更容易被小学低年段学生吸收。而学生通过生动有趣的学习形式，能更好地从党史中汲取前进的力量，在党的关怀下茁壮成长。

学好党史，为未来奠基

佛山市三水区西南街道第八小学　梁伟基

历史是最好的老师，历史是最好的教科书，历史是最好的清醒剂，党史是最好的营养剂。百年征程，波澜壮阔。党的百年历史，犹如一座巨大的精神宝藏，每一个光辉的名字都是一座精神丰碑，每一个红色的故事都是一个不朽传奇。学史明理，就是要深刻理解中国共产党在与人民血肉相连中，实现了中华民族由弱到强的转折，就是要深刻揭示中国共产党一百年来披荆斩棘、力挽狂澜，不断开创辉煌取得胜利的历史。

少年儿童是祖国的希望、民族的未来，少年儿童阶段也是人生观、世界观、价值观形成的关键时期。欲知大道，必先为史。在小学开展党史学习教育，让新时代少年儿童从党的百年历史中汲取精神养分，对培养新时代中国特色社会主义伟大事业的合格接班人具有重要意义。

一、在学习教育中传承红色基因

党的百年奋斗史，每一页都充满了奋斗精神。中国共产党人的奋斗精神，是永不褪色的旗帜。学校开展党史学习教育，要以“立德树人”为价值导向，坚持课程育人，厚植红色基因，用党的奋斗历程教育启迪青少年，培养青少年的奋斗意识、奋斗精神。要讲好红色故事，让红色传统、红色记忆、红色基因根植于少年儿童的心中。

（一）追寻革命先烈足迹，讲先锋故事，学习崇高精神

结合研学活动，组织学生参加重走长征路的研学之旅，到爱国主义教育基地体验先辈的峥嵘岁月，感恩中国共产党带来的美好生活，学会珍惜并筑梦奋进，致敬党和祖国。清明节组织学生到西南公园邓培烈士墓前，开展“缅怀革命先烈，传承红色精神”扫墓活动。向先辈们致敬，学习他们坚强的意志、高尚的品格。结合书香校园文化建设，举办“谦雅书童”党史故事大赛，让学生在故事中了解党，表达对党的无限感激和热爱之情。

（二）以课堂为主阵地，汲取党史的“养分”

开展“学党史，跟党走”“童心向党・我向党旗敬个礼”等主题班会课活动。根据不同年级和不同学科的特点，充分挖掘教材中蕴含的“四史”资源，充分发挥课堂主阵地，上好语文课、道德与法治课等，让学生在润物细无声中汲足党史“养分”，让红色传统、红色记忆、红色基因根植于少年儿童的心中。

二、在学习教育中播下信仰的种子

信仰的力量，总能穿透迷雾，坚定前行的方向。中国共产党的百年历史，是党为人民谋幸福、为中华民族谋复兴的奋斗史。在小学生中开展党史学习教育，就应当让学生真正明白红色政权来之不易、新中国来之不易、中国特色社会主义来之不易，让他们更加清醒地认识到中国特色社会主义道路是祖国发展的必然选择，引导他们在学史明理、增信、崇德中激发出爱党爱国爱人民的深情和强国有我的志气，播下信仰的种子。

（一）读本进课堂，学习新时代思想

利用《习近平新时代中国特色社会主义思想学生读本》这一思政读本，思政课教师以讲故事、看视频、解说案例、课堂互动等深入浅出的教学方式，从中国最鲜活的实践中让学生“读懂中国”，引导他们初步理解习近平新时代中国特色社会主义思想的核心要义，传递社会主义核心价值观，扣好人生的第一颗扣子。

（二）向国旗敬礼，明理践行

国庆节是爱国主义教育的重要时节，通过举行“同升国旗，同唱国歌”暨庆国庆活动，教育学生将爱国之情熔铸于血脉之中，践行于行动之中。组织全校学生登录佛山市精神文明建设委员会办公室制作的专题网页，开展向国旗敬礼并签名寄语活动。组织学生观看“佛山十大红色文化名片”和“佛山优秀红色文化名片”，进一步激发出爱党爱国爱人民的深情和强国有我的志气。

三、在学习教育中坚定永远跟党走的信心

2021 年 2 月 20 日，习近平总书记在党史学习教育动员大会上的讲话中指出：“我们党历来重视党史学习教育，注重用党的奋斗历程和伟大成就鼓舞斗志、明确方向，用党的光荣传统和优良作风坚定信念、凝聚力量，用党的实践创造和历史经验启迪智慧、砥砺品格。”在少年儿童中加强党史学习教育，就应当引导少年儿童明理悟道，认识理解中国共产党为什么“能”，马克思主义为什么“行”，中国特色社会主义为什么“好”，不断夯实少年儿童的民族自豪感与中华文化认同感；让党的创新理论成为少年儿童的精神力量源泉，引导他们潜心学习，完善知识结构，提升专业技能，坚定永远跟党走的信心。

利用少先队大队部组织开展“请党放心，强国有我”主题中队活动。让学生通过自编、自演的方式，用舞蹈、歌曲、朗诵、快板等形式，传承红色基因，充分理解爱党爱国的真正含义。

以“童心向党系列活动”为载体，把党史教育融合到校园文化建设中去。举办以“童心向党，强国有我”为主题的系列活动，有各学科的知识竞赛，有艺术科技的技能比赛，如软硬笔书法、水墨国画、纸黏土、折纸贴画、四驱车组装与竞速、科技手工制作等，还有各项体育比赛等。引导学生用勇争第一的进取精神、坚忍不拔的意志和扎实的科学文化知识来表“强国有我”之决心。

感悟思想伟力，汲取前行力量

佛山市三水中学附属初中　吴绮云

2021 年是中国共产党成立 100 周年，在全党开展党史学习教育，要从百年党史中感悟思想伟力，从百年奋斗中汲取前行力量，必须坚持不懈用党的创新理论最新成果武装头脑、指导实践、推动工作。通过一段时间的党史理论学习，笔者受益匪浅。

坚持思想建党，善于运用马克思主义理论兴党强党，是我们党的一大政治优势。100 年来，我们党坚持解放思想和实事求是相统一、培元固本和守正创新相统一，不断开辟马克思主义新境界，形成了毛泽东思想、邓小平理论、“三个代表”重要思想、科学发展观、习近平新时代中国特色社会主义思想，为党和人民事业发展提供了科学理论指导。正如习近平总书记指出的，我们党的历史，就是一部不断推进马克思主义中国化的历史，就是一部不断推进理论创新、进行理论创造的历史。

党史理论学习，要加强思想理论武装，进一步学懂弄通做实习近平新时代中国特色社会主义思想。要把学习领会党的创新理论最新成果同学习马克思主义基本原理贯通起来，同学习党史、新中国史、改革开放史、社会主义发展史结合起来，同新时代我们进行伟大斗争、建设伟大工程、推进伟大事业、实现伟大梦想的丰富实践结合起来。

习近平新时代中国特色社会主义思想是党的十八大以来实践经验的集中总结，也是改革开放 40 多年、新中国成立 70 多年、中国共产党成立 100 年来历史经验的深刻凝练。党的十八大以来，党和国家事业取得历史性成就，发生历史性变革，无论是统筹推进“五位一体”（经济建设、政治建设、文化建设、社会建设、生态文明建设）总体布局、协调推进“四个全面”（全面建成小康社会、全面深化改革、全面依法治国、全面从严治党）战略布局，还是推进改革发展稳定、内政外交国防、治党治国治军；无论是决胜全面建成小康社会、打赢脱贫攻坚战，还是应对美国的霸凌主义、维护国家安全和核心利益，特别是取得抗击新冠肺炎疫情斗争的重大战略成果，无不彰显习近平新时代中国特色社会主义思想指导实践、推动实践的磅礴伟力。我们要从党的思想发展史、理论创新史中，从中国特色社会主义的伟大实践中，深刻领会习近平新时代中国特色社会主义思想是坚持和发展马克思主义的光辉典范，深入把握其重大意义、丰富内涵、科学体系、精神实质、实践要求，深刻理解其理论逻辑、历史逻辑、实践逻辑，做到知其然、知其所以然、知其所以必然，不断夯实思想根基、强化理论武装。

作为一名党员教师，再次学习中国共产党党史理论，让笔者从思想到灵魂都接受了中国共产党最先进的思想、最伟大的理想和最崇高的事业洗礼。让笔者更清楚地认识到，只有在中国共产党的领导下，坚持走建设中国特色社会主义道路，才能发展中国，才能实现中华民族的伟大复兴。作为一名党员，在日常生活中，应该时时发挥一个共产党员的先锋模范作用，做到以下两点：

第一，要发挥党员的先锋模范作用，光讲大道理不行，没有精湛的专业知识和业务能力，先锋和模范作用也就显现不出来。教学中要从培养学生学习兴趣、提高教学质量入手，进行有效备课模式，放开手让学生主动参与到学习活动中，并充分利用好现代的多媒体教学手段，形成一套属于自己的教学风格。

第二，将党史教育等思政教育内容融入体育课程。课程思政是通过课程承载思政，将思政寓于课程的思想政治教育新模式，是在新的历史时期实施“立德树人”的有效途径和重要抓手，做到知识技能的传授、素质培养以及价值引领相结合。

总之，作为党员教师，要发挥先锋和模范作用，认真学习领会习近平总书记讲话精神，切实增强“四个意识”（政治意识、大局意识、核心意识、看齐意识）、坚定“四个自信”（中国特色社会主义道路自信、理论自信、制度自信、文化自信）、做到“两个维护”（坚决维护习近平总书记党中央的核心、全党的核心地位，坚决维护党中央权威和集中统一领导），提高思想认识和政治站位，抓好体育学习教育工作。

学史力行，做新时代的教师

佛山市启聪学校 姚秋凤

100 年前，古老的中华大地诞生了中国共产党。中国共产党是冉冉升起的旭日，驱散黑暗，带来光明，将可爱的中国照亮；中国共产党是高高飘扬的旗帜，昭示信念，指明方向，为可爱的中国领航。经过百年奋斗，中华民族迎来了从站起来、富起来到强起来的伟大飞跃。为中国人民谋幸福、为中华民族谋复兴是中国共产党人的初心和使命。全心全意为人民服务是中国共产党的宗旨。

“江山就是人民，人民就是江山。”中国共产党坚持以人民为中心的新发展理念。学史力行，新阶段、新理念。新阶段，新时代，笔者的教师梦是不忘初心、牢记使命、立德树人，在积极作为中彰显使命担当。新阶段，新时代，笔者的教学理念是以学生为中心。

一、明确新时代教师的职责与使命

百年大计，教育为本。教育兴则国家兴，教育强则国家强。中国特色社会主义进入了新时代，作为教师，我们要落实立德树人的任务，在教书育人过程中教育引导学生做有理想信念、有爱国情怀、有品德修养、有担当、有过硬本领的新时代青年，自觉肩负起传播知识、传播思想、塑造灵魂、塑造新人的时代重任。

每个学生都是独特的，每个学生都是有潜能的，学生之间是有差异的。一切为了每一个学生的发展是我们工作的核心理念，最大限度地发掘他们每个人的潜能是我们的职责。

教学实践中，我们要不断学习，勇于创新，教好每一个学生，上好每一节课，始终坚持以学生为中心，为不同层次、不同需求的学生提供个性化、差异化的教学，促进学习者主动学习、释放潜能、全面发展，努力让每个学生都能享有公平而有质量的教育，为实现中华民族伟大复兴的中国梦，培养德智体美劳全面发展的社会主义建设者和接班人。

二、探索以学生为中心的教学方法

（一）营造以学生为中心的课堂氛围

要做到以学生为中心，教师要关注每个学生的不同特质，努力促进每个学生的全面成长。课堂中，教师应充分表示对全体学生的关心、理解与尊重，对有特殊需要的学生给予个别关注，对每个学生的努力表示欣赏和鼓励。

不同的个体之间存在着多种差异，同一个学生在不同的时间会有不同的学习状态，有的学生有时会有不良的情绪。作为教师，我们要善于观察并理解学生的想法，读懂学生特殊行为背后的原因，想办法帮助学生调整心态，化解不良的情绪，避免消极的反馈。有一次，上班会课“文明礼仪”，学生小天一上课就紧锁眉头，满脸不高兴的样子。当其他同学积极参与课堂活动，展示自己最美的仪态时，他一动不动。笔者明白他心里有疙瘩，于是微笑着，不时叫一下他的名字，提醒他该做什么了，半节课过去了，小天还是没有参与课堂的迹象。笔者不着急，不生气，依然面带微笑，走近小天身边，鼓励他：“小天，相信你能做好，你试试……”小天终于从座位上站起来，小心翼翼地站在同学们面前发言。从对课堂的无动于衷到敢于在同学面前展示自己，他终于参与到课堂活动中来了，教师的理解与尊重，帮他慢慢地越过障碍，获得了突破与成长。以学生为中心的课堂氛围，能更好地帮助学生反思自己、发现自己、发展自己。

（二）尊重学生的差异性和多样性

每个学生都是独特的，每个学生都有自己的特长和潜能，只要教师选择合适的学习内容，激发学生的学习动机，调动学生参与课堂的积极性，他们就能学到所需要的知识和技能。在教学中，笔者注意到学生之间的差异性，尊重学生不同的知识和经验，为不同学生设计不同的发展目标。在组织教学活动时，笔者搭建合适的舞台让学生大胆展示自己，让他们充分体验学习的成就感。比如学习《秋天》这篇课文，笔者没有解释课文句子的意思，没有要求学生用标准的答案回答问题。笔者鼓励学生联系生活，以一个开放性的问题为线索来组织课堂教学。在理解课文时，笔者提出这样一个问题：你最喜欢《秋天》的哪些诗句，为什么？说说你读这句诗时看到或想到什么画面。笔者先请能力强的学生展示自己并给予到位而真诚的鼓励。在倾听伙伴的发言中，学生受到了启发，他们积极表达自己的理解：不善言辞的家辉说自己最喜欢诗句“牛背上的笛声何处去了”，他由此想到了自己熟悉的画面——“我想到牛背上吹笛的少年，我很喜欢听笛声”。竞康说自己最喜欢诗句“放下饱食过稻香的镰刀”，他说自己想到了金黄的稻田像金色的海洋，“伐木声丁丁地飘出幽谷”，这句话让他好像听到了农民在山上砍伐树木的声音。姊宸说自己喜欢课文第一节诗，然后说：“秋天是收获的季节，农民伯伯的背篓里装满了肥硕的瓜果，人们的生活多美好啊！”……

学生在自主选择诗句中，通过自主的思考和发言，充分参与课堂活动，表达了自己对《秋天》的认识，分享了自己阅读课文的体验，他们的潜能得到了充分的发展。

尊重学生的差异性和多样性，有助于挖掘学生的潜能，促进每一个学生的成长，真正实现以学生为中心的教学。关注每一个学生的全面成长，真正做到以学生为中心，才能承担起新时代教育工作者肩上沉甸甸的责任。

“六个有别于”，上好党史思政课

佛山市教育局教学研究室　何晓锋

2021年4月1日，佛山市“百万师生同上一堂思政课”在佛山市铁军小学拉开了序幕。这是佛山市围绕党史学习教育进校园，积极探索思政课的实践路径，把党史学习教育融入学校思政课堂，用思政课特有的政治引领和价值导向的功能，积极厚植佛山市青少年爱党、爱国、爱社会主义情感的重要举措。佛山市676所中小学校（含中职）、109.54万在校学生通过这一形式参与学习。

“百万师生同上一堂思政课”，开创了形式和规模上的先河，但“同上”并不意味着“同样上”“一样上”。接下来，聚焦课堂，同课异构，上出自己的教学风格和特色，做到“八仙过海，各显其能”，实现思政育人的感染力和说服力，是每位思政课教师思考和实践的方向。笔者建议做到“六个有别于”。

一、有别于日常的思政课，要强化思政课教学中的党史教育

有别于日常教学的思政课，学校要积极主动把党史学习教育融入思政课。思政课是落实立德树人的主阵地，教师要善用党史这本“教科书”，把思政课的理论知识放到党史视野下追本溯源、分析讲解，增强思政课的针对性和感染力，使得学生听得进、听得懂，实现教学相长。在思政课堂上要贯穿党史学习教育，教师要懂得打破学科壁垒，除了挖掘思政课程本身包含的党史知识内容，也要对教材以外的党史教学资源开发与利用，融入思政课的课程体系和教学体系，探索思政课“横向一体化”。

二、有别于学科知识的获得，要把握党史教育的价值和导向

思政课堂讲党史，不能停留在讲故事、听故事层面，也不能变成单纯的历史学科学习，为了应付考试让学生死记硬背知识点。思政课不能只强调党史的知识性，而不注重对学生价值观的引导。党史知识是载体，教育价值才

是目的。思政课教师要善于利用党史知识发挥思政铸魂作用，使思政课的主题更加鲜明，表达更加生动，通过思想性、价值性的深度融合，增强学生的历史责任感和使命感，坚定理想信念、站稳政治立场，树立正确的历史观、民族观、国家观。

三、有别于传统的讲授模式，要运用形式多样的教学方法

强调党史学习教育融入思政课堂，并不是要把课堂变成简单的政治宣传，更不是把“硬邦邦”的理论直接“扔”给学生，忽视学生个体生命成长需要的精神营养。高高在上，干巴巴的“我说你听”灌输式教学容易使学生产生抵触心理，达不到应有的效果。俗话说，春风化雨，润物无声。要让思政课堂更加鲜活，直抵人心，要向改革创新要活力，因地制宜、因材施教，探索不同的手段和路径，找到思政育人与学生情感的结合点，通过情境创设、案例剖析、实践体验、协作互动、探究访谈等形式多样的教学方法，搭上信息技术的潮流快车，给学生深刻的学习体验，实现教学目标。

四、有别于“思政小课堂”，要善用“大思政课”

习近平总书记指出，“‘大思政课’我们要善用之，一定要跟现实结合起来”，“思政课不仅应该在课堂上讲，也应该在社会生活中来讲”。教材的党史知识是基本结论和简要论述，党史学习不能仅仅限于教材和课堂，要实现与课外活动、社会资源的良性互动，积极拓展“社会大课堂”，充分挖掘本地的红色育人资源，为思政课堂储备丰富的教学素材，打造党史育人、实践育人大平台，推进学校和社会协同育人。如与纪念馆、图书馆、博物馆、展览馆、烈士陵园、革命遗址遗迹等合作，共建党史学习教育现场教学点，通过寻找身边的党员、采访入党的长辈、邀请老党员到思政课堂上讲课等形式，努力探索形成百年党史“大思政课”建设的有益经验。

五、有别于已有专业知识，要提升思政课教师党史素养水平

思政课教师担负着党史学习者、传播者、传承者的角色，提升思政课教师党史素养水平对党史课程的教学具有重要意义。习近平总书记谈到思政课教师素养的问题时，提到“视野要广”，指出思政课教师的历史视野中，就要有中国共产党100年的奋斗史。思政课上学生会有不少困惑，也会提很尖锐的问题，教师如果不善于学习和充实自己，无法把道理讲明白、讲清楚，

就达不到“传道授业解惑”的效果。“师者，人之模范也。”教育者要先受教育。思政课教师，尤其是党员教师自身就是重要的“课程资源”，教师个体的党史视野、理解感悟都强烈地影响教学活动。因此，思政课教师要修炼内功，坚持在已有专业水平上提高党史教育的新本领，不断完善自己，才能更好地解读党史，提升教学效果。

六、有别于应景跟风的学习，要坚持长期有效的学和悟

党史学习不只是在建党100周年学习，之后也要继续坚持，长期落实。“同上一堂思政课”不是仅上一堂思政课，对学生的党史教育也不是一朝一夕、一劳永逸的事情。为了应付“政治任务”，运动式的跟风，没有长期有效的学习领悟，就不会有较高的学习质量和学习效果。我们不能搞形式主义，学一阵停一阵走过场，而是真正以铸魂育人的使命出发，长期从党史汲取丰富养分，滋养思政课改革创新，提升思政课教育质量，让红色基因、革命薪火代代传承。学校党委书记、校长要带头走进课堂，推动党史思政课建设，形成全校学党史、讲党史的良好氛围。

信仰如磐，铁杵成针

佛山市禅城区南庄镇河滘小学　卢杏华

现代作家罗广斌、杨益言所创作的长篇小说《红岩》中有这样一群人，他们有坚定的共产主义信仰，对革命事业无限忠诚；他们在狱中英勇战斗，在敌人面前大义凛然、不屈不挠，虽然最后惨遭杀害，却充分显示了共产党人的大无畏英雄气概。书中，那个面对敌人惨无人道的酷刑，忍受着百般折磨，依然对党的秘密守口如瓶，行将就义，依然神态平静、举止从容的江姐形象，深深地刻在笔者的脑海里。

杨虎执导的电影《信仰者》中，革命战士方志敏带领红十军团北上抗日，路途中不幸被俘，入狱后抱定信仰、绝不屈服，身陷囹圄依然坚持写作，壮烈牺牲前为后世留下泣血著作。影片中，革命战士方志敏那段坚定有力的独白依然回响在笔者耳边：“事无两全，唯有一死，我愿意为我的信仰而死。”

回想党的百年历史，面对生死抉择，无数的革命先烈像江姐、方志敏一样选择忠于自己、忠于信仰。这些英勇事迹和革命志士虽已离我们远去，但他们崇高的理想、坚定的信仰却依然熠熠生辉。这让年轻的我们不禁发出疑问：这些烈士愿意付出最宝贵的生命也要坚守的东西——信仰，到底是什么呢？

“信仰”一词在词典里的解释是指对某种思想或宗教及对某人某物的信奉敬仰。那我们共产党人的信仰是什么？是不忘初心、甘于奉献，是对党和人民事业永远忠诚、不懈追求与永恒坚持。因为心中有信仰，脚下才有了力量。正是这些信仰者的力量，才铸就了我们今日的幸福与安宁；正是因为这些信仰者的力量，中华民族才迎来了从站起来、富起来到强起来的伟大飞跃；也正是因为这些信仰者的力量，今日的中国依然能昂首挺胸地阔步在这个崭新的时代。

回首往昔，因为心中有坚定的信仰，2003 年，我们经受住了突如其来的“非典”疫情的考验；2008 年，我们经受住了汶川特大地震的严峻考验；2020 年，我们经受住了新冠肺炎疫情的考验……天灾人祸来临时，千千万万的共产党员舍小家为大家，把人民群众拧成一股绳，众志成城，我们屹立不倒。

因为心中有坚定的信仰，党带领中国人民跨过了一座座高山，攻克了一道道难关，取得了一项项举世瞩目的成绩——三峡工程、青藏铁路、飞天梦想、港珠澳大桥、太空实验室……我们正在逐步实现中华民族的伟大复兴！

新的时代开启了新的征程，新的时代也迎来了新的挑战。习近平总书记曾说：“人民有信仰，民族才有希望，国家才有力量。”新的时代，作为党员的我们，更需要坚守信仰。一个人坚守对党的信仰、对事业的信仰，生命才会焕发出夺目光彩，思想和行为才会闪烁出智慧之光。

青少年是我们祖国的未来、民族的希望，少年强则中国强。作为培育青少年的师者，我们任重而道远。著名文学家朱自清曾教诲：“教育者须对教育要有信仰心，应努力成为有教育信仰的人。”那么，作为党员教师，我们应该坚守怎样的信仰呢？

几千年前，圣人孔子通过自身追问给过我们方向，他说：“学而不厌，诲人不倦，何有于我哉？”如今，习近平总书记也给了我们答案：做有理想信念、有道德情操、有扎实学识、有仁爱之心的“四有”好教师。

在我们的身边，聚集着一群爱岗敬业、奋发向上、无私奉献、求实创新的坚定教育信仰者，他们是启明星，是灯塔，是我们前行的方向。

在我们身边，有这样一群人：他们或许已不再年轻，但从未停下过脚步，践行自己的教育理想；有这样一群人：她们是年幼孩子的母亲，更是勤恳敬业的教师，把别人的孩子当成自己的孩子；有这样一群人：他们虽然年轻，但是他们生怕荒废了青春，更不甘落后，迎难而上……泰戈尔曾说："不是锤的敲打，而是水的载歌载舞，才使粗糙的石头变成了美丽的鹅卵石。"正是他们，用坚定的信仰编织着教育梦想，用崇高的精神凝练教育气质，用满园的桃李彰显出教育硕果！

在我们身边，更有一群群在各行各业坚守信仰、践行使命、诠释着对民族和国家大爱的信仰者。

他们是军人，在战火纷飞的年代里，毅然扛起枪支上战场；在白鸽飞翔的年代里，保家卫国、镇守和平；在经济发展的浪潮中，为实现强国梦而不懈努力。每一次天灾人祸面前，总能看到他们冲上前线，义无反顾；每一处最苦最难的地方，总有他们忙碌的身影、顶天立地的身姿。

他们是白衣天使，在没有硝烟的战场上，把手术台当作阵地，用妙手回春之术，一次次解除患者的痛苦，一次次救人于危难之际，一次次将个人安危置之度外，只为救死扶伤。

他们还是科研工作者，是祖国的建设者，是捍卫国家尊严的外交官，是千千万万在自己的岗位默默奉献的普通人……他们用行动，诠释了信仰的力量。

平凡日子里，我们各自肩负起自己的职责，推动社会的发展；危难关头，我们万众一心，共克难关。我们心中始终有一个信仰，就是为实现中华民族伟大复兴的中国梦而奋斗！

万木峥嵘凝秀色，千帆竞发聚朝晖。站在继往开来的历史交汇点，肩负着新时代的新使命，无论我们站在哪里，都应该坚守对党的信仰，对事业的信仰。因为唯有信仰，才能让我们有所寄托；唯有信仰，才能让我们不虚度此生；唯有信仰，才能让我们奋发图强；唯有信仰，我们方能不愧于新时代赋予的使命，方能建设一个更加灿烂辉煌的中国。

党史引领开新局，思政力行育新人

佛山市第三中学　谭晓冬

高中思想政治课是落实立德树人根本任务的关键课程，中国共产党党史是高中思想政治课的重要资源和必修内容。习近平总书记强调，党的历史是最有说服力的教科书。为把党的历史这本教科书学好、用好，就必须把党史学习教育融入高中思想政治教育教学的全过程。正值建党100周年之际，在党史学习教育的热潮中，推进党史学习教育进教材、进课堂、进头脑，深度推进党史学习教育与高中思想政治课的融合实践正当其时。

一、加强高中思想政治教师队伍建设，坚持政治性与学理性相统一的原则

思政课堂是党史学习教育的重要阵地，高中思想政治教师应成为党史学习教育的主力军。习近平总书记强调，办好高中思想政治课的关键在教师，思想政治教师的政治性和学理性影响了党史教育与高中思想政治教学的质量和效果。推进党史学习教育与高中思想政治课的融合，必须加强思想政治教师队伍的建设，提升思政课教师的政治性与学理性，提高思政课教师的专业素养。

高中思想政治教师承担着科学传播党史重任。政治要强，对党、对国家要有信仰、有认同，自己“真信仰”才能向学生传达信仰，自己认同才能使学生信服和认同。专业要准，宣讲教师对党史的阐释必须科学。党史学习教育融入高中思想政治课，思政课教师必须广泛阅读党史经典专著。只有广泛研读专著，思政课教师才能有丰富的党史积累，才能有深厚的党史储备，才能准确地进行党史教育，科学地传播党史文化。

二、发挥思政课的优势，坚持显性教育与隐性教育相统一的原则

习近平总书记在纪念五四运动100周年大会上的讲话中指出：“当代青年思想活跃、思维敏捷，观念新颖、兴趣广泛，探索未知劲头足，接受新生事物快，主体意识、参与意识强，对实现人生发展有着强烈渴望。”这种青春天性应该值得肯定，但同时，“青年人阅历不广，容易从自身角度、从理想状态的角度来认识和理解世界，难免给他们带来局限性”。高中学生有自身的成长特点和学习规律，党史教育也有自身的特点和规律，在高中思政课融入党史教育，必须根据青年学生的学情特点，了解高中学生的思想困惑、学习疑难，有针对性地进行传道授业解惑。

表面上，高中思想政治课不是党史教育课，实际上高中思想政治课却处处融合了党史教育的思想和内容。高中思政课通过不同的必修模块系统讲授了人类社会的发展规律，论证了中国特色社会主义发展的必然性，介绍了习近平新时代中国特色社会主义思想的内容体系。整个学科教学过程论证了党

史发展的历史规律，贯通了党史教育的思想和精神。思政教师应发挥高中思政课的专业优势，坚持显性教育与隐性教育相统一的原则，让党史学习教育无过去时。

三、讲好党史故事，坚持价值性与知识性相统一的原则

习近平总书记在党史学习教育动员大会上强调："要抓好青少年学习教育，着力讲好党的故事、革命的故事、英雄的故事，厚植爱党、爱国、爱社会主义的情感，让红色基因、革命薪火代代传承。""面对什么人讲党史故事，讲什么党史故事，怎样讲好党史故事"是讲好党史故事的基本要求，也是党史教育与思政教育的价值性与知识性的统一。思政课教师要对青年学生讲好党史故事，指导学生尊重历史发展的事实，尊重党史发展的规律，把握党史理论的理解，精准阐释党史知识的要义，科学传播党史故事的价值，做到价值性与知识性的统一。

四、深度挖掘党史学习资源，坚持统一性与多样性相统一的原则

教材上的党史内容是统一的，但教材以外的党史资源却是丰富多样的。推进党史教育与高中思政课的融合实践，应尽量搜集和开发党史学习资源，坚持统一性与多样性的原则。

本地党史资源是党史教育资源的重要宝藏。为了增加高中学生对本地党史的了解，扩充其本地党史知识的学习，思政课教师应多角度、多渠道地挖掘本地党史红色资源，把本地烈士英雄的故事和优秀党员的事迹，如佛山市陈铁军的"刑场上的婚礼"故事和吴勤烈士的故事，通过课前"党史开讲"活动对学生进行讲述和宣传。本地党史进入思政课堂，将使学生对本地党员和党史的了解具体化和形象化。

五、深入开展党史学习实践活动，坚持理论性与实践性相统一的原则

党史学习，如着重于讲授和灌输，则只是理论教育；如能着重实践，学而行、行中学，则能与实践教育相结合。党史学习教育必须利用思政小课堂和社会大课堂，把理论性学习与实践性学习结合起来。由于高中思想政治课的统编新教材就有党史的教学内容，思政教师可以发挥好思政课传播党史的独特作用，在课堂上创造机会给学生大胆地表达对党史的理解和领悟。此

外，开展课外实践，组织学生深入研究学习习近平新时代中国特色社会主义思想，或者进行“我是时代见证人”的研究性学习，或开展第二课堂素养学习，组织学生学习党的十九届五中全会的精神，并制定自己的“2035 年远景目标”，鼓励学生积极参与校内、校外的志愿者活动等。课内外的实践活动结合，能坚持理论性与实践性的统一，引导学生党史学习内化于心、外化于行。

面临中华民族伟大复兴战略全局和世界百年未有之大变局，人才的培养必须符合党和国家发展的需要，高中思想政治课必须抓住机遇，深入推进与党史学习教育的融合，并实现常态化和可持续化。

基于“135 +”思路推进小学党史学习教育

佛山市禅城区东升小学　叶伟军

党史学习教育意义重大，如何面向小学生开展党史学习教育？笔者提出基于“135 +”思路推进小学党史学习教育，即“1”一个主题，“3”三个维度（学校、家庭、社会），“5”五条主线（看、听、讲、唱、诵），“ +”在此基础上做加法。要实施好“135 +”的模式，需要充分研究设计点、着力点、关注点，方可使小学生对党史学习教育入心入脑。

一、“135 +”的设计点

“1”确立一个主题，其意义和作用毋庸置疑，起统领之效。例如，2021 年关于党史学习教育的主题有“红心向党”“童心向党”“永远跟党走”等，学校要旗帜鲜明地选取一个主题，所开展的系列活动均要围绕和紧扣该主题。

“3”从三个维度（学校、家庭、社会）去思考如何开展党史学习教育。“学校”维度思考形式与内容的选择，在开展活动时侧重关注哪些方面等；“社会”维度思考可利用或整合的社会资源有哪些；“家庭”维度思考需要家长支持配合参与的有哪些。

“5”从“看、听、讲、唱、诵”五大主线设计党史学习教育的活动内容。

“+”增加项目，结合校情和上级要求适时适当增加。见表1－1。

表1－1　小学党史学习教育的“135＋”思路

思路	方法	内容		
“1”	主题	“红心向党”“童心向党”“永远跟党走”……		
“3”	维度	学校活动	家庭支持	社会资源
“5”	看	红色书籍、红色影视、教育基地	亲子阅读、陪同观影、带领参观、适时引导	图书馆、书店、电影院、烈士陵园、革命遗址
	听	红色故事、思政课	搜集音频资料、陪伴聆听	适合儿童的红色故事
	讲	红色故事	鼓励孩子讲	讲故事比赛
	唱	红色歌曲	听一听、唱一唱	唱红歌比赛
	诵	红色经典	搜集音频资料，有条件的给予指导	朗诵比赛
+	演	红色经典话剧	鼓励孩子演	影剧院、专业指导老师
	写	读（观）后感	欣赏与鼓励	征文比赛

二、“135＋”的着力点

（一）看：看红色作品学党史

一看红色书籍。首先，推荐红色书单。其次，培养兴趣，取决于教师、家庭如何看待红色经典的阅读精神引领。如果教师和家长都能和孩子一起阅读红色经典，带进教室，带进家庭，经常性地欣赏、鼓励、指导，孩子的阅读兴趣自然提高。最后，指导阅读，需常抓不懈，引导孩子们把红色经典读物读得深入。

二看红色影视。首先，推荐适合小学生的学党史主题电影，增强党史学习的生动性和吸引力，生动的情景、感人的情节，让党史故事可听可视，跟着电影学党史，寓教于乐。其次，用好地方红色资源影视作品。如党史学习教育专题片《红色禅城》画质音质好，展示禅城区四位革命烈士的革命事迹，展示禅城红色文化内涵。

（二）听：听红色故事学党史

故事具有感染力，小学生爱听故事，首先要求听的纪律和自觉，其次要引导学生听故事背后蕴含的红色精神力量。让学生聆听催人奋进的故事，重温革命传统，珍惜来之不易的幸福生活。

（三）讲：讲党的故事学党史

习近平总书记提到“要讲好党的故事”。讲好党的故事，就像打开一扇窗户，让学生了解那段红色历史，做到知史爱党、知史爱国；也像种下一粒种子，在学生内心激发情感认同，赓续红色基因，传承优良传统。

第一，讲有故事的思政课。党组织书记上思政课要善于结合党的故事，结合建党、长征、抗日、解放、新中国成立、改革开放的人物事件等，结合小学生的认知特点适当加工，娓娓道来，有助于让小学生体会党的百年奋斗历程。

第二，绘声绘色地讲故事。既有教师讲故事，组织语言表达能力强的教师开设红色故事专场；又有学生讲故事，与“语文学科竞赛”相结合开展讲红色故事比赛，从学生的口中演绎一个个跌宕起伏的红色故事，如《鸡毛信》《王二小》等，通过学科竞赛实现思政教育，立德树人，回归教育本真。

（四）唱：唱红色歌曲学党史

首先是声情并茂，用声音传达感情。其次是引导学生理解歌词，想象将自己放置到歌词描述的情景中去，用歌声唱出自己的心语。例如，《我爱北京天安门》结合学生的心理向往，渗透伟大首都北京，了解天安门的雄伟，知晓伟大的毛泽东，表达对祖国的热爱；《共产儿童团歌》唱出追求理想，坚定信仰；《中国少年先锋队队歌》表达信念和理想；《龙的传人》表达对炎黄子孙的身份认同和自豪感；《大中国》唱出祖国河山的壮美、自尊与自豪；等等。

（五）诵：诵红色经典学党史

诵“红色经典”很有必要，可让党史“声”入人心。在诵的过程中，不仅有助于提升语言表达能力，更重要的是“红色经典”诗歌中蕴含对信念的坚守、对理想的执着、对光明的向往，以及革命英雄人物身上所体现出来的集体主义、爱国主义、勇于奉献、敢于牺牲等崇高品质，这正是当代小学生在心灵深处缺失的东西。

三、“135 +”的关注点

（一）要关注形式以及内容

形式要因地制宜、勇于创新。内容要让学生了解党的光荣历史，知道历史和人民是怎样选择了中国共产党、选择了社会主义道路，感受到党的丰功伟绩和党的伟大贡献，加深对党的情感和对祖国的热爱。

（二）要关注激发精神动力

要把党史学习的内容与励志相结合，转化为内在精神动力与学习动力，激发学习兴趣和学习动力，激励自己不断前行！

小学是人生的“拔节孕穗期”，需要精心引导和栽培。基于“135 +”思路推进党史学习教育活动，有助于提升育人效果，厚植爱党爱国情感，为接班人事业培根铸魂！

青少年党史学习教育效果提升策略与路径

佛山市禅城区教育发展中心　刘兆平

古人云：欲知大道，必先为史。党史与其他历史一样，凡能存人间正道、明先人得失，就有垂鉴后世的价值。中国共产党党史是一部革命史、一部建设史、一部改革史。以伟大建党精神为源头的中国共产党人精神谱系永放光芒，运用党史、国史来教育影响国人尤其是青少年是极端重要的思想政治工作。

一、青少年党史学习教育现状与问题

2021 年 2 月 20 日，习近平总书记在党史学习教育动员大会上提出，要“抓好青少年学习教育……让红色基因、革命薪火代代相传”。总的来说，近年党史学习教育工作进步较大，尤其是中央专门部署开展党史学习教育以来，全国上下一体推进“学党史、悟思想、办实事、开新局”，取得突出成效。但是具体到局部和个人，尤其是针对青少年的党史学习教育工作，还存在一些问题，有提升的空间。比如党史内容创编力度有待加大，无视教育对象直接将现成历史材料拿来用的现象一定程度存在；党史学习教育方式方法有待进一步创新，说教式、灌输式的传统教育模式一定程度存在；条块协调联动做得还不够，有关部门资源整合与联动合作机制有待完善。青少年是国家的希望、民族的未来，青少年阶段是人生观、世界观、价值观形成的关键时期，提升青少年党史学习教育效果，是提升新时代学校思想政治教育成效的迫切需求，是培养优秀社会主义事业建设者和可靠接班人的迫切要求。因此，思考推进青少年党史学习教育的策略和提升青少年党史学习教育效果的路径方法很有必要。

二、青少年党史学习教育工作策略

（一）坚持守正创新

坚持政治性与历史性相统一，准确把握党史主题主线、主流本质是学习党史的核心要义。现实当中，正史野史、讹闻谣传，“乱花渐欲迷人眼”。我们必须坚持重点论、矛盾论；充分认识到争取民族独立、人民解放和实现国家富强、人民幸福，是中国共产党肩负的两大历史任务，也是百年党史的主题和主线；充分认识到中国共产党带领中国人民求索中华民族伟大复兴，推动中国从站起来、富起来向强起来伟大转变的显著成就，是历史发展的主流与本质。党探索过程中的艰难曲折是支流，主流始终澎湃向上；党优秀人物身上的不足缺点是瑕疵，其形象深得人民爱戴。

（二）坚持内容为王

党史材料非常丰富，相关图文、音频、视频很多。但丰富的材料没有经过整理，可能是杂乱的；没有充分考虑教育对象和场景，可能是没有感染力的。教育者要高度重视党史学习教育内容创编工作。创编不是违背历史逻辑对客观历史进行无中生有的假设和推演，而是坚持辩证唯物主义、历史唯物主义，在充分占有史料、深入观察史实的基础上，从具体的历史条件与历史过程出发分析历史人物的思想与实践，其中有全景、有细节，有经验、有教训，有坚定、有彷徨，从而构成生动具体的历史图景。

（三）坚持形式为要

优质内容要配以适当形式，所谓“文质彬彬，然后君子”。在党史学习教育过程中，选择什么样的载体形式非常重要。所有教育形式应指向唤醒青少年学生的主动性，提升其参与度，激发其内生力量，达到生生互动、师生互动、教学相长的效果。

（四）坚持指向现实

党史学习教育其实是在历史与现实和未来之间搭建一座桥梁。以史为镜、以史明志，就是要以党的奋斗历程和伟大成就坚定信念；用党的光荣传统和优良作风启迪智慧、砥砺品格；用党的创新理论成果武装头脑、指导实践、推动工作。凡能与现实深入融合，其教育效果必然提升。

（五）坚持身心结合

身心结合，就是既要明理也要力行。学史明理，要求我们从百年党史中分析发展机理、探究历史规律，体悟中国共产党为什么“能”、马克思主义为什么“行”、中国特色社会主义为什么“好”。学史力行，要求我们把党史学习教育同推进中国特色社会主义事业结合起来，同青少年的学习生活实践结合起来，让学生在实践中学习革命先烈、英雄模范的可贵精神，做一个全面发展的优秀学生，将来创造无愧于人民和时代的业绩。

三、提升青少年党史学习教育效果路径

（一）打造有创造力的优秀队伍

各地要积极构建专职为主、专兼结合的党史、国史教育队伍，除学校思政课教师之外，特别重视老党员、老干部、老军人、老模范、老教师等“五老”在党史、国史教育中的巨大作用，将组织人才优势转化为党史教育优势。特别要注意完善培养激励机制，遴选、培育有创造力、传播力的党史教育师

资。真正有创造力的教师，不会安于现状，不会满足于眼前的简单史料，为提升党史学习教育效果，他们会殚精竭虑创新党史学习教育的内容和形式。

（二）编创有感染力的教育教材

组织优秀师资分工编写有感染力的中小学“四史”（党史、新中国史、改革开放史、社会主义发展史）读本，编写有感染力的英雄模范故事读本，精心制作党史教育系列音频、视频等，形成有特色、有感染力的党史教育地方、校本课程体系。同时注重集体备课、同课异构，探索形成更有针对性和实效性的教育教学思路。

（三）运用有时代感的载体形式

贴近青少年心理需求，选择有时代感的传播载体，侧重运用体验式、互动式、沉浸式传播形式，提升教育效果。比如可以根据党史教育具体对象和场景，选择演讲、辩论、讲故事、唱歌、观影、动漫创作、问答游戏、话剧表演、VR 虚拟历史情景、云上重走先烈路、“剧本杀”玩转红色谍战剧、组织红色旅游等形式。

（四）打造有成就感的实践平台

党史学习教育要坚持“行”字为要，体现青少年学生的青春担当。要积极构建党史学习教育第二课堂，通过区域重大活动、校园文化平台、学生活动平台、学生社团平台、互联网平台和重要节庆仪式等，让学生广泛参与志愿服务、帮贫扶弱、创造发明等活动，让学生在实践中体会学习先烈英雄模范精神，从而身心发生正向变化。

（五）形成有协同度的联动机制

充分认识到党史、国史教育是系统工程，从而加强教育、宣传、文化、党史研究等部门联动协作，盘活图书馆、纪念馆、博物馆、档案馆、烈士陵园等资源，利用重大历史事件和重要历史人物纪念活动、民族传统节庆、国家公祭仪式，以及青少年入学、入队、入团、入党等日子开展党史、国史教育，推动党史、国史教育渗透于家庭生活，形成青少年党史、国史学习教育的整体合力。

讲好红色故事，让红色基因根植学生心底

——东洲中学红色教育彰显育人特色

佛山市高明区东洲中学　梁建波

传承红色基因，延续红色血脉。为将红色资源、红色传统、红色基因有机融入新时代青少年的红色教育之中，有效落实立德树人根本任务的时代要求，高明区东洲中学利用当地资源，秉承培养“重情重义、至善至美”优秀学子的育人目标，本着“拓展三谭（谭平山、谭植棠和谭天度）精神、以红色环境熏陶人、以红色活动培养人、以规范管理约束人、以情感构架感染人”的思路，以“传承‘三谭精神’精髓、打造‘红色教育’品牌”作为学校特色与品牌建设的突破口，坚持“‘三谭精神’的红色教育与德育和教学相融合”的核心理念，走出一条有特色的红色教育办学之路，积极构建红色文化的记忆场、教育场，让红色基因融入学校的文化血脉，根植于全校师生的心中。

一、发扬“三谭精神”文化，打造红色文化载体

文化是民族生存和发展的重要力量，是一个国家和民族的灵魂，更是凝聚民族精神的纽带。红色文化是中国共产党在领导中国革命的伟大斗争中凝聚而成的，在社会主义建设和改革开放新时期得到继承和发展的中国化马克思主义先进文化，是不怕流血、勇于牺牲、甘于奉献的集体主义文化，是为中国人民谋幸福、为中华民族谋复兴的爱国主义文化，是为人类求解放和自由的共产主义文化。

在“三谭”故居，追寻东江纵队开展革命斗争的历史烽烟；在“三谭”革命事迹展览馆，触摸革命先烈的轨迹。学校位于“文风甲端郡”“彦硕辈出”的明城镇，有着得天独厚的自然资源及红色教育资源。在这里，不仅能看到浑然天成的优美景观，还能听到慷慨激昂的红色革命故事。近年来，学校高位推动、系统谋划，充分利用好明城红色的育人资源对师生进行思政教育，在新生入学、团员入团和党员入党的时候，有关人员都必须先到上述基

地进行参观学习和培训。

学校注重营造具有红色特色的校园环境，潜移默化地感染着每个师生，彰显学校育人功能，让红色文化渗透到师生心里，演绎成一种自觉，浸润成一种习惯。在校园内矗立了“三谭”铜像，建造了红色校史长廊，在墙上标注了“爱国、奋斗、为公”的平山精神，建起了党建宣传专栏，彩绘了新时代“四有”（有理想信念、有道德情操、有扎实学识、有仁爱之心）好老师墙画，制作“四好”（热爱祖国、理想远大，勤奋学习、追求上进，品德优良、团结友爱，体魄强健、活泼开朗）少年宣传画，在每个课室门口悬挂了“三谭”语录等，实现红色教育点硬件整体和谐、细节丰满、氛围浓厚。阐释学校红色教育目标和愿景，彰显学校鲜明的办学特色，让学生感受红色魅力，接受红色熏陶与洗礼，激励学生学习革命精神，懂得以校为荣、向前辈学习，养成良好的品格，做重情重义、至善至美的东洲人。

二、用好课堂教学主渠道，筑牢红色教育主阵地

红色资源蕴含了崇高的理想信念、厚重的先进文化、丰富的革命精神、崇高的人格魅力，具有超越时空的强烈感染力、说服力、震撼力和强大的教育功能。对学生进行红色文化传承，课堂教学是主渠道。学校积极倡导各学科教师将我国丰富的红色资源融入课堂教学的设计之中，传承和弘扬红色文化。

学校按国家标准开足开齐“道德与法治”“综合实践”“卫生与健康”等国家课程，严格执行落实好国家课程标准。学校要求各科任教师结合学科特点，深入钻研教材内容，挖掘教材中的知识点和爱国思想，将红色文化思想融入对学生的道德与法治教育当中，加强学生民族精神与爱国主义的培养力度，让学生形成奉献意识和社会责任感。教室、学生宿舍等校园区域由学生定时打扫，通过劳动实践，让学生体会劳动的艰辛，对学生进行艰苦奋斗、吃苦耐劳等光荣传统教育。

打造红色校本课程，凸显红色教育特色。把红色教育融入立德树人全过程，增强学生对中国特色社会主义的理论认同、政治认同和情感认同。学校利用明城特有的红色教育资源，编写了《“三谭”的故乡》《走进东洲》《熠熠“三谭”》《古诗文阅读》等多本校本教材，形成了学校红色教育系列校本课程，让“三谭精神”进校园、进课堂、进师生头脑，扎实推进爱国主义教育和核心价值观教育，使之成为一个全校联动的课程体系。

三、突出特色活动育人，让红色基因代代相传

红色基因是爱党爱国，是无私奉献，是自强不息，是坚定信念，代表着革命精神的传承，鼓舞我们为实现中华民族伟大复兴而不懈奋斗。红色基因是新时代抓好学生红色教育的重要资源，要深度挖掘本地红色资源，让红色文化浸润社会、校园、家庭的每个角落。要讲好红色故事，用好红色教育，践行红色精神，让红色基因根植学生心底，让红色基因代代相传。学校系统性、计划性、系列性地开展活动，寓教于乐，寓教于行，培养师生良好的品德。学校除开展支部“三会一课”、国旗下讲话、班会课、团队活动课等常规性活动和开学思政教育第一课、节假日主题教育、校史教育、“三谭精神”专题教育、党建的主题教育、党员“争先创优”活动、邀请专家做专题讲座等专题活动外，还开展了具有本校特色的系列活动。

红色影片人人看，学校在每学期考试后都组织学生在课室里观看《长征》《地道战》《铁道游击队》《闪闪的红星》等一系列经典红色电影；红色歌曲班班唱，除要求音乐课上教师一定要教唱红色歌曲外，每班都有形式丰富的“红色歌曲班班唱”“红歌每天五分钟”等活动，每学年都组织一次“红色歌曲”合唱比赛；红色基地人人去，利用好本地红色文化资源，开展入学教育培训；红色英雄大家写，学校开展了系列红色寻访活动，用身边的英雄榜样，进一步影响学生、感召学生。

另外，每年 9 月开学季，学校都会开展为期一周的军训课程。让学生在军训体验中锻炼身体、磨炼意志，展现出东洲学子的风采。学校通过徒步、重走长征路等研学活动，践行红色文化之旅，让学生在体验生活的同时，深刻理解“纪律”与“服从”的内涵。

红色教育结出累累硕果。近年来，学校先后获佛山市中小学教师继续教育先进单位、佛山市关心下一代工作先进单位、佛山市安全文明学校以及“爱国、诚信、知礼”现代公民教育先进单位、佛山市五四红旗团支部（总支）、高明区维稳综合治理先进单位、高明区先进基层党组织、高明区实施乡村战略先进集体等荣誉称号。

让师生感受历史的温度，感受先辈的人格魅力，红色教育方能焕发持久的生命力，方能与红色文化同频共振，从而使学生在潜移默化中懂得要成为什么样的人，自觉传承红色基因，把个人前途命运和国家前途命运紧密联系在一起。东洲中学讲好红色故事，让那些可歌可泣的英雄人物、生动鲜活的战争实例、震撼人心的峥嵘岁月跃然于屏幕上、跳动在音符里、闪光在互动中，深深地根植于师生的红色基因中。长饮沧江水，红色育后人。今后，学

校将继续以日夜兼程、风雨无阻的奋斗姿态，扎实推进红色教育这一利党利国利民的政治工程、文化工程，落实“把红色资源利用好、把红色传统发扬好、把红色基因传承好”的重要指示精神，以全新的姿态和蓬勃的朝气，不断地向前发展，不断地向前迈进！

红星闪耀，点亮未来

——以党史教育“学·研·行”促先进组织建设

佛山市南海区狮山镇显纲小学　张剑　巫洪金　关健婵

伟大的共产党百年奋斗史是催人奋发的光荣篇章。党建引领特色发展，以党史“学·研·行”，促进构筑“红星闪耀”显纲小学党支部的先进组织建设，实现显纲人的教育梦——“传承红色基因，培育时代新人，创建红色名校”，点亮了师生奋进新的时代新征程。

一、“学”本土党史，点亮教师心中沉睡已久的教育梦

1923 年显纲小学办学，1927 年学校旧址诞生了第一届中共南海县委，“红色显纲，英雄故里”的革命历史给我们莫大的震撼，本土本校英雄人物及优秀共产党员等榜样给予我们无穷的力量。中共南海县委第一任书记陈道周担任显纲小学教师，南海县委委员张霭泉担任显纲小学校长，视死如归的共产党员张云峰担任显纲小学义务老师。1937 年，时任显纲小学校长的张泉林（当时的中山大学研究生，后来成为暨南大学教授，曾捐赠商铺地一百多平方米和八万多元给学校办学），大力支持教师开展抗日宣传活动。“为党育人，为国育才”的初心和使命在“红星闪耀”党支部团队每一个人心中油然而生。

二、“研”本校发展蓝图，点亮学校特色发展的美好未来

在“红星闪耀”党史学习中，显纲小学教师团队增长了许多教育智慧。通过分享大家的教育智慧，形成了“共学共研共生”的学校发展行动方案。

（一）特色谋发展

一所薄弱学校要实现又好又快发展，最好的途径是特色发展。显纲小学的特色在哪里？经过深入调查和反复研究，以一个“人无我有”的切入点——“红色文化”，确立了“植红色基因，育时代新人，创岭南红色名校”的办学思路。“红星闪耀”党支部精心打造未来五年规划“红色文化”特色名校，拟定了未来发展的蓝图。包括一大特色：红色文化教育；两大主题：对学生进行理想教育，对教师培育胜利精神；三大主体：教工，学生，家长；四大支柱：精神立校，科研兴校，特色强校，文化名校；四大品牌：精细化教育，合唱，红色思政课，“五好”品牌（学得好，吃得好，睡得好，锻炼得好，穿戴得好）。

（二）研究见规划

根据行动规划，显纲小学将利用中共南海县委旧址资源优势，用红色基因立德树人，把红色文化特色建设覆盖到学校教育的全员、全方位和全过程。

“学・研・行”让教师变身为教育教学行家、专家，唤醒党建团队的主体意识和生命自觉，激发了整个教师团队的无限动力和创造潜能，使大家不断沉浸在自我实现过程的苦乐之中，获得淋漓尽致的职业享受和成功体验。

开展“五个一”红色德育工程：每天进行一个“比、学、赶、帮、超”的常态活动，每周唱一首红歌，每月开展一个红色主题活动，每学期吃一顿“红军饭”，每学年开展一次“红色之旅”综合实践活动。

这种深度学习、深度研究，使全体师生不断走向教育教学和特色发展的高品质，让学习成为日常需要，让研究成为教育发展的工作方式，让行动有效成为教书育人的良好习惯。

三、“行”党建引领特色发展之路，点亮师生奋进时代新征程

所谓“学・研・行”，就是以行定研，以研定学，以学促行，构成三位一体的党建引领特色发展之路。

（一）党建引领，红色文化进头脑

少先队大队部、中队辅导员落实理想教育，学校和班级分别举行理想宣誓大会，以增强学生的仪式感。通过以“教学研训创高质量发展”和“比学赶帮超展理想教育”为核心的精细化管理和激励措施，形成“好好学习，天天向上”的校风，熔炼“世上无难事，只要肯登攀”的校训精神。

（二）党建引领，红色文化进校园

组织党员和骨干教师认真研读党史，用图解的形式将中国共产党最重要的历史事件和转折关头图文并茂展现出来，用“中国共产党为什么能”作主题，将其串联起来，使之在学校最显眼的地方，让全校师生每天都耳濡目染，浸润党建的伟大精神和校园的红色文化。党建还覆盖到班级建设上，将我党各个时期的伟大精神创造性地展示出来，首先践行的是“红船精神”，其次是“星火精神”“长征精神”“抗日精神”“解放精神”和“胜利精神”等等，学习生生不息的红色文化。

（三）党建引领，红色文化进课堂

党建引领，红色文化进课堂是立德树人的关键。为了丰富学校红色文化特色，打造岭南红色名校，组织骨干教师和党员编写一套小学思政课校本教材；为了上好思政课，全体党员、教师精心打造小学思政精品课，目前已打磨出“吃红军饭”“飞夺泸定桥”“重走长征路”“国旗下思政大课”等有时代意义和教育价值的思政课教学品牌。

将红色基因落实到日常教学中：诵（读）红色经典；看红色电影；讲红色故事；写红色诗文；做探寻英雄成长足迹，主动为身边的人做义工和志愿者。

学史明理，我们不但是学习者、研究者和实践者，同时我们更是收获者！“红星闪耀”显纲党支部“学·研·行”先进团队建设不但丰盈了显纲师生的精神世界，而且还点亮了这所百年老校的美好未来。经过一年多卓有成效的不懈努力，这所沉默百年的乡村学校从底层崛起，一跃成为南海区狮山镇后来居上的红色名校，在佛山市南海区首批申报中央“红军学校”中，向党和人民交出了一份优秀的答卷。

习近平党史教育思想融入高中思政课堂教学

——以“中国特色社会主义”为例

佛山市南海执信中学　黄钰琪

改革面对世界百年未有之大变局，面对世情、国情和党情的深刻变化，习近平总书记指出：“一切向前走，都不能忘记走过的路；走得再远、走到再光辉的未来，也不能忘记走过的过去，不能忘记为什么出发。”由此可见，党史学习教育意义深远。高中生正值价值观形成的关键时期，党史学习教育融入思政课堂教学，能够帮助学生更好地学习“中国特色社会主义”，知党史、感党恩。

一、为何学：党史的时代价值——感悟“中国特色社会主义”育人价值

习近平总书记曾说：“历史是一面镜子，从历史中，我们能够更好看清世界、参透生活、认识自己。”学习党史，可以提升学生的文化修养和精神境界，为党和国家事业发展培养优秀的社会主义建设者和接班人。学习党史也能传承知识、汲取智慧，唤醒人们的国家意识、民族意识和忧患意识，增强学生的爱国主义情感，为实现民族复兴充盈情感支撑。

二、学什么：结合党史的内容——研读“中国特色社会主义”的核心内容

（一）党推进马克思主义中国化历史——从科学社会主义到中国特色社会主义

党自成立以来，就坚持把马克思主义基本原理与中国具体实际相结合，不断推进马克思主义中国化。近代以来，共产党人将马克思主义与中国工人阶级的实践相结合，完成了两次历史性飞跃，产生了马克思主义中国化的两

大理论成果。在革命和建设时期，以毛泽东同志为代表的中国共产党人实现了马克思主义中国化的第一次历史性飞跃，形成了马克思主义中国化的第一个伟大理论成果，即毛泽东思想，指导中国的革命和建设实践。在全面社会主义建设时期，邓小平同志提出了“走自己的路，建设有中国特色的社会主义”的鲜明主题，实现了第二次历史性飞跃，形成了马克思主义中国化的第二个伟大理论成果，即中国特色社会主义理论体系，开启了中国特色社会主义的伟大征程。

（二）党的艰苦奋斗史——从马克思主义中国化的理论到实现民族复兴的实践

中国近现代史是“一部党带领中国人民为实现民族独立、解放和伟大复兴而不懈奋斗的历史”，“中国特色社会主义”讲述的是中国特色社会主义的由来、创立、发展和完善的过程。中国共产党从诞生之日起，就以带领人民争取民族独立、人民解放和实现国家富强、民族复兴与人民幸福为己任。中国共产党团结带领全国各族人民进行了28年浴血奋斗，彻底结束了半殖民地半封建社会，证明了“只有社会主义才能救中国”。中共十一届三中全会后，党领导人民推进改革开放和社会主义现代化建设的历程，证明了“只有中国特色社会主义才能发展中国”。党的十九大向世界庄重宣告：中国特色社会主义进入了新时代，是党的建设的新的起点，也是中国人民比任何时期都更接近、更有信心和能力实现中国梦的时期，更是党带领人民证明“只有坚持和发展中国特色社会主义才能实现中华民族的伟大复兴”的时代。

三、怎么学：学习党史的方法——解析“中国特色社会主义”的一般方法

（一）论从史出，史论结合

学习党史，要注重历史的连续性和整体性，把中国共产党的历史放置于民族复兴的历史长河中，深刻认识党所承担的两大历史任务，深刻把握人民所肩负的历史使命，这是党史发展的事实主题和主线。党围绕实现民族复兴的历史任务，坚持马克思主义基本原理同中国具体实际相结合，证明了“只有社会主义才能救中国，只有中国特色社会主义才能发展中国，只有坚持和发展中国特色社会主义才能实现中华民族伟大复兴”的结论，进一步阐明了人类社会发展的一般规律。

（二）以史为鉴，与时俱进

世界上任何事物的运动、变化与发展都是前进性和曲折性的统一，社会主义代替资本主义的过程是漫长又曲折的。党带领人民进行社会主义革命、建设和改革的过程，是一个挫折与成功并存的过程。要启发学生以辩证的、历史的眼光看待党的历史，既要传承历史，也要与时俱进；启发学生运用历史视角思考问题，探寻现实问题的历史根源，把握发展规律，谋求解决现实问题的方法。

不忘初心，继续前行。党的历史不仅告知我们“从哪里来”，更指引着我们“向何处去”。通过学习党史，我们进一步弄清楚历史和人民为什么选择了马克思主义、选择了中国共产党、选择了社会主义道路、选择了改革开放，也认识和理解了我国为什么必须坚持党的领导、为什么必须坚定不移走中国特色社会主义道路、为什么必须继续全面深化改革开放。从党史学习中，我们“回看走过的路”，并在新时代新征程中“远眺前行的路”。

奋进新时代，我们向未来

佛山市南海区九江镇儒林初级中学　刘夏怡

百年征程波澜壮阔，百年初心历久弥新。中华民族的发展史，就是一部“敢于开顶风船，善于转危为安，勇于乘风破浪”的实践史。尤其是党的十九届六中全会的召开，对党百年奋斗的重大历史成就与历史经验的总结使中国共产党更加坚定船舵方向、笃行致远，使各民族更加紧握手中桨、合力奋进，使中国人民更加不惧巨浪滔天、心向未来！“中国号”吹响了新征程的船笛，全国各地在党的号召下以全新的姿态奋力前进。南海九江镇也在党的号召下，以赛龙夺魁之志，俯腰划桨之劲，全速加快儒林湾的建设。每一个九江人都在党的号召下，坚定理想信念，勇毅前行，在自己平凡的岗位上书写人生价值。

一、以史为镜，以史明智，学身边党史数平凡英雄

“明镜所以照形，古事所以知今。”党史既是明灯，也是号角。我们学党史、知党恩、跟党走，从百年征程中回顾历史的经验总结，坚定拥护中国共产党的领导，探求开创未来的崭新道路。党的历史从来不是高高在上、远离群众的历史，党的历史就深深扎根在群众之中，就在我们的身边。学习党史，我们不仅要从中定准历史方位、把握历史规律，更要从中发掘优秀人物代表。我们要知道是谁在为中国人民谋幸福，是谁在为中华民族谋复兴！那些英雄人物，我们不能忘，我们不敢忘！

我们不仅要学那些家喻户晓的典型人物的精神事迹，还要学那些家门口的平凡英雄。为了深入挖掘儒林之乡最让人敬佩的人物和故事，进一步弘扬社会主义核心价值观，增强文化自信，引导新时代九江人赓续红色血脉，担起时代之责任，九江镇在2021年开设《九江历史名人故事》栏目。我们从《九江历史名人故事》栏目中学习到发动侨胞募捐支持革命的李卓锋、为革命献出生命的统战工作优秀干部胡腾、“自制一叶舟，护河十余载”的老兵李宝满……通过学习这些“活的素材”，我们读懂党百年来的辉煌成就和历史经验，使我们更加明确中国共产党百年来的坚守和奋斗都是为中国人民谋幸福、为中华民族谋复兴，更加坚信中国共产党在百年历史经验中定能守正创新、不负人民，更加坚定中国特色社会主义道路就是一条通往光明的道路。

二、注重实效，人民至上，守初心使命办群众实事

“女平水土，维是勉之。”这是大禹出发治水时，舜帝对他殷切的期望。中国共产党何尝不是这样，肩负着国家、民族、人民的重托，出发前行！九江镇政府何尝不是这样，肩负着全镇人民的重托。社会主义现代化的新征程，是一场必须打赢的胜仗！

所有的胜仗都不可能只是纸上谈兵，只有落到实处，解决人民群众的揪心事，切实为人民群众办实事，才有可能取得伟大胜利！当前九江镇正围绕“思想再解放，改革再出发，小镇办大事，九江怎么办”的主题，展开热烈的大讨论，九江镇政府决心大力弘扬九江战龙、坚定目标、团结拼搏、勇夺胜利的精神气概，聚焦城镇生态整治等方面，全力发展新兴产业，以猛龙过大江的气概争当南海区城乡融合发展先行区。2021年，笔者有幸参加了南海区九江镇举办的徒步活动。11公里的徒步路线，从宽阔雄伟的儒林广场出发，路过了粼粼西江，路过了桑基鱼塘，走进了百花丛中……一路走来，第

一次真切感受到九江镇的美。九江镇的美，美在九江镇全镇人民在中国共产党乡村振兴战略和建设美丽乡村的大旗下通力合作，美在九江镇美化环境“三清三拆三整治”工作虽有困难但不怕困难的精神，美在九江镇为广大农民在乡村振兴中有更多获得感、幸福感十年如一日的坚持。

三、笃行致远，日将月就，继百年辉煌再踵事增华

101 年前，就有这么一群心向未来的青年志士，他们不会再忍受拿着枪杆子的人把国家视作肥水，把人命视作草芥，把百姓视作刍狗！他们不会再软弱，决心以血肉之躯拼出一条独立、自强的新道路。社会主义现代化新征程的道路，就是由一个心向未来的政党和无数心向未来的人民以无数个日夜顽强拼搏、守正创新、用智慧和鲜血创造出来的。

百年后的我们，更要在前人的路上开拓创新，坚毅前行。作为一名教育人、一名思政课教师，笔者志在九江镇的沃土上发散自己的光和热。党的历史就是一本生动形象的教科书，笔者将在课堂中多用党史素材对学生进行教育，帮助学生扣好人生的第一粒扣子，让学生树立对党的信仰与崇敬，把对党忠诚的种子埋在学生的幼小心灵中。中国共产党伟大事业正在一代接一代的接力传棒中，对党忠诚的优秀品德更要一代接一代传承下去。每一个平凡的人都在自己的岗位上书写人生价值，每一滴名为奋斗的涓涓细流都能汇入时代的大流，都能成为社会主义现代化新征程的推力。

“莫见浪头高，放下手中桨”，当前的国际和地区形势风云变幻，今天的我们，正站在时代的浪潮前。我们要继续全面贯彻习近平新时代中国特色社会主义思想，大力弘扬伟大建党精神，勿忘昨天的苦难辉煌，无愧今天的使命担当，不负明天的伟大梦想，以史为鉴、开创未来，为实现第二个百年奋斗目标、实现中华民族伟大复兴的中国梦而不懈奋斗。

挖红色教育资源，育新时代好少年

——基于立德树人的小学低年段“红色教育”实践

佛山市南海区里水镇展旗学校　袁嘉穗

2018 年 9 月 10 日，习近平总书记在全国教育大会发表重要讲话，他指出：“立德树人，是教育事业发展必须始终牢牢抓住的灵魂。”2020 年 7 月 23 日，习近平总书记致信祝贺中国少年先锋队第八次全国代表大会召开时强调：“新时代，少先队要高举队旗跟党走，传承红色基因，培育时代新人，团结、教育、引领广大少先队员做共产主义事业接班人。”2021 年是建党 100 周年，在这历史的重要节点上对学生进行红色教育是非常重要且有意义的。于是，笔者结合本校和学生的实际情况，探寻出一条适合本班学生的“红色学习”之路。

一、开展红色主题班会

主题班会是教师对学生进行思想教育的一个重要途径。在本学年，我们班开展了 10 次红色主题班会，每次红色主题班会主要以观看红色电影的形式开展。红色电影有着健康向上、催人进取的思想内涵，它的感染力很强，对学生的教育更生动、直观，深受小学生的喜爱。小学生在这种欢快放松的环境中接受红色教育，有利于小学生真正体会红色精神。

二年级的小学生年纪较小，生活经验少，对于一些内涵比较深刻的影片难以理解。为了拉近学生与影片的距离，第一学期主要播放革命时期的儿童影片，如《小英雄王二小》《小兵张嘎》《鸡毛信》等。这一年段的学生容易产生共鸣，并且向这些优秀的儿童团员学习他们机智勇敢、不怕吃苦、明辨是非等优良品质。在第二学期，笔者则更加注重结合时事让学生感受一些伟人的事迹及其崇高的为国家和人民服务的精神。3 月是学习雷锋月，所以笔者让学生观看《雷锋》这部电影，感受“哪里需要献出爱心，雷锋叔叔就出现在哪里”的内涵，学习乐于助人的品质。2021 年 5 月 22 日，袁隆平爷爷因病去世，举国悲痛。为了让生活在当下、享受优越环境的学生学会饮水思源，吃饭不忘种田人，笔者开展了关于袁隆平爷爷的主题班会，和学生一起观看了袁隆平爷爷的影片和纪录片，感受杂交水稻之父袁隆平爷爷为中国乃至整个世界做出的巨大贡献，告诫学生要珍惜粮食，一粥一饭当思来之不易，半丝半缕恒念物力维艰；同时引导学生认真努力学习知识，将来为国家的发展建设出一份力。2021 年是建党 100 周年，组织学生收看了习近平主席在庆祝中国共产党成立 100 周年大会上的讲话，观看了电影《建党伟业》，深切地感受到在中国共产党的领导下，中国各方面高质量发展，国际地位越来越高。作为中国人，我们感到骄傲与自豪。学生纷纷表示要坚定不移地听党话、跟党走，争当新时代好少年。

二、分享红色故事

课堂时间是有限的，许多优秀的电影没有办法利用班会课观看，笔者就定期推荐给学生回家自行观看，学生的兴趣特别浓厚，如《英雄小八路》《战狼》《我和我的祖国》等都是他们喜欢的电影。每当学生看完一部电影，笔者就会利用周五的阅读课让学生进行分享：说一说看完影片后最大的感受，印象最深刻的画面，你有什么话想对这些伟人说，等等。让学生从影片中感受到每一个平凡人爱国爱党的情怀。正是每一个平凡人的坚守，才有伟大祖国的繁荣昌盛，学生也被这样的精神震撼着、引领着、激励着。

除此之外，笔者还充分利用午休前 10 分钟对学生进行“浸润式红色教育”。让学生阅读红色绘本故事，也会利用学习强国 APP、喜马拉雅 APP 等平台播放一些经典的红色故事。

三、亲子共读红色经典

我们班本学年还开展了“红色经典伴我成长”的读书活动，让家长和学生利用周末或寒暑假共读红色经典，在阅读经典中学习红色精神、感悟红色内涵，培养学生爱党爱国的信念与美德。笔者经常给学生推荐红色绘本，如《小英雄雨来》《长征的故事》《雷锋的故事》等。这些绘本故事简短，插图内容丰富，极大地吸引学生的眼球。学生常常互相交换阅读或者共读交流，阅读兴趣浓厚。有时，笔者还会让家长和学生一起录制亲子共读红色经典的视频，在晓黑板或微信群进行分享。

四、唱响红歌

一首红歌就是一段历史，一首首红歌影响着一代代人的成长。结合学校的午唱及音乐课的教学，学生学唱了《没有共产党就没有新中国》《闪闪的红星》《学习雷锋好榜样》等红色歌曲。在建党100周年的系列庆祝活动中，学生表演录制了《没有共产党就没有新中国》这首歌，从他们自信的表情、嘹亮的歌唱声中，展现作为中国人的自豪感。通过学红歌、唱红歌、讲红歌背后的动人故事，学生的爱国主义理想信念也得以培养。

红色教育是这个时代发展必不可少的一项重要教育，即使当下的学生生活在和平的时代，也应铭记历史，铭记用鲜血换来今天和平生活的革命烈士。在小学低年段就开始对学生进行红色思想和文化的教育，能够从小开始培养他们勤俭节约、不惧困难、自强不息、乐于奉献等品格，培养他们的爱国主义精神和爱党、永远跟党走的信念，为其更好地成为社会主义的建设者和接班人奠定坚实的基础。

以“三同四起来”主题教育模式将党史教育融入中学道德与法治教学的策略研究

佛山市南海外国语学校　冯子龙　张海云　徐皓月

2021年2月20日，习近平总书记在党史学习教育动员大会上强调：“回望过往的奋斗路，眺望前方的奋进路，我们必须把党的历史学习好、总结好，把党的成功经验传承好、发扬好。”2021年是中国共产党的百年华诞，“开展党史学习教育，正当其时，十分必要”。中学道德与法治课程是中学生思想政治教育的主要途径，是立德树人的重要阵地，道德与法治课程教师应当主动将党史学习教育融入中学道德与法治的教学当中，这也是新时代中学道德与法治课程改革创新的意义。

一、党史的学习教育同道德与法治课程相融相通

党史学习教育，是牢记初心使命、推进中华民族伟大复兴历史伟业的必然要求，是坚定信仰信念、在新时代坚持和发展中国特色社会主义的必然要求，是推进党的自我革命、永葆党的生机活力的必然要求。道德与法治课程是意识形态教育的主场地，党史的学习教育同道德与法治课程的教学相融相通，有极强的相似性。

（一）二者有相同的教育性质

党史是中国共产党领导全国各族人民进行革命和建设的政治奋斗史，是党不断保持自身先进性和纯洁性，加强自身建设的历史，反映了人民的政治选择历程和党的政治建设历程。在中学进行党史学习教育可以有效地唤起中学生的政治认同，提高他们对政治的判断力、领悟力和执行力。所以，党史教育不只是简单的历史教育，而更是政治教育，同道德与法治课程一样，都把坚持正确的政治方向放在第一位。

（二）二者有相同的教育目标

道德与法治课程是立德树人的重要阵地，不仅要传授马克思主义理论知识，更要帮助学生进行世界观、人生观、价值观的建设，培养社会主义的建设者和接班人。随着互联网技术日新月异，出现了多元的价值观，社会被各种思潮冲击，甚至出现了历史虚无主义等错误思潮。面对这种情况，在中学进行党史教育，带领中学生回顾和理解党的奋斗历程，能够帮助当代中学生树立正确的党史观，从而坚定不移地反对历史虚无主义，成长为爱党爱国、拥护中国共产党领导、愿意主动担当民族复兴伟大重任的有用之材。

（三）二者有相同的教育内容

在中学阶段进行党史教育，以道德与法治课堂为阵地讲授中国共产党的理论发展史，贯穿其中的是中国共产党领导的新民主主义革命、社会主义革命和建设的历史进程，这正是百年党史的发展历程。道德与法治教育内容与党史教育密切相关。讲好中国精神需要联系中国共产党人的精神谱系，比如长征精神、延安精神等；讲好中国革命道德需要联系中国革命战争时期的历史；讲好社会主义法治建设问题也离不开讲清党领导社会主义法治建设的历史脉络。

二、党史学习教育融入道德与法治课程的实践路径

佛山市南海外国语学校聚焦学生年龄特点，丰富实践载体，拓展实践视野，深化“三同四起来”主题教育模式。“三同”，即推动综合实践小课堂与思政大课堂同频共振，促进红色研学实践和“游佛山·读历史”活动“同向同行”，引导全体参训师生坚定不移地与以习近平同志为核心的党中央“同心同路”。“四起来”即：一学起来——述绘百年传奇，记录“岁月留声”；二讲起来——讲好红色故事，赓续红色血脉；三动起来——传承劳动基因，创造幸福生活；四行起来——寻访红色基地，穿越时空对话动起来。通过“三同四起来”，引导学生传承红色基因，赓续红色血脉，矢志不渝学党史、感党恩、听党话、跟党走。

“三同四起来”主题教育模式将党史教育和社会实践活动有机融合，对中小学生的知识掌握、能力培养、全面发展具有促进作用，对党史教育实践有效开展具有深刻的示范作用。积极探索出了一条社会实践和爱国主义教育大课堂相结合、课堂学习和课外活动相协调、显性教育与隐性教育相契合的育人新渠道，让党史教育在生活中可感、可触、可传播。

三、党史学习教育融入道德与法治课程的成效

（一）拓宽知识边界，提升实践能力

“三同四起来”主题教育模式把学生的学习场所从学校拓展到社区乃至整个社会，把学生认知为主的生活与体验为主的生活结合起来，拓宽学生的知识面，拓展学习空间，丰富人生经历，培养研究能力，提高学生综合素养，为学生全面发展提供广阔空间。

（二）融入社会生活，加深学生感悟

“三同四起来”主题教育模式符合中小学生年龄特点，生动有效、激发学生的学习热情和兴趣的同时，完美契合爱国主义教育目标，引导青少年在实践活动中深度了解党史文化，寻找历史印记，触摸有温度的革命历史，奏响红色旋律，铭记建党精神，汲取前行力量。

（三）拓宽教育渠道，推进教育开展

“三同四起来”主题教育模式有效利用红色资源，通过最直观的实践学习，“寓教于活动”，有效地打破说教壁垒，让党史教育落地入心，从而达到“春风化雨”“润物细无声”的育人效果。课堂学习和课外活动相协调、显性教育

与隐性教育相契合的育人新渠道，让党史教育在生活中可感、可触、可传播，对其他学校和地区开展社会实践活动带来一定的示范、借鉴和推广作用。

四度并行，推动党史学习教育走进童心

——以中共精神谱系之“长征精神”的学习为例

佛山市南海区桂城街道灯湖小学　周冰欣

“党的历史是最生动、最有说服力的教科书。”回望百年历史，深刻认识和准确把握中国共产党在革命、建设和改革过程中构筑的精神谱系，是读懂党百年发展史的必然要求。青少年是祖国的未来、民族的希望，在其三观逐渐形成的阶段，更应该对其进行党史学习教育。而小学生年龄小、相关知识储备和经验积累偏少，如何站在儿童立场，让党史学习教育真正入心入脑，这给学校教育提出了更高的要求。

一、聚焦设计，把握学习精度

“要给学生一杯水，老师要有一桶水。”教师深学、细悟、读懂精神谱系的深刻内涵，是党史学习教育有效开展的第一步。唯有深度解读，把握历史叙事的逻辑线索，把握学习精度，才能使党史学习有明确的价值定位和价值指向。因此，在设计上要处理好以下三个关系。

第一是“大与小”“抽象与具体”的问题。党史学习知识厚重，维度宽，设计切入时要找焦点人物，选取典型场景、典型事件，化繁为易，化大为小，化抽象为具体。如长征精神，学生对红军长征的背景和历史地位都缺乏系统性的认识。我们可以通过《倔强的小红军》《金色的鱼钩》等故事激发学生已有的认知。

第二是“远与近”的问题。历史征程波澜壮阔，距离学生遥远。在设计引导时要拉近学生与党史的距离。我们可以突破历史演绎法，从学生感兴趣的点切入并进行深度挖掘，引导学生从一个近点慢慢深挖，远近勾连，循序渐进形成整体认识。如长征精神的学习，在顶层设计学习目标上，学生初步了解马克思主义在中国的传播及五四运动、开辟井冈山道路、遵义会议、红军长征等相关史实，重点落在通过通俗易懂的方式加深对长征精神的感悟，从一种精神，以点带面，带动其他精神的学习，从而激活学生血液里的红色基因。

第三是“强联系与弱联系”的问题。如今人民生活幸福安康，面对坎坷动荡的百年历史，学生一时难以产生共鸣。因此，我们可以从学生身边的党史学习资源入手，放大“强联系”资源，包括家长、社区、地方文化资源，如身边的老党员、老红军、爷爷奶奶那些年发生的事，以“强联系”促“弱联系”，逐步形成认识。

二、问题导向，力促学习深度

党史学习教育中要基于儿童立场，引导学生主动发现问题、分析问题和解决问题，让学生亲历中共精神谱系的伟大形成过程。将提问权交还给学生，以学生的视角去确定学习的问题。如学生从“红军为什么要长征”“红军为什么不怕长征”“红军长征路线是怎么样的”“长征精神是什么”等角度进行质疑，用一个个学习活动将这些问题串联起来，灵活采取情境创设、“故事化”叙说、小组项目合作探究、班级红色研学等形式，在师生、生生互动中发展学习思维，探源知底，在“质疑—释疑”中充分了解长征精神的人和事，启发学生通过人与事的学习，充分了解背后的历史意义和精神内涵。

三、丰富形式，提升学习效度

想要让党史学习教育真正触动学生的内心，学校首先要激发自身对党史学习教育的积极性、主动性和创造性，通过“文化育人、课程育人、活动育人”促进学生的价值认同和情感共鸣。

润物无声，文化育人。通过“校级顶层设计—年级特色化—班级班本化”三级推动，将与长征精神相关的内容以文字、图片、视频等形式呈现，鼓励师生了解每种精神背后的历史，感受精神的时代意义，外显于文化，内化为行动。

综合融通，课程育人。基于学科特性，梳理原有课程中的党史学习资源，运用整合融通思维，通过“学科＋党史”的综合推进，将党史学习教育与学科素质培养有效结合。

系列推进，活动育人。校园是学生成长的生命场，学生在一系列课程活动中获得生命的滋养。精神谱系的学习需要以学生喜闻乐见的活动为载体，提升学习效度，如形成“精神接力有来人”系列主题教育活动，学生通过诗歌、歌曲、宣传画等形式对话“精神谱系”背后的英雄。除了校内的活动，还要勾连校外的教育缝隙，通过家校合作、馆校合作，巩固学习成果，如周末亲子象征性长跑，感受长征精神；社区、历史博物馆合作进行研学考察活动，引导学生寻访革命足迹，学习伟大精神。

四、持续发散，拓宽学习广度

党史学习教育应纳入每一个中国人终身学习的范畴。学校教育不应仅限于一时的浅尝辄止。在历史的、联系的、发展的、辩证的观点指引下，我们要将党史学习教育的持续性和广度拓宽作为永久的研究要旨，为青少年的发展蓄能。

在五育并举、“双减”政策落地的时代背景下，学校应用开放的心态、动态协同的思维，将百年党史放入更长远的文化、历史背景中去认识，打通过去、现在和未来的时间界限，连接各方教育资源，将革命传统教育与理想信念教育结合起来，将民族精神教育与时代精神教育结合，将特色教育与养成教育结合，积极探索党史学习教育的宽广之路，让师生在学习中真正形成价值认同，达成行动自觉。

“知之非艰，行之惟艰。”落实党史学习教育，需要我们在实践中做积极的行动者，勇于探究，勇于践行。如何让党史学习教育走进学生的内心，润泽学生的心灵，让学生发自内心地走近党、热爱党、追随党，是我们教育者永远值得思考的命题，也是时代赋予我们的光荣使命。

中编　活动案例

党史学习教育进校园

——佛山市百万师生同上一堂思政课

佛山市教育局　何晓锋　周洁荣　陈文明　郗宁

2021 年是中国共产党百年华诞，为深入学习贯彻习近平总书记在党史学习教育动员大会上的重要讲话，全面贯彻党的教育方针，加强党史教育进课堂，培养红色基因传承人，佛山市教育局与佛山市委宣传部、文明办联合举办“学党史，悟思想——庆祝建党 100 周年，全市同上一堂思政课”活动。

一、背景情况

2021 年是中国共产党百年华诞。4 月 1 日，“党史学习教育进校园·佛山市百万师生同上一堂思政课”活动仪式在佛山市铁军小学举行（见图 2 - 1），拉开了佛山市党史进校园系列活动序幕。课堂上，学生通过图片、视频等方式进行学习，领悟红船精神内涵，分享革命烈士抛头颅、洒热血的英烈故事。当天，活动教学视频在网上播出后引起热烈反响，到次日网上点击率即超过 100 万人次。活动从启动仪式开始持续到年底，全市思政课教师积极投身于党史思政课的教学研究中，讲好党的故事、革命的故事、英雄的故事，丰富宣讲形式，扩大宣讲覆盖范围，厚植广大青少年学生爱党爱国爱社会主义的情感，掀起了学习热潮。

图 2 - 1　佛山市百万师生同上一堂思政课活动仪式

二、主要做法

（一）高度重视，精心组织

各级教育部门加强统筹协调和督促指导，学校党委书记、校长对授课相关事项及讲稿亲自审定、把关，充分发挥教研部门力量，认真组织备课，研究教学重点和难点，准确把握学生思想状况和特点，提高教育的针对性和亲和力，增强党史思政课的吸引力和感染力。

（二）内容明确、主题清晰

活动围绕党史教育进校园为主题，以党的历史知识、光荣传统和优良作风、英雄模范事迹等内容为载体，或从教材选取，有小学“道德与法治”五年级下册第9课“中国有了共产党”、初中“道德与法治”八年级下册第三单元“人民当家作主”、高中“思想政治”必修三第一课“中国共产党领导人民站起来、富起来、强起来”等。授课教师自选角度，自拟题目进行授课；授课形式采取大班（年级）或小班、同年级或跨年级集体统一授课。

（三）因地制宜，形式多样

佛山思政课教师因地制宜、因材施教，探索不同的手段和路径，找到思政育人与学生情感的结合点，通过情境创设、案例剖析、实践体验、协作互动、探究访谈等形式多样的教学方法，给学生深刻的学习体验。佛山市铁军小学通过寻找身边的党员、采访入党的长辈、邀请老党员到思政课堂上讲课；佛山市南海区桂城中学创新开展“党史擂台赛”，学生踊跃答题争夺“红色”电影票；佛山市顺德均安中心小学在室外上国旗下的思政课，百名少先队员重温入队誓词、手摇国旗合唱《少年》、演奏《黄河大合唱》；佛山市高明区第一中学以“红船起航越百年，初心如磐向未来”为主题学习；佛山市三水中学附属初中校长邵仲文亲自给初三年级800多名学生大课堂授课；南海区里水镇展旗学校走进红色教育基地中共“南三花”工委旧址上思政课，进一步发挥革命文物在立德树人方面的作用（见图2－2）。

图2－2　南海展旗学校走进红色教育基地中共“南三花”工委旧址上思政课

（四）加强宣传，踊跃参与

各区、各学校充分发挥电视、广播、报纸、网络、微博、微信等媒体作用，通过学、讲、颂、唱、绘、演等形式，开展一系列党史教育活动，营造学党史、知党情、跟党走的氛围，扩大活动影响力，带动更多学生、老师和家长学习党的历史、感悟党的知识，将红色基因、革命薪火代代传承。

三、取得成效

（一）参与广泛，影响深远

“百万师生同上一堂思政课”，开创了形式和规模上的先河，全市676所中小学校（含中职）、109.54万在校学生参与学习。这是佛山市把党史学习融入学校思政课堂，积极探索思政课的实践路径，用思政课特有的政治引领和价值导向的功能，积极厚植青少年爱党、爱国、爱社会主义情感的举措。学习强国、《人民日报》、人民网、新华网、央广网、凤凰网、《南方日报》、《佛山日报》等多家媒体进行了广泛的报道（见图2－3）。

【学习简报】佛山：同上思政课 各有各精彩

佛山：百万师生同上思政课，红色基因激荡校园

佛山市党史学习教育进校园系列活动启动

4月1日，由中共佛山市委宣传部、佛山市教育局、佛山市文明办主办的“党史学习教育进校园·佛山市百万师生同上一堂思政课”主会场活动在佛山市铁军小学举行，拉开了佛山市党史学习教育进校园系列活动的序幕。

百万师生同上思政课 佛山市党史学习教育进校园系列活动启动

佛山启动党史学习教育进校园系列活动

百万师生同上一堂思政课！佛山市党史学习教育进校园系列活动启动

看电影学党史 凝聚奋进力量

图2－3　多家媒体对佛山市“百万师生同上一堂思政课”广泛报道

（二）成果丰硕，精品展示

围绕“学党史，悟思想——庆祝建党100周年，全市同上一堂思政课”活动，全市评选出优秀课例61个、优秀指导教师28人及优秀教研员9人；呈送广东省教育厅“同上一堂党史课”大中小学思政课一体化教学展示交流活动的三节优秀课例脱颖而出，分别荣获小学组和初中组一等奖、高中组二等奖。南海区灯湖小学郭嘉琪老师执教的课例“红军不怕远征难”被推荐参加“南方教研大讲堂”网络直播活动。这代表着佛山热烈开展“百万师生同上一堂思政课”活动成果，各区各校涌现的优秀思政课例传承红色基因，厚植育人沃土，用实际行动向党的百年华诞献礼。

（三）教研帮扶，交流互鉴

佛山思政课教师还走出去开展教研帮扶活动。4 月 16 日，佛山市教育局组织佛山市铁军小学、顺德南沙小学参加走进粤东西北（梅州五华）开展党史学习教育融入思政课“同课异构”教研活动，共同开展协作教研、跨区域教研及共建共享优质教研资源。全国各地累计点击观看人数近 16.6 万人次，取得良好的帮扶成效。5 月 13 日，市教育局再次组织顺德均安专职思政教师，随广东省教育研究院走进粤东西北（韶关始兴）开展教研帮扶小学道德与法治专场活动。

弘扬铁军精神，传承红色基因

——铁军小学党史学习教育活动案例

佛山市铁军小学　张丽琴　张丽芬　武艺　何晓锋

佛山市铁军小学（以下简称“铁军小学”）因传播新文化新思想而诞生，因纪念杰出校友——革命先烈陈铁军而得名。百年薪火传承，学校将以铁军精神为内核的红色基因注入办学思想、植入少先队组织和课程体系、融入家校社共育机制，强化爱国主义教育，为学生健康成长铸魂、培根、润土。

一、背景情况

铁军小学前身是“五四”进步青年郭鉴冰等人创办于 1920 年的季华两等女子学校；后由近代民主革命家廖仲恺先生等 12 位知名人士募捐，于 1923 年建成新校，更名为季华小学；1958 年并入佛山市第二小学；1991 年 7 月，为纪念革命烈士陈铁军，佛山市人民政府将学校更名为佛山市铁军小学，校名由著名作家魏巍题写。百年来，学校为国家培养了革命先烈陈铁军、前蒙古国特命全权大使黄家骙、中国科学院院士陆启铿等多位以“追求真理、服务社会、报效祖国”为己任的英雄模范人物。

历史是最好的教科书。把红色资源利用好，把红色传统发扬好，把红色基因传承好，为学生扣好人生第一粒扣子，是历史和时代赋予学校的使命。

二、主要做法

（一）将铁军精神植入学校办学理念，为学生成长铸魂

百年党史和百年校史为学校文化打下了鲜红的文化底色，学校结合党史学习教育，大力弘扬根植于学校发展命脉的红色文化，让师生在潜移默化中获取精神力量。一是将“追求真理，勤于学习，勇于实践，甘于奉献”的铁军精神作为校训，代代相传。虽几易校名，但校训秉承，坚持以“弘扬铁军精神，传承红色基因”为抓手，开展“重温铁军史、重讲铁军事、重演铁军剧、重立铁军志、重塑铁军魂”的红色教育主题活动，激励学生继承先烈遗志，争当铁军精神新传人。二是让红色基因成为引领学校创新发展的灵魂。学校从积极奋进的铁军精神中萃取了“求真为善尚美”的教育理念，形成了新时代“和美”办学理念，营造了勤学习、乐奉献、求上进、敢担当的学校文化。三是以红色文化润泽校园（见图2－4）。学校将铁军元素融入校徽、校歌、校旗；教学楼楼顶高耸着作家魏巍题写的校名，铁军园矗立着陈铁军烈士雕像；走进陈铁军烈士事迹陈列室和厚重的校史馆，红色文化气息扑面而来（见图2－5）。

图2－4　学生宣讲员动情讲述陈铁军烈士的革命事迹

图2－5　陈铁军烈士事迹陈列室

（二）将红色资源融入思政教育，为学生成长培根

历史因铭记而永恒，精神因传承而不灭。铁军小学将丰厚的红色资源纳入思想道德教育和课程教学，多途径、立体式、全过程育人。一是把握教书育人的关键，旗帜鲜明上好思政课。学校把“学铁军精神，育革命后代”作为师德教育主题，研发《佛山记忆》《广东骄傲》《民族力量》红色研学指导手册，将其融入语文、道德与法治、综合实践等学科教学，并确保学科教学与思政课同向而行；二是构建了“观赏红色影片、传唱爱国歌曲、宣讲革命故事、编写革命剧本、排演革命戏剧”等八大主题活动；三是“学铁军”特色活动形成系列。新生入校第一课参观陈铁军烈士事迹陈列室、校史室，中年级到铁军公园参加“清明祭英烈”，高年级到红色教育基地“重走长征路”；在铁军诞辰纪念日开展“讲铁军故事、学铁军精神”主题班会；铁军就义纪念日组织“承铁军足迹、传铁军事业”主题队日活动；特聘电影《刑场上的婚礼》编剧张义生与陈铁军的扮演者宋晓英担任校外辅导员。

（三）用红色文化营造共育生态，为学生成长润土

在建党百年之际，铁军小学顺势而为，结合党史学习教育，将红色文化融入家校社协同育人机制，构建共育生态，为学生成长润土固本，具体做法如下。

图2－6　全国优秀少先队辅导员梁锦卿为学生讲述革命故事

一是构筑家校共育新模式。学校强化家庭为孩子红色基因润土、固根、催芽的作用，通过家校合作拔节展穗。学校开设“以家国情怀为底色，在家教中教学相长”的家教课程，通过家校“红色讲师团”将党史知识传导给家长；组织“红色传承”亲子研学，参观铁军故居、罗登贤事迹展览馆等红色基地。二是与市、区关工委合力打造“佛山市青少年红色基因教育进校园示范点”。退休老校长林淑镰、李惠莲与梁锦卿主任经常给学生讲革命故事（见图2－6），通过“朝阳读书”活动与“家长学校”，弘扬铁军精神，传承红色基因。

三、取得成效

（一）形成了以传承红色文化为载体的党史学习教育体系

学校紧扣“学史明理、学史增信、学史崇德、学史力行”的党史学习教育宗旨，结合党史学习教育内容，研发了“红色印记”系列研学手册，形成了“观看、诵读、传唱、演讲、祭扫、研学、表演、践行”八大红色教育活动，构建了家校社共育红色教育生态，多角度、多层面、多渠道将党史学习教育贯穿于立德树人全过程，取得了良好的教育效果。

（二）产生了广泛而积极的教育影响

自党史学习教育以来，一是学校获评全国中华优秀传统文化传承学校、广东省文明校园先进学校、佛山市小学道德与法治省级教研基地、佛山市先进基层党组织、佛山市关心下一代工作先进集体、佛山市献礼中国共产党成立 100 周年心歌大赛优秀组织奖等荣誉，并被中央电视台、新华社、《人民日报》等媒体报道。二是学校成功承办了佛山市“党史学习教育进校园·百万师生同上一堂思政课”主会场的活动，所展示的课例“中国有了共产党”，网络点击率超过 90 万人次；在全国规范化家长学校实验区工作交流会上精彩展示案例教学课“要重视对孩子进行爱国主义教育”，获得高度评价。三是学校接待省、市、区政法委，市、区教育局，三水区党员干部千余人来学校考察党史学习教育工作。

在广东省学习贯彻落实习近平总书记关于思政课建设重要讲话精神的座谈会上，省委主要领导对铁军小学代表的发言高度评价：“铁军小学注重让学生从小树立理想信念，是弘扬革命传统教育的典型。”

学史需力行，实践出真知

——桂洲中学推动党史进校园之社会实践案例

佛山市顺德区桂洲中学　刘中良　杨爱民　卢伦　窦彦琦

一、背景情况

为了庆祝中国共产党成立 100 周年，桂洲中学充分发掘党史的育人价值，坚持继承传统、创新形式、强化熏陶，通过连续开展“学史力行”之党史入社会实践系列活动，构建起科学、系统的党史学习主题教育体系，让学生在红色文化引领下，主动传播和践行社会主义核心价值观，并取得了良好的实效。

二、主要做法

（一）“学史力行”之深入社区

青春心向党，桂子社区行。2019 年 12 月，一场新冠肺炎疫情打破了新春的祥和，全国人民的抗疫攻坚战就此打响。在此期间，桂洲中学团委积极响应团区委的号召，在学校学生发展处的指导下，组织学校青年学生组织和志愿者开展了一系列线上抗疫活动，为社区的一线工作者们送上了我们的祝福，也为学校复学准备做出了积极、健康的宣传。2020 年 3 月，桂洲中学学生志愿者再次出发，配合社区防疫工作积极进行宣传，把疫情防控科学、有效地落到实处。2021 年 3—4 月，在桂洲中学党总支的号召下，学校多次组织学生开展“青春心向党，桂兰学子行”系列活动（见图 2 -7）。桂兰学子走出校园，来到社区文化广场、党群服务中心、社区文化纪念馆，与这里的社区党群工作者和老一辈的党员交流学习党史的心得体会。在这里，学生了解到老党员们那个年代的峥嵘岁月和一直坚守的初心。

图 2 -7　开展“青春心向党，桂兰学子行”系列活动

（二）“学史力行”之走进村改

骑行看顺德村改，追寻党的奋斗精神。2021 年 4—5 月，在学校党总支的号召下，顺德区桂洲中学团委联合共青团容桂街道委员会、容桂青年坊开展“春日骑行游访·探寻村改蝶变”系列活动（见图2-8），教师和学生以骑行的方式至容桂街道社区参访，了解社区的“村改”工作及变化。2018年以来，顺德以“壮士断腕”的决心，再次发扬“进取的顺德人”的改革精神，把村级工业园改造作为“头号工程”，打响了一场没有退路的战斗，在本次“村改”涌现了一大批顺德“村改”铁军，铸就了攻坚克难的改革精神。为此，学校组织了不同年级的学生分批次前往街道骑行游览各个村居，除了了解村居的“村改”工作及变化之外，学生还通过绘画、摄影、写宣传稿等方式让社会公众了解“村改”带来的变化，学习“村改”的精神。

图2-8　开展“春日骑行游访·探寻村改蝶变”系列活动

（三）“学史力行”之体验式教育

体验式教育，让党史学习入脑入心。2020年9月，桂洲中学学生志愿者赴容桂敬老院，为老人送上暖心的祝福。2020年12月，桂洲中学学生志愿者前往各个社区开展“迎新年，建设和谐家园”活动（见图2-9）。2021年3—7月，学校连续开展了“青春心向党”志愿服务活动。2021年11月，团员干部在老师的带领下，来到了北滘黄龙村重走习近平总书记指导下脱贫攻坚战的路线。习近平总书记说过：“在扶贫的路上，不能落下一个贫困家庭，丢下一个贫困群众”，如今，我国已经取得了脱贫攻坚战的全面胜利。再次来到黄龙村，参观了黄龙村乐善饭堂，看到了黄龙

图2-9　开展“迎新年，建设和谐家园”系列活动

脱贫致富特色产业黑皮冬瓜的文化，学生感受到的是党对人民群众实实在在的关怀以及党在脱贫攻坚战中一鼓作气、勇往直前的精神。参观学习结束后，团员们回到了黄龙书院，跟随中共佛山市委党校的曾健欣老师就“中华民族伟大复兴的主心骨——中国共产党百年奋斗的基本历程与启示”进行了学习，再一次坚定了为中国梦努力奋进、不畏困难的信心与决心。

三、主要成效

（一）将党史学习内化于心

在社区之行交谈过程中，有的老党员表示为了跟上时代的脚步，他们都数十年如一日，不断学习党的理论知识、党章党规；有的老党员年近80岁，还经常主动协调解决邻里矛盾、帮助有困难的群众申请低保；还有的老党员退休之后仍主动担任社区党支部的小组长，负责传达组织上的最新工作、协调解决邻里纠纷。他们有的坚持学习，有的无私奉献，有的一心向党，通过跟社区老党员的交流，桂兰学子从他们身上看到了共产党员的先锋性和全心全意为人民服务的精神，同时也明白了学党史就是学习党流传下来的初心和使命，也只有这样才能真正将党史学习的意义内化于心。

（二）将党史学习落地于行

走进“村改”是一场别样的社会实践，这种社会实践让学生学到了许多书本上没有的知识，既学会了工作和学习的方法，同时也看清了自身的不足，明确了今后努力的方向。通过活动，学生在实践中了解国情民情，在实践中追寻奋斗精神，在实践中提升对党领导下乡村振兴的认识，这样才真正将党史教育落到实处。

（三）让党史学习的形式更加多样

从街道社区敬老爱老活动，到助力社区开展群众活动，再到疫苗接种的志愿者服务活动，这些多样性的活动深入持续开展，激发了桂兰学子的服务热情和主人翁意识，彰显了新时代桂兰学子的精神面貌，营造了建党100周年之际倡导志愿服务的良好文化氛围。“学”的效果如何，最终要靠“行”来检验，将党史学习深入社会实践就是要把实地考察感受与理论学习理解相结合，这种多样式的党史学习方式，让学生更加切实地感受到祖国、共产党、共青团之间的密切联系，深刻认识作为新时代接班人的责任与骄傲。

“学史力行”发于心、重在行，重走一段红军长征路，自编自演一段曲艺节目，开展一次网上祭扫，为群众办一件实事等都是将“学史力行”落在实处的一种方式。在党史学习教育中，我们可以结合自身情况，因地制宜开展一些符合党史学习教育特点和规律，同时又能够体现自身特色的活动。因为只有在内容形式方法上创新，才能让我们的党员和群众、老师和学生在潜移默化的沉浸式学习中汲取百年党史的丰富营养，使推进党史融入社会实践的主题教育更加贴近实际，更加深入人心。

系列化·活动型·铸品牌

——李兆基中学团校学党史教育活动案例

顺德区李兆基中学　梁倩雯　方妍妮

为庆祝中国共产党建党 100 周年，纪念五四运动 102 周年，李兆基中学团委在校党委的领导下，坚持“党建带团建”机制，以系列化、活动化、品牌化推进学党史教育系列活动，共忆百年党史，共话青春向党，激扬青春梦想。

一、背景情况

“00 后”是未来担当民族复兴大任的时代新人，当前也是校园文化活动的主力军、生力军，具有强烈的自我意识，文化需求呈现优质化、多样化、个性化的特点，要求推进学党史教育活动的供给侧结构性改革。

李兆基中学团委深入分析活动对象特点，紧跟时代脉搏，继 2020 年以“脱贫攻坚”为主线成功开展系列活动后，在中国共产党建党 100 周年之际，在党团中央文件的指引下，以“百年正青春·青春心向党”为主题，开展具有特色的学党史教育系列活动。李兆基中学团委用系列化主题将红色基因植根于党史教育，以喜闻乐见的活动融党史入日常教学教育实践，构筑闪亮的团课品牌，提升党史教育的品位。

二、主要做法

（一）以时代任务为主题，实现学党史教育系列化、常态化

李兆基中学坚持“学党史＋十节教育”特色，把时代任务主题嵌入大型节庆典礼活动中，实现党史教育、美好德育、李中文化巧妙融合。

2021 年上半年，高一、高二全体学生参与主题为“风华正茂·青春颂党”第十五届合唱节（见图 2－10），在唱响红歌中践行学史明理、学史增信。

图 2－10　李兆基中学“风华正茂·青春颂党”第十五届合唱节

2021 年下半年，学校举办了主题为“百年建党正青春·芳华李中唱新章”的体育艺术节文艺晚会，用情景历史剧、歌舞等多种形式，营造了沉浸式的党史学习氛围。红色基因在李兆基中学莘莘学子的血液中流淌。学生铿锵有力的誓词、坚定无比的信念、炽热真诚的目光，再现了百年峥嵘党史与中华儿女的赤子之心，掌声浪潮响彻云霄。

（二）以示范团校为阵营，推进学党史活动化

学校团委以示范性团校为主阵地，开展活动型学党史教育。五四青年节期间，学校组织 2021 年新发展团员，跟随习近平总书记的脚步，走进北滘黄龙村，开展红色研学活动暨新团员入团仪式，并庄严宣誓，发出李兆基中学新团员、新血液的最强音（见图 2－11）。

李兆基中学团委、学生会、外联部共同举办主题为“党史与时装设计的梦幻联动”第四届李兆基中学时装秀，让党史红色基因在学生创新设计中焕发新时代的活力。

团委学生会组织部还开展了“百年党史进校园之知识竞答”，选手们拼手速、比知识，运用平日里积累的党史知识冲关获奖。

团委学生宣传部开展“党史文化墙”评比活动，以班团为单位，制作思想突出、图文并茂、风采各异的文化墙，形成生动的学党史展示成果。

图 2－11　“行走红色路线，传承红色基因章”
李兆基中学 2021 年北滘黄龙村入团宣誓

（三）以团课特色为抓手，铸党史教育品牌

李兆基中学坚持每月至少开展一次党史教育主题课，邀请学校党委成员、团校讲师、政治学科老师等，构建内容丰富、形式多样的团课课程体系，铸造示范团校的党史教育品牌。

2021 年，学校开展了主题为“读党一面”的党史微团课设计大赛，涵盖微团课课件大赛和主讲人大赛（见图 2－12）。主讲人大赛，由党史故事推动示范团校不断开辟新境界、讲透中国故事大内涵，讲清伟大梦想的大前景，提高基层班级团干、团员青年的理论水平。

图 2－12　佛山市“十佳微团课”
（青年学生组）电视台录制现场

李兆基中学团委积极创新团课形式，拓宽党史学习资源和渠道，在每周四下午开展“电影中的党史”特色团课，举办了《建党伟业》《我的 1919》《金刚川》主题团日专场电影鉴赏会。在电影赏析中，让广大团员青年厚植爱国主义情怀，增强民族自信心和自豪感。

三、取得成效

在上述举措下，李兆基中学团校的学党史教育取得切实成效，青年思想觉悟提高，集体和个人屡获殊荣，具体如下。

2021 年 5 月，李兆基中学团委荣获 2020 年度佛山市五四红旗团委标兵；李兆基中学 2019 级 2 班团支部荣获 2020 年顺德区五四红旗团支部；李兆基中学黄希哲同学荣获 2020 年度顺德区优秀团干；李兆基中学梁倩雯老师的团课作品“回顾甘竹滩峥嵘史，汲取改革奋进力量”被评为“佛山市十佳团课（青年教师组）”；李兆基中学黄希哲、甘佩如同学的学党史团课作品被评为“广东省百佳团课”“佛山市十佳团课”（青年学生组），其中，黄希哲同学作为全市中小学生唯一代表荣登佛山电视台五四青年晚会做现场展示，当日直播量达 100 多万人次，并被团中央官方微博转发宣传。

为学校谋发展，为师生谋幸福

——龙江中学党史学习教育典型案例

佛山市顺德区龙江中学　张朝煌　老志文　邵妍玲　陈辉

龙江中学在党总支的领导下，引导党员干部沉到基层去，走进群众、融入群众圈子，听师生心声、化师生怨气、解师生困难，并结合学校实际情况组织开展宿舍加固工程、运动场建设工程、新生入宿志愿服务、爱国卫生运动、中秋节慰问活动、重阳节慰问活动等“为群众办实事”系列活动。具体情况如下。

一、背景情况

为扎实推进党史学习教育，结合《佛山市顺德区教育局“我为群众办实事”实践活动实施方案》文件精神，龙江中学把党史学习教育同为群众办实事解难题结合起来，切实把学习成效转化为“为学校谋发展、为师生谋幸福”的工作动力和发展成就。

二、主要做法

现对龙江中学开展“我为群众办实事”实践活动的典型事例和主要做法汇报如下。

（一）提升学生住宿条件，落实宿舍加固工程

为了给学生提供更优质的宿舍条件，在张朝煌校长的带领下，龙江中学后勤团队与施工单位工人利用暑假时间对学生宿舍楼开展加固工程，对学生宿舍建筑进行加固、增加洗澡房与厕所、改造冷热水系统。经过近 30 天的艰苦奋斗，龙江中学宿舍加固工程终于赶在 2021 年 8 月 30 日前顺利完工并清场，为学校新学期的入学住宿提供更好的保障。

（二）营造良好的运动氛围，推进运动场建设工程

顺德区龙江中学体育馆总建筑面积 2 万平方米（包括主体部分、园林部分），总投资 2 130 万元，其中区财政资金 1 630 万元、校友（黄联禧）捐赠资金 500 万元，体育馆已于 2021 年 8 月 25 日正式完成主体部分的建设。为使龙江中学体育馆早日投入使用，为全校师生提供良好的学习和运动环境，学校领导积极谋划，成功向区人民政府申请“开办费”122 万元和龙江镇政府“会场建设费”200 万元，主要用于馆内的体育设施设备、LED 屏幕、音响设备、舞台灯光、窗帘等设备设施的采购。目前，馆内已完成体育设施设备的安装，配置 8 个标准羽毛球场、1 个标准篮球场，并已于 9 月 10 日教师节当天正式投入使用（见图 2－13）。

图 2－13　师生在崭新的体育馆中尽情挥洒汗水

（三）组织团委学生会干部，开展新生入宿志愿服务

为了让高一新生尽早适应新生活，融入龙江中学的大集体当中，学校团委学生会干部在团委书记郑珂欣老师的带领下开展新生入宿志愿服务。他们分工合作，有的组织新生办理饭卡，有的帮忙把行李拉到宿舍楼，有的协助指挥交通，他们用心服务、真心付出的身影成为龙江中学一道亮丽的风景。

（四）结合开学前的准备工作，开展爱国卫生运动

以“开展爱国卫生运动，加强校园疫情防控”为主题，在学校开展了“开学前卫生大扫除”活动。本次活动由校长室牵头组织，总务处负责后勤保障，学校全体教职工参与活动，切实做好了“开学前卫生大扫除”活动。一是对学校办公室、教室、食堂、厕所、运动场等进行大扫除，彻底清洗地面、墙面，清理卫生死角，畅通下水道，及时清运垃圾，保持环境卫生，消除病媒生物滋生地。二是严格落实“门前三包”责任制，严格按照新冠肺炎疫情防控相关要求，组织做好活动参与人员的个人卫生防护工作。三是以学校环境卫生整治、粪便污水垃圾处理和消除鼠、蟑、蚊、蝇等病媒生物滋生环境为重点，开展环境卫生整治和校园环境消杀。“开学前卫生大扫除”活动，管理到位，组织有序，工作严谨，达到了活动预期目的。

（五）结合“爱满黔东南·助力乡村振兴”以购代捐活动，开展中秋节慰问活动

为积极响应以购代捐活动，将工会会员福利和优质农特产品相结合，在中秋、国庆节期间合理购买黔东南四县农特产品，助力顺德圆满完成2021年消费帮扶任务。龙江中学工会于9月17日购买了剑河县的大米和牛肉，并以此作为中秋节慰问品派发给全体教职员工。教师们对农特产品爱心礼包非常满意，并表示会继续以消费帮扶的方式助力脱贫地区的乡村振兴。

（六）组织退休教师回校座谈，开展重阳节慰问活动

2021年10月14日，龙江中学组织部分退休教师回校开展座谈活动。张朝煌校长、邵妍玲副校长为退休教师送去了关怀，献上了崇高的致意。没有教师的辛苦培养，就不会有各行各业的优秀人才的出现，正是他们将祖国花朵们培养成为国之栋梁。目前，学校在教育上取得的成绩与老教师们为学校打下的坚实基础是分不开的，是他们奉献了自己的青春，带来今天幸福的生活。慰问中，学校领导关心离退休教师的身体、生活等状况，带领他们参观校园新面貌，并向广大离退休教师致以节日的问候和美好的祝福（见图2－14）。

图 2－14　退休教师回校参加重阳节慰问活动

三、取得成效

通过以上六点“我为群众办实事”实践活动，龙江中学实实在在地为师生、家长提供优质、贴心的服务，解决群众急难愁盼的问题。学校的发展和师生的幸福是我们一切工作的出发点，接下来，龙江中学将进一步加强对学生教学、管理等方面的工作，不断创新工作方式，提高教学质量、办学效率，为学校高质量的发展做出更大的贡献。

红色精神耀中华，系列活动促内化

——伦教中学学生党史主题学习案例

佛山市顺德区伦教中学　彭文欢　张东升　廖令洁　张喜莲

为传承红色基因，弘扬精神力量，秉持“以输出促进输入，以活动促进学习”党史学习校本理念，2021 年 10 月，伦教中学党总支整合语文、外语、艺术和历史多个学科力量，以“红色精神耀中华”为主题，面向高一、高二全体学生，开展涵盖诗歌、演讲、书画和知识竞赛等多种创作、表演与竞赛活动，该活动近 300 人次获奖，丰富了党史学习方式，提升了学习教育效果。

一、背景情况

（一）提纲挈领定主题

党史跨越百年，内容丰富，要点众多。既要突出主题，又要提纲挈领，促进学生深度学习，找准切入口无疑是一大挑战。

红色精神谱系是中国共产党百年奋斗的精神结晶，是赓续光荣、走向未来的力量之源。习近平总书记在庆祝中国共产党成立100周年大会上指出："一百年来，中国共产党弘扬伟大建党精神，在长期奋斗中构建起中国共产党人的精神谱系，锤炼出鲜明的政治品格。"这一重要指示给了我们设计灵感，于是，红色精神谱系成为理想切入点。

（二）内化学习显创新

提纲挈领式主题聚焦、输出促输入式学习方式、点面结合式活动组织、丰富多彩的活动形式，有利于创新活动形式、提升教育效果。

1. 突出主题。伟大事业孕育伟大精神，伟大精神指引伟大事业。"红色精神耀中华"系列活动聚焦红色精神谱系，聚焦主题，提纲挈领。

2. 倡导原创。围绕红色精神谱系，组织高一、高二全体学生分别开展诗歌、演讲稿、书画、微视频等创作活动，从中评选出优秀作品，再由作者本人真情演绎，努力体现以输出促输入。

3. 广泛参与。一是学生参与面广，高一、高二年级共1 400名学生全员参与主题原创活动，高一主要为原创诗歌类活动，高二主要为原创演讲类活动；二是多学科参与，语文、外语、历史和艺术多学科协调组织实施。

二、主要做法

（一）系统化设计

提前制定《伦教中学"红色精神耀中华"主题活动方案》，整体提供活动框架和条件保障，系统化设计三大主题活动。

1. 主题征文与表演。包括以下两点。

第一，主题演讲稿创作及演讲大赛。面向高二全体学生，要求先全员创作主题演讲稿，再择优参加演讲大赛。为丰富形式、活跃气氛，高一、高二年级分别推荐、培训2名英语、1名日语共6名外语语种学生参加演讲比赛，体现多语种特色。

第二，主题诗歌创作及朗诵大赛。面向高一全体学生，要求先全员创作主题诗歌再择优参加诗歌朗诵大赛（见图2－15）。

图2－15　主题原创诗歌朗诵

2．主题书画大赛，参与对象为高一、高二学生。书法分为硬笔、软笔、篆刻三类，硬笔要求所有学生参赛；而绘画不限种类。增设主题微视频大赛，要求反映社会主义核心价值观、节庆气氛等（见图2－16）。

3．主题党史知识竞赛。参与对象为高一、高二全体学生，经班级、年级层层选拔，最终择优进入学校总决赛（见图2－17）。

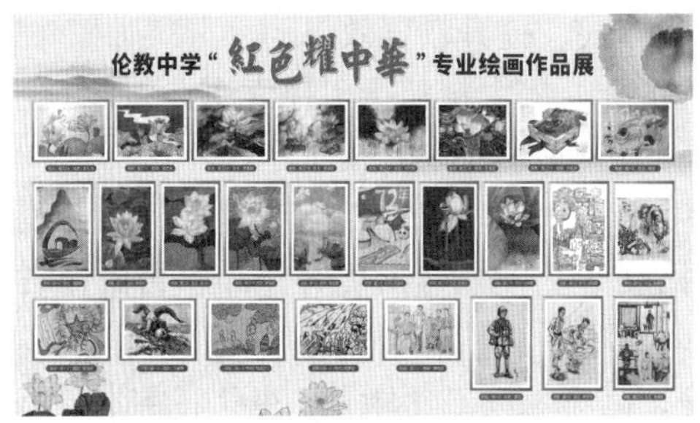

图2－16　主题书画优秀作品

图2－17　红色精神主题党史知识竞赛

（二）项目式管理

本活动实行项目式管理，整合多学科力量成立项目组，按时间节点分头推进：主题征文、表演由语文、外语科组主责；硬笔书法由语文科组主责，软笔、篆刻、绘画、短视频由艺术科组主责；党史知识竞赛由历史科组主责。

在整个10月份，各子项目组按照主题活动方案要求，各司其职，按照时间节点整合各方力量和资源，高质量地完成了各自的工作。

三、取得成效

（一）丰富了党史学习形式

聚焦“红色精神耀中华”主题，系统化的活动设计涵盖创作、表演及竞赛单元，在一定程度上丰富了学生党史学习教育形式：一是红色主题的英语、日语演讲属于创新之举；二是诗歌朗诵、主题演讲和知识竞赛虽不少见，但像这样聚焦某一主题集中呈现并不多见；三是演讲稿、诗歌均要求全员原创，“海选”后再择优表演，演讲、朗诵与绘画作品虽显稚嫩，但因为原创，所以更加接地气、更有真情实感。

（二）提升了党史学习效果

1. 提纲挈领，以点带面。红色精神贯党史，以点带面见精神。共产党员网集中展示了从新民主主义革命、社会主义革命与建设到改革开放和社会主义现代化建设新时期形成的30种主要红色精神谱系，这些红色精神是辉煌党史中一粒粒熠熠生辉的珍珠。学生要创作演讲稿或者诗歌，必然经历类型选择、资料搜集以及理据论述等过程，必然要学习一种精神背后那一段辉煌的历史和壮丽的画卷。

2. 活动激动力，输出促输入。创作、表演、竞赛等活动往往贯通校内校外学习，常常调用脑、眼、手、耳等多种器官，因而往往有利于激发学生内驱力，提升学习动力。学习本身是一种信息加工的过程，包括信息输入、加工和输出过程。研究表明，以输出促进输入是更为高效的学习组织形式。演讲稿、诗歌创作属于信息输出，学生需要提前去了解红色精神的背景、内涵和形成过程，而这些则属于信息输入。700篇原创演讲稿、700首原创诗歌，近百篇原创画作，输出式的学习任务更容易激发学生的求知欲望，更能培养学生搜集信息、处理信息的能力。

“活”字为功，红色血脉入脑润心

——容山中学党史进校园活动典型案例

佛山市顺德区容山中学　郭振华　邓淑君　肖楚熊　蒋敏之

一、背景情况

容山中学距今已有200多年的历史，文化底蕴深厚，管理精细规范，课程丰富完备，社会资源优质丰富，教风学风优良，具体达成立德树人、“为党育人、为国育才”的目标。

学校抓住高中生正处于“三观”形成这一重要阶段，“活”字为功，“实”字为本，通过开展层次丰富、形式多样的党史进校园活动，将党的红色基因融进学生血脉中，引领学生学习革命精神，树立高远理想，牢记初心使命，坚定信仰信念，成长为社会主义事业的建设者、接班人，成效明显，成果丰硕。

二、主要做法

（一）激活动力，党课学习明真理

1. 上好开学思政第一课。每当开学之际，学校党委书记、校长区淑玲分别以“学党史、悟思想、办实事、开新局”和“弘扬伟大建党精神，昂首奋进教育新征程”为主题开讲思政第一课，筑牢师生思想根基。

2. 上好主题党课。党委副书记郭振华主讲的“不负先烈，不负历史，不负中华”、墙皓主讲的“让理想信念之光照亮前行之路”等主题党课，引领学生志存高远，胸怀家国。

3. 抓好团干培训。2021 年 11 月 10 日，校团委组织团干赴黄龙村开展学生干部专题培训，提升团员、团干先锋示范作用。

（二）讲活故事，百年辉煌增自信

1. 学思结合强动力。2021 年 4 月，学校党委组织“学党史・话心得”感言征集活动，容山师生以学促思，以思促行，不断掀起学习党史热潮。

2. 分享交流提认识。学校开展学习“红船精神”分享活动、“学百年党史，守如磐初心——我心中的党史故事”分享会，学生从党百年历程中汲取无限的精神力量。

3. 研学实践增见识。2021 年 10 月，校团委先后组织容里乌泥塘党员教育基地参观和青田村研学之旅，学生刘琪琪在感言中说：“从旧记忆中走出来，跨入一个新的天地。”刘庆东则说：“这些英雄人物为我们成长点明了前进的方向。”

（三）用活教材，专题教育崇大德

1. 用好“主题活动”教材。2021 年 9 月底，开展了主题班会、向革命烈士纪念碑献花、红色地标采访等活动，引导学生思考个人与国家民族的关系。

2. 学习“先进典型”教材。2021 年 2 月，以顺德“村改”为鲜活教材，引领学生学习“村改铁军精神”。

3. 研读“经典原著”教材。2021 年 11 月，郭振华副书记为全校学生作《习近平新时代中国特色社会主义思想学生读本》导读讲座，引领学生展望 2035，畅想 2050。

（四）活学活用，学史力行勇担当

校党委充分利用心理健康教育特色，以“为群众办实事”为契机，校心理指导中心热线坚持心理服务“不打烊”，坚守抗疫“第三战场”，共接听近 120 个热线电话，通过邮箱、微信、QQ 等提供心理支持超过 360 人次，共计服务时长超过 640 小时，为学生心理健康保驾护航，为社会提供点对点沟通服务。

（五）活用资源，以赛知史听党话

1. 搭平台以赛促学。学校通过组织党史知识竞赛、网络考学竞赛等多种活动，掀起学生竞学党史高潮。如“知史爱党　知史爱国——容山中学庆祝建党 100 周年党史知识竞赛决赛”参赛队伍达到 40 支。

2. 精心组织参赛。学生参加各级各类比赛共有 312 人次获奖，极大提升了学生的荣誉感和自信心。如在 2021 年顺德红色故事讲解比赛中，全区有 30 人入围复赛，其中 6 组来自容山中学。

（六）活跃形式，歌唱真情颂党恩

学校先后举行“歌唱共产党”2021 年校园歌手大赛、快闪《我爱我的祖国》、高一班级红歌比赛等活动，唱响红色歌曲，传承红色基因，献礼建党百年。

（七）鲜活典型，榜样示范跟党走

1. 身边榜样示范辐射。2021 年 8 月 24 日，校党委举行“身边的榜样”宣讲活动，在微信公众号先后推出了各级各类优秀学生 15 人次，优秀教师 20 多人次，让身边榜样示范辐射，引领成长。

2. 革命先辈激励引领。在学校微信公众号开设“党史故事润心田”专栏，推介系列革命先烈感人故事，激励学生一颗红心永不褪色。

三、取得成效

（一）全盘统筹计划，有序组织推进

开展“党史进校园，引领青年学子健康全面发展”是 2021 年容山中学的重大政治工作。校党委成立党史进校园领导小组，形成精干高效的执行队

伍，以团学为主要组织力量，以活动为载体，以课堂为主阵地，快速汇成齐抓共管的工作合力，分层推进，注重实效，力戒形式主义。

（二）思想引领提升，感悟实践并重

1. 切实加强思想引导和理论辨析，依托学校升旗仪式、宣传栏、显示屏等，深入宣传党史学习教育系列讲话精神，广泛传播党史学习教育内容。

2. 多种形式的推广，构成严密而高效的党史学习教育系统，令红色血脉在系统中有序流动，入脑润心，知行合一，将学生个人成长和国家民族发展融合不断引向纵深处。

（三）立德树人成长，高位提升发展

1. 党委在全校范围内开展系列学习专题读书活动、读后感交流、征文等活动，引导广大学生牢靠树立“听党话、感党恩、跟党走”的坚定信念。

2. 在形式多样的学习过程中，学生通过朗诵革命诗词、传唱红色经典歌曲，编演文艺节目、党史国史演讲，逐渐培养出心向党、党在我心中的挚爱深情。

3. 容山中学将党史教育与竞赛相融合，引领学生正确的价值观与高远的世界观，培养学生适应新时代需要的创新精神、竞争意识和斗争精神。

以党史铸魂育人，唱响“大思政”三部曲

——郑敬诒职校党史学习教育活动案例

佛山市顺德区郑敬诒职业技术学校　吴锋　黄惠玲　李晓萌　郑晓娥

鲜艳的五星红旗迎风招展，午后灿烂的阳光照耀在美丽的郑敬诒职业技术学校（以下简称“郑敬诒职校”），伴随着《我爱你中国》优美的旋律，校园广播里传来播音员熟悉的声音：“大家好，这里是《党史天天学、红歌天天唱》栏目……”

一、背景情况

郑敬诒职校党总支部按照上级的统一部署，大力推进“学党史·悟思想”活动。学校紧紧围绕为党育人、为国育才的初心使命，全面落实立德树人的根本任务，以党史铸魂育人，深入开展党史进校园系列活动。学校把党史作为最佳的思政课教材，推动党史教育落实到思政课程，将党史学习融入思政课程，将党史学习主题与各项校园活动相结合，唱响“大思政”三部曲，建设富有职教特色的“大思政”课程体系，激发学生爱党爱国之情、强国报国之志。

二、主要做法和成效

（一）“党史＋思政”课程，齐唱“进行曲”

校长上好“思政第一课”。2021 年 9 月 26 日上午，郑敬诒职校党总支部书记、校长吴锋以“赓续红色血脉　厚植青春梦想”为主题，为首饰 211 班的同学上了一节精彩的思政课，教育引导广大青少年深入学习习近平总书记“七一”重要讲话精神，深入理解习近平新时代中国特色社会主义思想，充分认识我国社会主义制度的优越性，增强民族自豪感。要求同学们把学习成果转化为筑下青春梦想、奋进新征程、建功新时代的实际行动。

党史进入思政课堂。“以青春之我　创青春之中国!”2021 年 5 月 6 日上午第 2 节课，在数控专业 192 班铿锵有力的声音传递着信仰的力量，这里正开展着“学党史　悟思想——庆祝建党 100 周年，全市同上一堂思政课”活动。在思政课教师周玲的带领下，同学们通过观看视频、串讲故事等方式，了解革命先驱的事迹。同学们畅谈自己对一代伟人毛泽东的理解，写下青春许国之行动计划，表达“听党话、跟党走”的信心和决心。周玲老师说：“思政课老师有责任让学生了解党的光辉历程，继承党的光荣传统，弘扬党的革命精神。”思政课全体教师利用学科优势开展“党史学习教育进校园”活动，大力推动优质思政课程建设，开展班级红色文化主题班会课评比活动，将党史教育进校园落到实处。2021 年，郑敬诒职校思政课教师参加“同上一堂党史课”优质课评比，获评一项区级优秀课例、一项市级优秀课例。贾慧咏老师负责建设的课程“职业道德与法律”入选为广东省中职学校思政课优质建设课程。

（二）“党史 + 思政课程”，唱好“协奏曲”

学校坚持把党史学习融入立德树人各个环节、融入各个专业的教学中，让每一位学生从党史中汲取智慧和力量，并将其转化为技能成才的信心和技能报国的决心。

珠宝专业部教师把党史教育融入专业技能培养，引导学生通过诵读红色经典，领悟红色文化内涵，树立坚定理想信念，将长征精神、革命意志融入专业技能学习中，激励学生掌握技能、磨砺工匠精神，并培养出第一届全国职业技能竞赛冠军梁荣浩。数控专业和模具专业教师指导学生利用专业技能，精心制作出建党 100 周年纪念徽章，为建党百年献上一份特殊的礼物。机器人专业部引导教师把党史教育融入人才培养方案、融入教材、融入课堂，实施新时代高技能人才培养“施工图”，学校思政课教师贾慧咏、郑晓娥和机器人专业部教师熊浩龙、陈美苑共同开发课例“我为党来献祝福——工业机器人运动指令综合应用”，获佛山市教育局推荐，并参评 2021 年广东省中职质量工程课程思政教育案例。熊浩龙老师说：“请来思政课老师，合力诠释初心与使命，让各门课在价值引导上与思政课同向同行。”

（三）“党史 + 多彩活动”，齐颂“交响曲”

郑敬诒职校坚持以党史学习教育为引领，多措并举落实立德树人根本任务，通过丰富多彩的党史主题实践活动，突出职业教育特色，学做结合、以知促行，扎扎实实开展党史学习教育各项工作，有效抓好党史学习教育精准落实。五四青年节前后，学校团委组织学生参加系列党史学习讲座，组织新党员开展党史专题学习。“七一”前夕，学校以“学党史、悟思想、庆华诞”为主题，组织教师党员开展“唱红歌”比赛，师生“唱支山歌给党听”快闪活动。2021 学年新学期开学之际，广播站开展“党史天天读、红歌天天听”活动。学校还组织各班学生开展“颂建党百年，秀当代少年”班服比赛，开展学生“齐颂党史”早读活动和“永远跟党走”党史知识竞赛，开设“劳动教育”实践基地，组织教师开展“学党史，践初心”教师公开课竞赛……通过多样的主题实践活动，活化党史学习，有力推动党史学习教育走深走实、见行见效，扎实有力的党史学习教育引领学校思政工作高质量发展。

郑敬诒职校坚持以党史学习教育为引领，构建思政课程为主阵地，充分发挥各类课程、各种活动的育人功能，使各类课程、各种活动与思政课程同向同行，形成富有职业学校特色的协同育人“大思政”课程体系。学生小梁说：“我在党史学习中汲取到许多奋进的力量，我要把自己的青春融入党和国家新时代的奋斗进程，永远跟党走！”

以史育人，有“融”乃强

——以“五个融合”推进党史学习教育进校园活动走深走实

佛山市顺德区北滘镇教育办公室　张玉媚　黄舒韵　范浓根　单清文

自党史学习教育启动以来，北滘镇教育办公室以多形式、多举措、多角度深入开展学习教育，把党史学习与党、群团组织建设相融合；与本地及社会文化阵地资源相融合；与“微行种德”镇域德育模式相融合；与学校课程建设相融合；与校园文化相融合。“五个融合”营造了北滘镇党史进校园的浓厚氛围，增强了北滘学子爱党、爱国、爱社会主义的热烈情怀。

一、背景情况

为加强党史学习，引导广大青少年学生学史明理、学史增信、学史崇德、学史力行，厚植爱党、爱国、爱社会主义的情感，凝心聚力共同推动顺德教育高质量发展。北滘镇教育办公室整合各方资源进行党史教育，推进“五个融合”使党史学习走深走实。

二、具体做法

（一）融合党、团、队，让党史学习“热”起来

为推进党史学习走深走实，北滘镇教育办公室充分发挥党支部、团委、少先队等组织立德树人过程中的独特作用，扎实开展青少年党史学习教育，构建党、团、队紧密衔接的“红色链条”。

各校注重分层分类，沉浸互动、学做结合。北滘中心小学开展“聆听老兵故事，传承红色基因”关工委宣讲团进校园活动，通过回忆抗战时期的峥嵘岁月，怀念为新中国抛头颅、洒热血的志士先烈，在学生心中种下爱国的种子。

承德小学开展童心向党活动，通过“童心向党，雏鹰展翅”一年级入队仪式，展现新时期少先队员积极向上的精神风貌；通过“童心向党，载梦起

航”微剧场活动，让学生在表演中激发爱党爱国的情感；通过“童心向党，强国有我”教育实践活动，引导青少年传承红色基因，增强爱党、爱国、爱社会主义的情感。

（二）融合红色教育阵地，让党史学习“活”起来

北滘镇内有振响楼、西海革命烈士陵园、黄龙党建基地等丰富红色教育阵地。2021 年以来，北滘镇教育办公室发挥北滘镇红色教育阵地的育人作用，开展文化艺术展览、“党史进校园大巴”活动、开发“红色游学线路”等形式多样的党史学习教育活动，打造“体验式”党史学习模式，将党史学习教育深入到师生中去。

朝亮小学组织学生到黄龙村参观学习，通过参观习近平总书记考察黄龙村路线和黄龙书院，结合时代使命，引导学生立志成为为实现中国梦努力奋斗的社会主义事业的建设者和接班人。坤洲小学组织学生到碧江振响楼参观学习，坚定学生弘扬民族精神的信念。西海小学充分利用西海革命烈士陵园、西海烈士纪念碑等本地红色资源开展党史学习教育，通过组织六年级师生到烈士陵园唱队歌、献花圈和花篮，向舍身为国的烈士们默哀、鞠躬，少先队员代表讲述革命烈士的英雄事迹，重温入队誓词，师生以齐唱《西海颂》、参观抗日烈士革命文物陈列馆等形式追忆历史，致敬先烈。

（三）融合镇域德育模式，让党史学习“强”起来

一直以来，北滘镇教育办公室坚持围绕立德树人教育根本任务，全力培养德智体美劳全面发展的社会主义建设者和接班人。出台《北滘镇“微行种德”德育品牌建设实施规划》，打造具有北滘气质的学子。

北滘镇中小学在《北滘镇“微行种德”德育品牌建设实施规划》的引领下，党史教育学习推进有力，活动精彩，成果丰硕，在镇的总体德育框架下，各学校形成自己的德育特色。如承德小学“微行承德”德育体系；西海小学的“正·红”德育理念；朝亮小学通过对简朝亮先生精神的深入挖掘，在长期的教育实践中形成了“正德德育”特色品牌；君兰中学以“兰品润心、共育美好”为德育理念，打造“幸福教育”德育品牌……各学校统一践行各有亮点的十大“微行动”系列活动①，深入挖掘校园德育内涵；以“微行动”为手段，落实育人常规工作，让党史教育“强”起来。

① 十大“微行动”是指拍微课程、微学习、微传统、微家校、微生命、微文明、微实践、微公益、微劳动、微评价。

（四）融合课程建设，让党史学习“动”起来

北滘镇全面贯彻党的教育方针，不断深化课程思政教学改革，把思政课程、学科课程、活动课程与百年党史联结，将党史学习教育融合“思政课程”育人体系，擦亮北滘镇党史学习教育的鲜亮底色。

坤洲小学开发主题为“以史铸魂，以新育人”的思政课程，结合顺德地方特色和学校实际，思政课与音乐、美术、语文相融合，使得党史进校园更富新意。北滘中心小学融合综合实践活动课程，结合各种节日的特点，利用形式多样的活动，对学生进行红色基因的传承（见图2－18）。

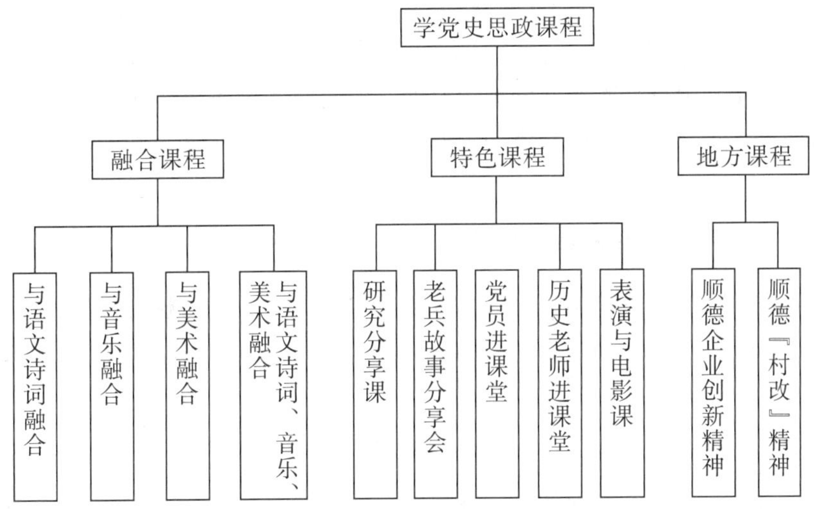

图2－18　坤洲小学“以史铸魂，以新育人”学党史思政课课程体系

（五）融合校园文化建设，让党史学习“亮”起来

自党史学习教育开展以来，北滘镇教育办公室创新学习方式，把党史学习融入有活力、有特色的校园文化活动中，打造“一校一品”，形成品牌驱动、形式多样、百花齐放的校园文化育人格局，为党史学习教育提供活力和动力，让党史学习“亮”起来。

西海小学开展红色教育活动，建设“一廊一亭一屋”红色阵地，促进红色教育“进班级、进课堂、进头脑”。通过“‘正·红’特色班级文化建设评比”活动、“正红少年”评选活动，在全体学生中树立了学习榜样，在全校掀起学习“立志立德，争做正红少年”活动，在整个校园形成学习美德、践行美德、弘扬美德的浓厚氛围。

三、取得成效

北滘镇教育办公室立足实际，采取“五个融合”工作举措，力促党史学习教育显成效，以党史学习教育成效助力教育高质量发展。具体成效如下。

（一）以党建带团建，构建“红色链条”

北滘镇发挥党、团、队在立德树人过程中的独特作用，扎实开展青少年党史学习教育，构建党、团、队紧密衔接的“红色链条”。

（二）融入地域特色，推动红色教育基地发展

北滘镇充分挖掘本地区的地域资源，通过学、演、讲、编等孩子们喜闻乐见的形式把党史学习教育落到实处，使活动载体多元化，推动红色教育基地发展。

（三）促进德育发展，擦亮北滘镇德育品牌

党史学习教育进校园，促进镇域十大“微行动”及各校德育品牌活动的开展，促使德育评价常态化、规范化，用行动传播红色文化，用行动爱校、爱家、爱国，擦亮北滘镇德育品牌。

（四）结合课程发展，为思政课程“提鲜入味”

北滘镇通过“全过程、沉浸式、体验式”课程教学，将红色文化等课程思政元素渗透到学术育人、情怀育人和活动育人全过程，为思政课程“提鲜入味”。

（五）引领校园文化建设，培养爱国情怀

党史学习教育进校园，为北滘镇校园文化的建设夯实了基础，促进了小学党史教育基地的建设与学校文化的融合，增强了学生的爱党爱国情怀。

寻红色文物，述百年党史

——大良实验小学党史学习教育活动实例

佛山市顺德区大良实验小学　龚雪　黄江丽

2021 年是中国共产党建党 100 周年。在百年的光辉历程中，中国共产党带领全国各族人民创造了中华民族发展史上最辉煌的业绩。作为小学生，要铭记百年党史，传承红色基因。为此，大良实验小学组织开展“庆建党百年　做时代新人”一系列相关活动，其中“寻红色文物，述百年党史”活动尤为突出，广受赞誉。

一、背景情况

为深入贯彻落实习近平总书记“抓好青少年党史学习教育”指示精神，引导青少年从小听党话、感党恩、跟党走，学校开展了“庆建党百年　做时代新人”童心向党主题教育实践系列活动，包括“唱红色歌曲　育爱党之心”“读红色故事　敬党员英雄”“看红色经典　做党的传人”“寻红色文物，述百年党史”“绘红色星火　颂党史精彩”等。其中“寻红色文物，述百年党史”活动主要通过对红色文物、红色地标的发掘和演绎，用学生易于接受和领悟的方式，引导学生学习并深入了解百年党史。

二、主要做法

（一）发挥学校教育主阵地优势

党史教育是一个整体，在学校的“寻红色文物，述百年党史”教育活动中，党史教育通过国家课程、国旗下表演、主题班会、亲子活动等多种形式开展演讲、征文、手抄报、知识竞赛、参观展馆等多种活动，使各年级的党史教育内容各有侧重，又相互联系，前后贯通。

1. 营造红色氛围，传承红色基因。学校拥有丰富的功能性场地，如红领巾广播站、红色小舞台、红领巾创客空间、大队部活动室、党员活动室等，为学生在校接受全方位、立体沉浸式党史教育提供了课程和环境保证。

2. 推进红色活动，丰富红色文化。学校充分发挥大队部、各中队的积极作用，挖掘党史“红色文物”资源，开展红色校园文化活动。

（1）国旗下表演。如五年级十中队以“赵一曼烈士写给孩子的信”为红色文物线索，创编情景剧，在“红色小舞台”上还原了一个真实的革命烈士，深深打动了在场师生。

（2）主题班会课。如六年级二中队充分发挥学生能动性，寻找红色文物，如枪支、书信、勋章等，绘制手抄报，开展班会课，学习党的百年历史（见图 2－19）。

图 2－19　主题班会课“寻红色文物　述百年党史”

（3）红领巾广播站。每周一个红色文物故事，由红领巾广播员向全体少先队员讲述。

（二）发挥党员师资先进性优势

树立党员教师先锋模范形象，积极拓宽资源渠道，请优秀党员教师为学生量身打造党史学校教育课程，让“红色文物”精神深入学生的内心。

1. 红色党课新招，党支部书记来。“吃水不忘挖井人，时刻想念毛主席。”一口井，一块碑，一行字，学校党支部书记汪校长由此开启了一堂精彩的学生党史教育课（见图 2－20）。

图 2－20　党支部书记汪校长给学生上思政课“吃水不忘挖井人”

2. 春风化雨润心，党员教师上阵。在学校“党员教师小课堂”中，黄雪君老师用“一艘红船”承载起学生对红色文化的翩翩浮想；徐再华老师则以自己的故乡红安为文化地标，带领学生走进红色乡土的前世今生；尚天灵老师展示了自己收集的抗美援朝纪念章，一下子就吸引了学生的目光，再结合2020年抗美援朝70周年大事件，让学生饱含热泪地跟随他回顾了那段悲壮而英勇的光荣岁月。

（三）发挥本土特色促成长优势

顺德区拥有诸多展馆、文化街、纪念地，还有区博物馆、西海抗日烈士陵园、清晖园三个市级爱国主义教育基地。一件件珍贵的文物对于学校开展“寻红色文物，述百年党史”教育活动创造了积极且有利的条件。

1. 缅怀革命先烈，不忘峥嵘岁月。清明期间，学校不仅组织学生前往大良西山烈士纪念碑扫墓，还组织了“网上致敬先烈　清明寄托哀思”活动。

图2－21　师生参观大良公社党校旧址

2. 参观红色基地，重温光辉历史。为了能够近距离瞻仰革命先辈的光辉事迹，纪念他们的无畏牺牲和无私奉献，学校组织师生来到顺德大良公社党校旧址纪念馆，看到了许多“红色文物”，如破旧的军服、残缺的水壶、褪色的勋章等，都让师生受益匪浅（见图2－21）。

（四）发挥家校共育传薪火优势

习近平总书记说，要“切实把革命文物保护好、管理好、运用好”。学校要建立以学校党支部为主导，以家庭社会为单位，彼此联动互促共育的红色德育工作体制，充分利用党的“红色文物”资源优势，点亮学生理想信念之炬。

1. 开启红色旅程，亲子效果更好。四年级中队的孩子在父母的陪同下来到顺德善耆家园，寻找家园里的老党员，听他们讲述革命故事，感受红色之魂。

2. 搭建红色平台，家校共育更佳。为了更好地发挥“红色文物”的影响力，学校搭建了网络家校共育红色平台，开展了亲子共同观看红色电影、阅读红色读物等系列活动，实现了红色教育零距离、零障碍。学生在家长的引导下，接受红色文化的熏陶，与家长一起感悟红色文化中的崇高精神和优秀品格，更有利于红色文化的传承。

三、取得成效

学校“寻红色文物，述百年党史”党史教育活动形式多样、内容丰富，通过寻找红色文物、追踪红色地标、聆听红色故事，将学习百年党史、缅怀老一辈无产阶级革命家、革命先烈和革命传统教育结合起来，让党史学习教育常教常新、常学常新。“寻红色文物，述百年党史”童心向党主题教育实践活动以学校为起点，以“红色文物”精神为引领，让红色文化的每一缕根系都深深扎入师生的心中，为党的参天大树枝繁叶茂打下良好根基。

学习百年党史，传承红色基因

——东村小学党史学习教育活动案例

佛山市顺德区东村小学　梁文龙　刘肖玲　谭润仪　欧阳晓萍

本案例通过参观展览馆、剪纸艺术、“小记者”采访、观看视频、商议讨论等多样化的活动，培养学生的自主学习能力、合作学习能力和科学精神，还要结合学生自身成长学好党史，以英雄模范人物为榜样，从小坚定听党话、跟党走的决心，刻苦学习，树立理想，砥砺品格，增长本领，努力实现德智体美劳全面发展。

一、背景情况

2021 年是中国共产党百年华诞，结合东村小学地处顺德区杏坛镇东村革命老区的地理优势，红色教育资源得天独厚，确定以“学习百年党史，传承红色基因”为主题，本案例以小学党史学习教育融入五年级思政课程为抓手，帮助青少年扣好人生第一粒扣子，让红色基因、革命薪火代代传承。

学校组织五年级学生到东村红基石党群服务中心展馆参观学习，让学生深化对中国共产党百年历史、中国共产党顺德历史以及革命英雄事迹的认识和理解。本案例结合学校特色，让学生感受顺德本土历史文化，学校所在的东村村位于杏坛镇西北面，东村村于 1994 年被佛山市人民政府命名为“解放战争游击根据地”，是顺德六个革命老区之一，现已成为顺德区党员教育基地。

二、主要做法

（一）学习顺德历史，牢记初心使命

由学校组织学生参观东村村党史革命史展览馆，回顾参观展览馆的经历，请大家分享自己的心得体会。

学生通过分享本土革命英雄事迹，学习李株园、黄健等英雄英勇无畏、爱党爱国、无私奉献的精神，感受东村村丰富的革命历史底蕴！此次参观，不仅重温了中国共产党波澜壮阔的百年征程，也是一次令人深感震撼且生动的党史学习教育。知所来，明所去，百年党史的精神力量将激励着学生们赓续血脉、坚定信念，为中华民族的伟大复兴努力奋斗，贡献自己的力量，走好我们这一代人的长征路。

（二）传承革命精神，开创美好未来

学校“红领巾小记者”对东村村家乡老党员进行采访，制作微视频，剪辑革命老区东村村近几十年经济发展的变化，了解新农村的建设让东村村发生了翻天覆地的变化，家家户户都过上了幸福的小康生活。

跟随“小记者”的镜头，共同探寻东村村历史肌理，解读精神密码，赓续红色基因，传承革命精神，凝聚奋进力量，共同回望建党百年的光辉岁月与伟大征程，感受顺德本土历史文化。看完视频后让学生说说自己的感想。

学生通过分享自己的感想，使他们心中充满了激动和自豪感，在今后的学习中发奋努力，为建设祖国打下坚实的基础，长大后把我们的祖国建设得更加繁荣、富强。听老党员讲述了以前那段刻骨铭心的艰苦岁月，才发现我们现在的生活真的来之不易，正因为他们以前辛苦劳动打下的基础，才换来我们现在的幸福生活！

（三）展现校本特色，弘扬剪纸文化

剪纸艺术是我国的传统文化，也是学校的德育特色项目，学校结合剪纸文化来传承红色革命精神，分别介绍了《拥军爱民》《抗美援朝》《毛主席肖像》《党的光辉》四幅作品，歌颂了在中国共产党领导下的壮美山河及人民的幸福生活。

用艺术之美传承党史之光。学生在分享自己的作品中可以想象到军爱民、民拥军，军民鱼水情谊深，军民团结一家亲的美好场景，弘扬和光大了

中国共产党和人民军队的革命精神，我们应当不忘老一辈无产阶级革命家为我们打下江山的艰辛，珍惜今天的幸福生活。

（四）诗朗诵《请党放心，强国有我》

在“七一”大会上，习近平总书记代表党和人民庄严宣告，经过全党全国各族人民持续奋斗，我们实现了第一个百年奋斗目标，在中华大地上全面建成了小康社会，历史性地解决了绝对贫困问题，正在意气风发向着全面建成社会主义现代化强国的第二个百年奋斗目标迈进。共青团员和少先队员代表集体致献词，做出庄严承诺。学校队员们演绎经典诗歌诵读《请党放心，强国有我》。

饱满的热情、深情的朗读，以情演绎、以词抒怀，朗读红色经典，彰显百年风华。从队员们铿锵有力的朗读声中听出了是百年大党的血脉延续、伟大事业的薪火相传，更是中华民族复兴路上的青春希望。

三、取得成效

本次活动环节设置合理、思路清晰、环环相扣，活动内容丰富、形式多样，但需要引导同学们学会自行查阅资料拓宽知识面，便于进一步提高大家参与活动的积极性。活动中也体现青少年的自主学习和创造精神，真正凸显同学们在少先队组织队伍中的主体地位；让学生自主策划、组织、实施、总结，体现了以校园为基础、家庭为补充、社会为天地，组织开展丰富多彩且具有实践性、体验性的活动。青少年正是实现第二个百年目标的生力军，要结合自身成长学好党史，以英雄模范人物为榜样，从小坚定听党话、跟党走的决心，刻苦学习，树立理想，砥砺品格，增长本领，努力实现德智体美劳全面发展。

学校本学期举行了一系列党史学习教育活动，全体师生通过潜心自学、集体研学、领导带学、人人讲学等多样化学习方式让学习活动生动起来，本案例以五年级学生多次开展“学”党史、“绘”百年、“颂”辉煌等活动，让党史学习教育走深、走实。

“学习党历史·演绎党故事”活动案例

——陈村镇勒竹小学党史学习教育活动案例

佛山市顺德区陈村镇勒竹小学　苏振国

一、背景情况

2021 年是我国现代化建设进程中具有特殊重要性的一年，中国共产党迎来了百年华诞。为深入贯彻落实党的十九大会议精神，按照习近平总书记关于“党史学习”的工作要求，推进党史学习进校园的工作，充分发挥学校少先队的爱国主义教育阵地作用，结合学校讲演特色，使学生通过学党史、知党史、讲党史的活动，用讲故事的形式，潜移默化地培育学生的社会主义核心价值观，陈村镇勒竹小学德育部门在学校讲演特色创建的背景下，根据学生的年龄特点，在国庆节前夕，学校设计开展了“学习党历史·演绎党故事”活动。

二、主要做法

（一）党史立德，润泽校园文化之脉

活动前，学校成立了由德育处、大队辅导员、讲演队组成的红色经典小故事讲演活动领导小组。德育部门要求班主任、语文学科教师和学校艺术教师等作为本次红色经典小故事讲演活动辅导老师，指导学生利用学校图书馆资源、网络资源搜寻红色经典小故事，观看红色小故事的讲演视频。

语文学科教师、班主任乘势而上，积极指导学生自主选择自己喜欢的经典小故事，在家里或依托每周一次的“学科展演”在校园内外进行阅读与讲演。指导教师有针对性地对同学进行培训、辅导，整个校园形成浓浓的红色经典小故事讲演的良好氛围。

（二）形式多样，点亮理想信念之炬

学校德育处在宣传发动的基础上，分班级、年级、校级三个层面逐一开展讲红色故事活动。活动中，孩子们绘声绘色地讲述了中华人民共和国成立前的红色经典小故事，把一个个经典小故事演绎得惟妙惟肖，用真情感染了在场的每一位师生。

在演讲总决赛中，德育部门还巧妙地穿插了新中国史、改革开放史和社会主义发展史，通过随机提问中国共产党百年历史中的重要事件、重大会议、重要文件等党史知识点，开展党史学习教育有奖抢答环节。在一问一答间，参赛选手和听众们认真思考，积极应答，气氛热烈。

学校大队部还在三、四、五年级的学生中开展了红色经典故事读书活动，并通过经典阅读写下自己最真实的感受与体会，并在班会课上进行交流。

德育部门建议语文科教师在学科展演中，把各小组“党史故事我来讲”的演讲视频录制下来，放在学校的公众号、抖音平台进行推送。活动获得学生全员参与，教师用心指导，家长大力支持。“学习党历史・演绎党故事”活动的推进，让学生在身心健康、爱党爱国的思想上得到较充分的培养和激发。

这次党史故事讲演活动不仅丰富了学生的学习生活，也让学生接受了一次很好的爱国主义和民族精神教育。他们在搜寻、阅读、讲述和聆听故事的过程中，了解了很多伟人和烈士的感人事迹，从而大大增强了学生的民族自信心、自尊心和自豪感。

（三）主题鲜明，铸造未来栋梁之魂

本次党史故事讲演以“学习党历史・演绎党故事”为主题，以体现中华传统美德、民族精神、人格魅力和时代精神的杰出人物、道德楷模和先进典型的红色经典小故事为主要题材，同时也鼓励教师、学生创作或改编体现爱国主义、民族精神等优良传统的红色小故事。

在“鸡毛信的故事”“二小放牛郎”“清贫”等活动中，学生的讲演精彩纷呈、各具特色，有的沉稳大方，有的激情满怀，他们用激情弘扬英雄的精神，展现青春的风采。讲演结束后，德育部门制作了《做一个有道德的人》的相关视频，组织学生收看，班主任认真总结，引导学生牢固树立坚持中国共产党的领导、坚持中国特色社会主义道路的信心，继承和发扬党的光荣传统和优良作风，坚决遵守“爱国守法、明礼诚信、团结友善、勤俭自

强、敬业奉献”等基本道德规范，争做一名有道德的学生。

这一个个感人的故事，真实、生动、富有感召力和影响力，为学生所喜爱与传诵。通过广泛开展讲故事活动，有效帮助学生汲取营养、增长知识、陶冶情操、净化心灵、开阔眼界、析事明理，达到让优秀故事培养人、教育人、铸造未来栋梁之魂的目的。

三、取得成效

“经典年年演，感悟届届深。”本次“学习党历史·演绎党故事”活动，进一步激发了全体学生的爱国意识和爱国情感，不断激励学生树立积极向上的人生目标、努力传承中华民族自强不息、勇于进取的民族精神，积极营造文明、诚信、和谐的校园氛围，也为进一步加强校园红色教育和红色文化建设起到了很好的推动作用。

2021 年，在佛山市第七届中小学生艺术展演活动中，学校学生在朗诵节目《使命》荣获金奖；在陈村镇第五届“政协大明杯”经典诵读比赛活动中，学校演讲队表演的《信念的力量》以全场最高分荣获特等奖。

党建引领团建，传承红色基因

——桂凤初级中学党史学习教育活动案例

佛山市顺德区桂凤初级中学　史建锋　赖敏　刘雪梅　李淑芬

2021 年，值此伟大的中国共产党走过百年征程的历史时期，桂凤初级中学（以下简称“桂凤中学”）将党史学习教育作为贯穿全年重要的教育教学任务，分别针对教师和学生制订了党史学习教育计划，充分发挥党建对团建的引领作用，以教师和学生喜闻乐见的方式，开展丰富多彩的党史学习教育活动，重温党的百年征程，传承红色基因，并在校园掀起党史学习的热潮，不断将党史学习教育推向深入。

一、背景情况

开展党史学习教育是我们党推动思想教育一以贯之的重要举措，是党中央站在“两个一百年”历史交汇点做出的重大决策。开展党史学习，是党员同志牢记初心使命、推进中华民族伟大复兴历史伟业的必然要求，是坚定信仰、在新时代坚持和发展中国特色社会主义的必然要求，是推进党的自我革命、永葆党的生机活力的必然要求。在中国共产党百年华诞的重要历史时期，作为思想政治教育主阵地的中学校园，不仅要认真组织广大师生学习党史，而且还应该将党史学习与学校的教育教学工作充分结合，与为人民群众办实事充分结合，与“双减”背景下学校的教育使命相结合，与初中生的身心发展特点相结合，以此汇聚成全党全国全社会砥砺奋斗新时代的强大合力。

开展党史学习教育，要做到深入群众、深入人心，就要删繁就简、深入浅出，避免囫囵吞枣、走马观花和形式主义，因此，学校开展党史学习教育在宏观视野的领导下，积极探索适合师情和生情的方式方法，通过丰富多彩的党史学习教育，普及党史知识，树立正确党史观，从党的百年历史中汲取智慧与力量，总结规律与特点。

二、主要做法

（一）成立领导机构，夯实组织架构

学校以党总支和团委为党史学习教育的主阵地，成立了桂凤中学党史学习教育领导小组，党总支史建锋书记担任领导小组的组长，全面统筹全校的党史学习，赖敏副书记则以党总支建设为抓手，统领教师党史学习教育活动，团委李淑芬书记以校团委为主阵地，主要负责面向全校学生的党史教育。同时，学校将党建工作和团建工作充分整合，以党建引领团建，团建作为党建工作的重要延伸，不断探索适合校情、学情的党史教育新路径。

（二）党建带领团建，党旗更加鲜艳

学校充分发挥党总支的示范引领作用，以党建引领团建，不断探索新路径、新方法。在优秀的党员教师队伍中，充分挖掘身边的榜样作为对学生的教育资源，通过对话优秀党员，传承红色基因，播种红色信念，使在党旗下成长的学生明确政治方向，树立远大志向，争做“四有”新人，为祖国的富强、民族的复兴做贡献。

2021 年 10 月 25 日，在桂凤中学 2021 年少先队建队仪式暨少先队第一课上，党员同志尚宜俊老师带领七年级话剧社团演绎了一节主题为“走过百年，强国有我！”的主题班会课，师生们通过课堂互动、细心模仿，还原了中国共产党 100 年来一幕幕救国图强的、感人肺腑的画面——陈独秀、李大钊相约建党救老百姓于水深火热、中共一大在上海开幕，在浙江嘉兴的游船上召开了最后一天的会议；钱学森一家历尽艰辛回到祖国；等等。在党员同志的带领下，同学们以话剧的形式演绎党史、学习党史和了解党史，从党的百年征程的历史中汲取成长的智慧和力量。

（三）创新教育形式，注重文明体验

在充分结合青少年学生身心发展特点的基础上，学校摒弃了说教式的低效的党史教育方式，以学生喜闻乐见的、丰富多彩的教育活动为抓手，将党史学习教育与学年德育活动相结合，注重学生的参与和体验，让中国共产党栉风沐雨的百年党史深入人心，取得较好的教育效果。党史诗歌朗诵、千人同唱红歌、党史剧表演、党史故事串烧是一年来在学校的党史教育舞台不断上演的党史学习活动，并将党史学习教育落实到为群众办实事的活动中，落实到师生志愿服务中，通过这些形式多样、体验丰富的活动，厚植爱国爱党情怀。

2021 年 4 月 2 日，桂凤中学党总支与德育处携手策划了“红心向党　悦读悦美”读书节启动仪式，在启动仪式上，全校师生通过形式多样的节目再现党史、学习党史。《中国共产党 100 年述职报告》带领着大家重温了百年党史，通过 5 分钟的影片，铺开了中国共产党的百年画卷。我们也通过向党旗敬礼表达了对党的敬仰和信任。《聆听》节目更是用青春的声音、用澎湃的激情、用深情的讲述，引领着我们再次聆听党的故事。《长征》是一首雄壮、豪迈、大气磅礴的革命交响曲，桂凤中学党总支史建锋书记带领党员教师们激情朗诵《七律·长征》，四位校级领导以身示范，用激情与豪迈呐喊出了对党炽热的信仰。随后是会场的 1 000 多人加入朗诵，千人诵读红色经典《七律·长征》。

2021 年 5 月 12 日，为了激励学校学生铭记历史、领会党史精髓、努力学习、报效祖国，在学校党总支专职副书记赖敏同志的带领下，团委书记李淑芬老师和大队辅导员李烨老师组织了学校 52 名新团员到水藤红基石党建中心参观党团建设示范基地，实地接受一次“沉浸式”的精神洗礼。

2021 年 7 月 1 日，桂凤中学全体师生满怀对党的崇敬和信仰、自豪与骄傲举行了简单而庄重的庆祝中国共产党百年华诞活动。庄严的升旗仪式拉开了活动的序幕，随后是优秀共产党员陈冰梅级长讲话，读懂中国，必须读懂中国共产党，陈冰梅级长在讲话中再次向同学们介绍了中国共产党伟大的百

年征程，以此勉励同学们刻苦学习，强党强国。在班主任的组织下，各班还开展了党史知识竞赛，班主任有序组织，同学们激烈抢答，在愉悦、欢快的氛围中我们再次巩固了党史知识，再次感受到100年的征程一路走来，作为我们的领路人——中国共产党的伟大和艰辛。

2021年8月30日上午，在新学期即将启航之际，桂凤中学党总支组织全体教师参加“身边的榜样”党史教育专题学习。首先是在顺德区教育局的统筹安排下，全区教育工作者连线“身边的榜样”，同时收看“开学第一讲”。学习活动的第二个议程是由学校的“教书育人榜样”进行宣讲。党员模范教师代表陈娟娟老师和徐婷婷老师，通过讲述自己教书育人的故事，诠释了一名优秀共产党员的职责和使命。

2021年9月29日下午，学校邀请了佛山市顺德区现代社区治理研究中心讲师梁婉婷老师来到学校，为全校教师宣讲百年党史。梁婉婷老师的宣讲既回顾了百年历史的壮阔征程，又凝聚了新时代前进的精神力量，为全体教师上了一堂生动的思想政治课，厚植爱党爱国情感，誓为接好民族复兴的接力棒而贡献自己的青春力量。

为了深入宣传和学习党的十九届六中全会精神，桂凤中学党总支于2021年11月29日开展了主题党日活动。赖敏副书记向全体党员同志详细解读了党的十九届六中全会精神，了解会议审议通过的两个文件，了解总结重大成就和历史经验的三个“需要”，还具体介绍了马克思主义中国化的三次飞跃，在中国共产党的百年奋斗历程中创造的四个伟大成就，百年奋斗的五大历史意义和十大历史经验，将党史学习和会议精神学习融合在一起，将党史学习往纵深推进，使党员同志加深了对党史的认识。同时，赖敏副书记还带领党员同志们回顾了党的十八大以来在国家建设13个方面的重要成就，充分激发了党员同志的民族自豪感和自尊心，激发了作为中国共产党一员的责任感和使命感。

三、取得成效

通过深入、扎实地推进党史学习，在校园营造了浓厚的党史学习氛围，全校师生将从党史学习中汲取的智慧和力量，转化为“不忘初心，牢记使命”的强大精神动力，转化为“为群众办实事”的实际行动中，不管是党员教师还是学生队伍，都积极组建志愿服务队，充分发扬奉献精神，在为群众办实事中实现自身的价值。

融入岭南文化，筑牢民族团结

——佛山一中西藏班学子红色研学系列活动

佛山市第一中学　谭根林　陈华　董国强　柯尊淦

民族工作关乎大局，在党和国家工作全局中占据重要地位；民族教育重中之重，是深化民族团结，增强民族进步的国之良策。新时代推进党的民族教育工作，要赓续红色基因，在中国共产党的百年奋斗中汲取智慧和力量，佛山市第一中学（以下简称“佛山一中”）蓄力打造民族团结新品牌，将党史进校园活动与民族教育相结合，助力西藏班学子融入岭南文化、厚植民族信念、铸牢民族团结。

一、背景情况

佛山一中创办内地西藏班已有 26 载，始终以加强民族团结、推动民族进步为目标，搭建起一条汉藏往来的天梯通途。为加强西藏班学生的党史学习教育，增强其爱国主义情怀，学校深入开展了“党史进校园红色研学”系列活动，让西藏班学生身临其境地感悟岭南文化，重温百年党史。本次红色研学活动以党史学习教育为线索，以西藏班学生为对象，利用重要传统节日、重大时间节点开展系列活动，并选取岭南具有代表性的人物和遗址，帮助西藏班学生更好地融入岭南文化，厚植民族信念，铸牢民族共同体意识。

二、主要做法

（一）开展清明主题教育活动，缅怀革命英烈

开展清明祭祀，是缅怀故人，寄托哀思，更是一种感恩教育。2021 年 4 月 5 日，佛山一中党委书记、校长谭根林，副校长陈华带领西藏班师生 100 多人怀着沉重的心情前往邓少珍烈士墓碑，庄重肃穆地祭奠缅怀长眠在此的邓少珍烈士。

图 2 - 22　校长向藏生讲述邓少珍同志事迹

首先，谭根林校长向西藏班的师生们娓娓讲述了邓少珍烈士坚贞不屈、舍己为国的伟大事迹。邓少珍是广东省江门市鹤山县（今鹤山市）古劳镇维墩村人，曾调到高明县（今佛山市高明区）大简交通站任站长，其间她尽忠职守，全心全意为部队传递文件、情报，掩护伤病员，出色地完成了每一项任务。但由于奸细叛徒告密，1945 年，邓少珍同志不幸被捕并壮烈牺牲，年仅 24 岁。为纪念邓少珍同志的光荣事迹，当地群众将烈士遗体安葬在烈士牺牲的地方。在碑前的英烈亭上，还刻着“英魂千秋永在，烈士万古长存”的挽联（见图 2 - 22）。

不少西藏班学生听完邓少珍同志的事迹后都被先辈的英勇无畏所感动，眼泛泪花。随后，全体师生默哀三分钟并敬献鲜花，绕烈士纪念碑慢行一周，向革命先烈致以最深切的悼念和最崇高的敬意。

借助清明传统节日，开展党史进校园红色研学活动，引导佛山一中西藏班学生坚定理想信念，厚植爱国情怀，努力成长为担当民族复兴大任的时代新人。

（二）深入体验岭南文化，重温百年党史

正值中国共产党成立 100 周年、西藏和平解放 70 周年之际，为响应党史进校园活动，感悟新中国波澜奋斗的百年历程，2021 年 7 月 16—19 日，学校新一届高三西藏班师生共 51 人前往广东珠海，开展了为期 3 天的“体验岭南文化，增强爱国主义情怀”红色研学实践活动。

活动第一站来到了圆明新园，重温历史，勿忘国耻。圆明新园是以北京圆明园为原稿，按 1∶1 的比例精选圆明园四十景中的十八景修建而成的，虽不能身赴北京圆明园，但圆明新园精美的景观也让西藏班学子们时感受到了古代中国的繁荣强盛，也愈加为命途多舛的近代中国而心痛，佛山一中学子们纷纷表示应铭记历史，发愤图强，传承精神，继往开来（见图 2 - 23）。

图 2 - 23　参观圆明新园

活动第二站来到了港珠澳大桥（见图2－24）。港珠澳大桥于2009年12月15日动工建设，2018年10月24日开通运营，是一座连通香港、广东珠海和澳门的跨海大桥。港珠澳大桥之所闻名世界就在于其超大的建筑规模、空前的施工难度和顶尖的建造技术。西藏班学子在感慨港珠澳大桥精巧壮美的同时，也深深为其高超的建造技术而折服。新中国在经历了近代列强的侵略和建国初的孤立无援之后，凭借着一代又一代先辈自强不息的奋斗，终于越来越站在世界舞台的中央了，让全世界看到了东方雄狮正在觉醒。

图2－24　近距离观看港珠澳大桥

活动第三站参观了革命烈士苏兆征的故居。继南昌起义、秋收起义后，1927年广州爆发了第三次大规模的武装起义，叶挺、叶剑英、苏兆征等领导指挥对广州各要点发起突袭进攻，成功建立广州市苏维埃政府，并推选苏兆征为主席。此次苏兆征故居之行，令西藏班学子更加了解了中国共产党革命先驱的奋斗历程，学习和发扬了革命先驱的崇高思想和高尚品质，感恩党的正确领导，培养爱国情怀。

三、取得成效

（一）厚植藏族学子民族信念

一个国家、一个民族唯有凝聚深厚的民族信念，才能拥有民族认同感和归属感，开展党史进校园红色研学活动，让西藏班学生用脚步丈量国土，用赤心感悟伟绩，在体会中国共产党的百年历程中厚植民族信念，愈加彰显党史学习教育的深层意蕴，也为学校民族教育工作指明方向。

（二）筑牢汉藏团结民族情谊

“千里南游子，粤藏一家亲”，从雪域到岭南，从内陆到沿海，西藏班学子跨越千里来到佛山一中，开启了崭新的求学之路，组织西藏班学生开展红色研学活动，能够让藏族学子更好地融入岭南文化，感受祖国的繁荣昌盛和如今美好生活的来之不易，引导藏族学子传承红色基因，厚植爱国情怀，加深粤藏情谊，共同谱写民族共同体意识。

（三）精心打造民族教育品牌

唯有精心才能打造精品，学校承办西藏班已走过 26 载，多次被评为“民族团结进步学校”“广东省民族团结进步创建示范单位”，积极帮助省内新办民族班学校开展工作，引导社会各界一起支持和参与民族教育活动，为新时代民族工作攻坚克难造就栋梁之材，打造示范精品，为国家民族团结进步事业做出了突出贡献。

学党史，忆先辈，争做时代好少年

——三水区实验小学党史学习教育活动案例

佛山市三水区实验小学　邢璐倩　李少清　程少萍　何令娴

一、背景情况

2014 年 10 月，习近平总书记在文艺工作座谈会上的讲话中指出“在社会主义核心价值观中，最深层、最根本、最永恒的是爱国主义”。而 2017 年，中共中央、国务院印发的《新时代爱国主义教育实施纲要》中强调：“爱国主义的本质就是坚持爱国和爱党、爱社会主义高度统一。”

2021 年正值中国共产党建党 100 周年，为了更好地引导青少年知史爱党、知史爱国，树立正确的人生观和价值观，坚定不移地听党话、跟党走，三水区实验小学大队部组织三年级五中队的少先队员们前往 85 岁高龄的越战老兵、50 年党龄的优秀党员黄爷爷家进行探访。

走进越战老兵的家中，与老党员近距离接触，感受老党员朴实无华的生活，聆听越战中的红色故事，能让少先队员们更真切地了解到鲜活的党史，领悟到比课本更加深刻的爱党、爱国情怀。

二、主要做法

（一）鲜花送英雄，队礼敬老兵

2021 年 9 月 20 日，在三水区实验小学大队部的组织下，三年级五中队的少先队员代表来到越战老兵——黄爷爷家中探访。活动前，三年级五班班主任何令娴老师组织全班同学学习、了解老兵黄爷爷在对越自卫反击战中为保家卫国、勇上战争前线的光荣事迹，引导同学们亲手制作慰问卡、小礼品，购买鲜花等方式表达对黄爷爷的敬意。活动中，少先队员们为老党员佩戴上鲜艳的红领巾，献上花束，表达自己对老党员的崇敬之情。

（二）听红色故事，忆先辈荣光

黄爷爷精神矍铄，神采奕奕，拿着入党 50 年勋章向少先队员们讲述他从小喜欢看电影，特别喜欢看有关抗日战争、解放战争的电影。在电影中，他特别崇拜解放军战士，知道了中国共产党和解放军战士们一心为人民。因此，在 1961 年 5 月，黄爷爷义不容辞地也成为一名士兵，并在 1966 年成为一名共产党员。作为支援部队，参加了越南战争的黄爷爷特别刻苦地钻研技能，为战事后勤做保障，曾获得了“五好战士”“技术能手”“优秀能手”“特等能手”等荣誉称号。黄爷爷还向少先队员们讲述了自己如何在艰苦的三年自然灾害下克服食物短缺的困难，保持战斗力，支援当地民众。退役后又是如何坚持学习，阅读《毛泽东选集》《资本论》等书籍，不断服务社会……

他还回忆起当年令他难忘的一幕：当时班长入伍三年，即将光荣退伍，但祖国有召，他毫不犹豫应征。当时两个苹果一个班来分，同志们都想让给班长吃，可是班长在残酷的战争中壮烈牺牲了。李爷爷的不少战友也牺牲了，他们大多是 18 ~ 22 岁的年轻小伙子，为了祖国的强大、世界的和平，他们永别了自己的父母，永别了自己的亲人，甚至很多人永远地长眠于异国他乡……

（三）从小学先锋，长大做先锋

黄爷爷还表示，对现在的生活很满意，并从生活实际出发，勉励和号召同学们学党史、学英雄，要保持爱国爱党之心，好好学习，孝顺父母，尊敬老师，团结同学，记住习近平总书记的讲话，放眼世界，打造人类命运共同体！少先队员们纷纷表达了对老党员的崇敬和“从小学先锋，长大做先锋”的决心。

三、取得成效

队员们都深深地被黄爷爷勤奋好学、不怕吃苦的精神所触动，也真切地感受到今天的幸福生活得益于英雄先烈们的浴血奋战，得益于祖国国力的提升，正是因为有了这样不顾生死、保家卫国的军人，才能换来今天来之不易的和平岁月。通过近距离接触老党员，聆听红色故事，沐浴在红色文化的氛围中，同学们深深地感受到了党和国家的伟大。他们纷纷表示要坚定理想信念，脚踏实地，努力学习，成为勇于担当、敢于奋斗的新一代，让红色基因、革命薪火代代传承。

文化引领，传承红色基因，培育谦雅学子

——西南八小党史学习教育活动案例

佛山市三水区西南街道第八小学　吴光华　梁伟基　莫银　陆颖霞

2021 年，是伟大的中国共产党百年华诞。为进一步传承红色基因，推动党史学习教育取得新成效，佛山市三水区西南街道第八小学（以下简称“西南八小”）把党史嵌入学校的米兰文化，让米兰少年了解党、热爱党、拥护党，传承红色基因。

一、背景情况

西南八小是一所有近 60 年办学历史的学校。校园里，有一排葱绿而挺拔、历经 30 多载的米兰树。根据米兰树根基扎实、枝叶葱绿茂盛以及米兰花不为争春而放、娇小而不张扬、花香淡雅、花小朴实无华的特点和米兰的花语“爱，让生命开花”，学校确立了“践行谦雅教育，彰显米兰文化——让每个孩子的生命之花灿烂绽放”的办学理念，以“谦学向上，雅行致善”为校训，用米兰文化培育谦雅学子。开展党史进校园活动，让党史能够深入学生的心田，重点是“怎么教”；让党史学习有效果，关键是“怎样做”。西南八小把党史嵌入米兰文化中，以谦雅课堂为主阵地，让米兰学子了解

党、热爱党；深挖红色底蕴，通过一系列的校园文化活动，讲好党的故事，让红色基因、革命薪火代代相传，培养社会主义建设者和接班人。

二、主要做法

（一）谦学课堂：党史学习主阵地

1. 思政读本进课堂，学习时代新思想。利用学生人手一本的《习近平新时代中国特色社会主义思想学生读本》，思政课老师以讲故事、看视频、解说案例、课堂互动等深入浅出的教学方式，从中国最鲜活的实践中让学生“读懂中国”，引导他们初步理解习近平新时代中国特色社会主义思想的核心要义，传递社会主义核心价值观，扣好学生人生第一颗扣子。同时各学科也与党史学习教育融合，充分挖掘教材中蕴含的党史资源，让学生们在润物无声中汲取党史养分，知史爱党，知史爱国。

2. 班会常态化，了解党的百年历程。利用班会课开展“学党史，跟党走”、“童心向党・我向党旗敬个礼”等主题班会课活动，将党史学习教育与班级文化建设融合起来，利用教室黑板报宣传党史知识，引导学生深刻认识红色政权来之不易、新中国来之不易、中国特色社会主义来之不易，大力唱响共产党好、社会主义好、改革开放好、伟大祖国好的时代主旋律。

（二）雅行致善：开展“童心向党”系列活动，让红色精神代代传

1. 追寻革命先烈足迹，讲先锋故事，颂百年征程，学习崇高精神。

（1）重走长征路，筑梦奋进颂党恩。组织学生参加重走长征路研学之旅，到爱国主义教育基地体验先辈的峥嵘岁月，感恩共产党带来的美好生活，学会珍惜并筑梦奋进，致敬党和祖国（见图 2－25）。

图 2－25　组织学生参加重走长征路研学之旅

（2）缅怀革命先烈，传承红色精神。组织学生到西南公园邓培烈士墓前，开展“缅怀革命先烈，传承红色精神”清明节扫墓活动，向先辈们致敬，学习他

们坚强的意志、高尚的品格。

（3）阅读沉淀智慧，故事演绎精彩。为了进一步践行谦雅爱国教育，继续加强书香校园文化建设，学校举办“谦雅书童”党史故事大赛，让同学们在故事中了解党，表达了对党的无限感激和热爱之情。

2. 观红色电影，唱红色歌曲，传承红色基因。

（1）育人之本，立德铸魂。新学年开学，吴校长亲自为学生上一节主题为“我自豪，我是中国人”的思政课，教育学生学会珍惜幸福生活，热爱学习、积极生活，为祖国的伟大复兴而努力。

（2）歌声、电影里知党史。学校充分利用课余时间，精心挑选不同时期歌颂中国共产党、歌颂新中国的经典歌曲和红色革命影片，让学生在视频、歌曲中感受党和祖国的伟大。

3. 致敬国旗，明理践行。

（1）举行“同升国旗，同唱国歌”暨庆国庆活动。教育学生将爱国之情熔铸于血脉之中，践行于行动之中（见图2－26）。

图2－26　学校举行“同升国旗，同唱国歌”暨庆国庆活动

（2）线上开展“向国旗敬礼”活动。组织全校学生登录市文明办制作的专题网页，开展向国旗敬礼并签名寄语活动。观看“佛山十大红色文化名片”和“佛山优秀红色文化名片”，更加坚定了永远跟党走的决心。

（3）开展“强我体魄，致敬国旗”广播体操比赛活动，培养了学生良好的合作精神和体育道德，引导学生成为积极锻炼身体，团结向上的新时代少年。

4.“童心向党，强国有我”主题活动。

（1）开展“请党放心，强国有我”主题中队活动，活动中学生们通过舞蹈、歌曲、朗诵、快板等形式，传承红色基因，充分理解爱党爱国的真正含义。

（2）举办“童心向党，强国有我”第十五届体艺节，活动精彩纷呈。艺术科技比赛项目有：软硬笔书法、水墨国画、纸黏土、折纸贴画、四驱车组装与竞速、科技手工制作等，还有体育各项运动比赛。米兰学子用勇争第一的进取精神，坚忍不拔的意志来表强国之决心。

三、取得成效

在开展党史进校园活动中，学校把党史嵌入米兰文化中，以培养学生积极爱党爱国情感为目标，以谦学课堂为主阵地，以“童心向党”系列活动为载体，把党史教育融合到校园文化建设中去，让党史学习“实起来”，让党史学习“活起来”，让学生从中了解党、热爱党和拥护党。

让红色电影提升思政课魅力

——三水中学附属初中党史学习教育活动案例

佛山市三水区三水中学附属初中　吴绮云　曹嘉慧

红色影片对在革命战争年代形成的荣辱与共、艰苦奋斗、共渡难关的革命精神，对社会主义建设时期党领导人民探索中国特色社会主义道路的光辉历程做了精彩的演绎，是思想政治教育的生动教材。红色影片进入课堂、服务于教学，不仅可以激发学生的爱国热情，培养健全的审美心理结构，更可以促使学生了解历史、认识国情和开阔视野，激发爱国主义情感和志向，从而实现深化初中政治思想教育的目标。

一、背景情况

习近平总书记在全国高校思想政治工作会议上指出，高校思想政治工作关系高校培养什么样的人、如何培养人以及为谁培养人这个根本问题。同时，习近平总书记强调，要坚持把立德树人作为中心环节，把思想政治工作贯穿教育教学全过程，实现全程育人、全方位育人，努力开创我国高等教育事业发展新局面。习近平总书记对全国高校的思想政治工作指示精神同样适用于我们初中的思想政治教育工作。

做好初中思想政治教育工作，要因事而化、因时而进、因势而新。创新“红色教育”模式，可考虑积极开展“红色影片进课堂”活动，使之成为初中思想政治理论教学的有效补充。

近年来，作为红色文化重要组成部分的红色经典影片，如《我和我的祖国》《我和我的家乡》《我和我的父辈》《长津湖》等，创造了一次又一次的“收视神话”。这些红色影片对在革命战争年代形成的荣辱与共、艰苦奋斗、共渡难关的革命精神，对社会主义建设时期党领导人民探索中国特色社会主义道路的光辉历程做了精彩的演绎，是思想政治教育的生动教材。尤其是在新时期，红色影片更加注重阐释中国特色社会主义理论体系，弘扬以爱国主义为核心的民族精神和以改革创新为核心的时代精神。红色影片进入课堂、服务于教学，不仅可以激发学生的爱国热情，培养健全的审美心理结构，更可以促使学生了解历史、认识国情、开阔视野，激发爱国主义情感和志向，从而实现深化初中政治思想教育的目标。

二、主要做法

（一）契合学生心理，整合资源

初中学生对红色影片的要求愈来愈高，既要有思想性，又要有娱乐性，只有内容丰厚、主题鲜明、时代感较强的红色影片，才能获得学生的认同。为此，在课堂中运用红色影片进行思政教育时，就必须对资源进行合理整合，突破固有模式的藩篱，探索初中学生自身需要，运用契合学生心理的红色影片，把历史与现实对接起来，让优秀的传统与时代精神交融起来，使中学生进一步认识到中国共产党在领导人民建设新中国、发展新中国的过程中不可替代的重要作用，使他们坚定信仰，将自身抱负与国家命运相结合，成长为实现中国梦的中坚力量。

（二）根据教材内容，剪辑资源

初中思想政治课有专门的教材，课堂上不能只是看红色影片。红色影片应该是教材内容的补充，是达成教学目的的资源。因此，选择红色影片时，应考虑与教材内容篇章相匹配，有助于达成教学目的，同时要考虑课堂时间有限、学习任务的轻重、学习节奏的快慢等因素剪辑电影，力求影片“短”而“精”，与教材内容相得溢彩，课堂教学因为红色而锦上添花。

（三）引导思考，做好转化工作

利用红色影片进行思政教育，更要注重做好“转化”环节。使学生在观看的过程中，观有所思、思有所得，与教授的理论知识相配合，从而最大限度地发挥影片的政治宣传效果。教师要适时提出问题，引导学生将感兴趣和易于理解的人物“史话”，层层深入，达成教学目的。

三、取得成效

（一）提高学生对思想课的学习兴趣

红色影片是当下有热度的视/音频资源，它在课堂上的使用能够促进课堂绘声绘色，缓解思政课堂过去枯燥烦闷的问题，活跃课堂氛围，调动学生学习的积极性。

（二）帮助实现思政课教学目的

思想政治课教育不能光靠说教，而是要通过阅读、经历、体验来获得认知并认同，从而转化为自觉的行为。红色影片进课堂，为学生阅读感知体验提供了一种新的方式，为学生的学习铺垫、渲染或者升华，达成教育目的。

（三）帮助学生了解党史

红色影片更加注重阐释中国特色社会主义理论体系，弘扬以爱国主义为核心的民族精神和以改革创新为核心的时代精神。红色影片进入课堂、服务于教学，不仅可以激发学生的爱国热情，培养健全的审美心理结构，更可以促使学生了解历史、认识国情、开阔视野，进一步认识到中国共产党在领导人民建设新中国、发展新中国的过程中不可替代的重要作用，使他们坚定信仰，将自身抱负与国家命运相结合，成长为实现中国梦的中坚力量。

童心向党，强国有我

——思贤小学党史进校园之体育节开幕式一分钟表演案例

佛山市三水区思贤小学　卢淑娴　蒋文锐

一年一度的体育节是小学生校园团队组织生活的重要活动项目，也是小学生参与面最广的活动项目，而体育节开幕式当中的“一分钟表演”环节，更是班级团队组织生活精神风貌的最直接体现。一分钟表演，看似时间短，要做的功夫可不少。如果能够把这一分钟表演的主题设计好，把整个表演组织好，那么这短短的一分钟带给学生的将是长久的精神滋养和潜移默化的思想熏陶。

一、背景情况

1921年中国共产党正式成立。历经了百年历史考验，中国共产党从最初50多人的政党发展为今天带领全中国人民走向自由民主、共同富裕的强大政党，这期间走过的艰辛何其多！

成长在富强新时代的小学生，衣食无忧，生活幸福，他们很难从自己的视野中去感受和感悟中国共产党走过的艰辛征程。学校是从事教育的职能单位，很有必要跟学生们进行党史教育，教育学生要饮水思源，珍惜来之不易的幸福生活，并以此作为学习的强大动力，做一个积极向上、承前继后的接班人。

2021年恰逢建党100周年之际，佛山市三水区思贤小学（以下简称"思贤小学"）体育节以建党100周年的党史大事件为设计主题，将党史大事件融入体育节开幕式一分钟表演中，以学生喜闻乐见的活动方式给全校每一位学生上了一堂全员参与的、深刻而生动的党史系列活动课。学生在活动过程中，听党的故事、唱党的歌曲、感党之艰辛、悟党之伟大！对百年党史的重要大事件历历在目，感悟极深。

二、主要做法

体育节开幕式表演一共设置了四个篇章：开天辟地新中华、改天换地写新篇、翻天覆地万象新、惊天动地开新局。一个年级负责一个篇章，并要求各级各班把"中共一大""五四运动""抗日战争""红军长征""抗战胜利""开国大典""抗美援朝""改革开放""香港澳门回归""神七升空""百年风华"等具有标志性的党史大事件作为一分钟表演的题材内容，结合朗诵、律动、歌舞、短剧、造型、道具等丰富的表演形式将党史大事件生动地呈现出来。

思贤小学开办才不到两年，入学的孩子都是一、二年级的低年段学生。深厚的百年党史对于六七岁的小孩来说实在是抽象、厚重。思贤小学充分考虑到这一点，思考到党史教育的形式一定要符合学生的年龄和认知特点，于是构思这个"童心向党，强国有我"的体育节开幕式一分钟表演实践活动，巧妙地把深奥的党史课堂搬到了活力四射的运动场，把党史事件变成了可以全员参与、易于理解的故事表演，把党的伟大征程衍生为篇章式的呈现，富有创意、富有童趣，颇具成效。

三、取得成效

（一）第一篇章：开天辟地新中华

开天辟地新中华，代表着中国共产党兴起至中华人民共和国成立时期的思贤小学一年级，正迈着矫健的步伐向我们走来。高举革命口号的“青年学生”、敢为人先的“共产党人”、奋不顾身的“红军战士”、锣鼓喧天的人民群众，在那乱世年代，曾有人身先士卒，扶大厦之将倾，诠释了真正的忧国忧民。而今虽然国泰民安，但我辈也当谨记“少小虽非投笔吏，论功还欲请长缨”。

（二）第二篇章：改天换地写新篇

改天换地写新篇，代表着社会主义革命和建设时期的西南中学小学部，带着锐意进取的精神走向舞台。驰援万里的抗美援朝、众志成城的开发油田、艰苦钻研的“两弹一星”、禾下乘凉的稻花香，看，雄姿英发的少年坚定自信；听，铿锵有力的步伐震撼大地！请党放心，改天换地有先辈，未来强国有我们！

（三）第三篇章：翻天覆地万象新

翻天覆地万象新，代表着改革开放和社会主义现代化建设时期的思贤小学，喊着自信自强的口号踏步进场。日新月异的特区发展、万众期盼的港澳回归，孩子们用稚嫩嘹亮的歌声，唱响了波澜壮阔的改革开放。中华民族伟大复兴犹如旭日东升，“时代是出卷人，我们是答卷人”，孩子们充盈着蓬勃生气，这就是中国之未来！

（四）第四篇章：惊天动地开新局

惊天动地开新局，代表着中国特色社会主义新时期的思贤小学二年级，口号嘹亮、昂首挺胸地迈向舞台。百年风华正茂，百年旗帜正红。时代英雄为人民、航天航空为国强，百年建党，国运与共。“弄潮儿向涛头立，手把红旗旗不湿。”二年级的孩子们，不忘初心，怀着民族复兴的强国梦，终将奔赴远方！

走进毛泽东诗词系列活动

——党史教育嵌入班级文化建设活动案例

佛山市启聪学校　钟贵铃

2021 年是中国共产党百年华诞，市教育局组织各区各学校开展了党史进校园的系列活动。为把党史教育真正落到实处，学校将党史教育嵌入班级文化建设之中，取得了不错的效果。

一、背景情况

（一）活动来由

钟老师是佛山市启聪学校启聪部五年级的班主任。2021 年，她加入了一个以“特色班级建设”为主题的名班主任工作室，开启了她的班级文化建设之旅。她所带班级由 9 名听障生组成，其中 7 人佩戴助听设备，虽具有一定的听力和口语能力，但发音清晰度仍有待提高。为保证学生发音清晰度，她计划以朗朗上口的诗歌为载体，对学生进行发音训练，并以此为基础开展她的班级文化建设。但考虑到班里还有两位无口语能力的学生需要兼顾，她最终将其班级文化建设主题定为“诗舞展风华”，其具体思路见图 2 – 27。

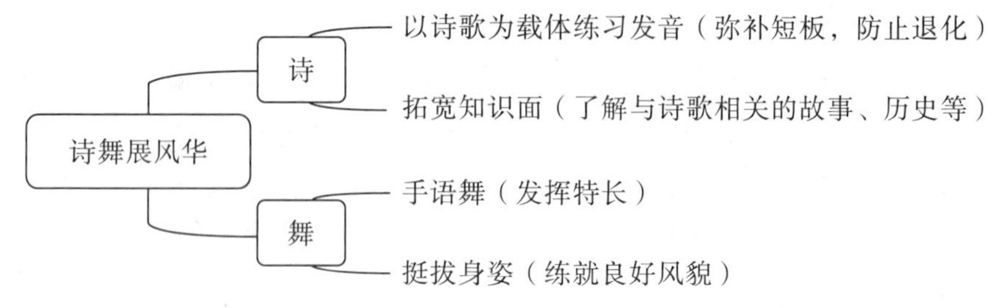

图 2 – 27　班级文化建设具体思路

国庆期间，紫荆花树下那迎风招展的国旗宛如一幅美丽的图画，令她联想到了毛泽东的诗词名句“风展红旗如画”，从而萌生了以毛泽东诗词为载体对学生进行发音训练的想法。同时，为响应“党史进校园”的号召，决定将党史教育嵌入其班级文化建设之中，开展“走进毛泽东诗词”的活动。

（二）活动安排及设计缘由

由于该班班级文化建设的初衷是提升学生的发音清晰度及语言理解能力，因此上述活动中除手语舞外，其余活动均围绕“开口说话”展开。具体活动目标及活动安排见下表。

活动主题	“走进毛泽东诗词”系列活动——党史教育嵌入班级文化建设
活动时间	2021—2022 学年第一学期
活动目标	班级文化建设目标： ①以毛泽东诗词为载体进行发音训练，提高学生发音清晰度。 ②以红歌为载体学习手语舞，发挥学生手语特长，挺拔学生身姿，形成良好精神风貌。 党史教育目标： ①通过了解与毛泽东诗词相关的故事及历史背景，学党史，知党恩，跟党走。 ②在阅读毛泽东诗词及学习红歌手语舞的过程中，坚定学生理想信念，加强学生爱党爱国情感
活动安排	活动 1：口腔练习让唇舌灵活有力听使唤
	活动 2：争做领读员领读毛泽东诗词
	活动 3：争做主持人解读毛泽东诗词
	活动 4：争做配音员介绍与毛泽东诗词相关的故事及历史
	活动 5：诗歌朗诵表演缅怀革命先辈
	活动 6：手语舞表演祝亲爱的祖国繁荣昌盛
	活动 7：毛泽东诗词分享会

设计缘由如下：

1. 希望通过形式多样的活动在学生语言能力方面达到两个目的：一是强化学生基本功，提升学生开口说话的积极性及主动性；二是加强学生对相关文本内容的理解，拓宽学生知识面，接受爱党爱国情感的熏陶（活动 1、2、3、4）。

2. 希望通过表演节目的排练达到挺拔学生站姿、培养学生良好精神风貌的目的（活动 5、6）。

3. 对本次活动进行回顾、总结和升华（活动 7）。

（三）活动评价

上述七个活动中，受到学生欢迎、更显新意、更具效果的活动主要有："争做领读员领读毛泽东诗词""争做主持人解读毛泽东诗词""争做配音员介绍与毛泽东诗词相关的故事及历史"及"诗歌朗诵表演缅怀革命先辈"，其中"争做配音员介绍与毛泽东诗词相关的故事及历史"活动最受欢迎，原因如下。

1. 这些活动都给了学生展示自我的机会。

2. 学生本身有意愿想要说话、说得更清晰，因此只要活动不太枯燥就愿意积极参与。

3. 配音员评选活动中，被选上的学生因能够在视频里听到自己的声音而产生非一般的成就感，从而产生浓厚兴趣。

二、主要做法

（一）强化发音基本功

1. 坚持进行口腔练习，如口腔开度练习、气息训练、唇舌训练等，以使唇舌有力听使唤，并坚持每周五、六、日进行口腔练习的打卡。

2. 加强声调训练。学生在校时，教师以毛泽东的诗词为载体，利用每周二、四早读对学生进行声调训练，帮助学生掌握四声声调。学生在家时，家长对学生进行一对一的指导，有效纠正学生发音。最后以边标音调并领读的方式开展"争做领读员领读毛泽东诗词"活动。

（二）加强学生对相关文本内容的理解

1. 模仿中国诗词大会开展"根据作画内容猜诗词名句"及"毛泽东诗词解读大会主持人"活动，加深对诗词本身的理解。最后开展"争做主持人解读毛泽东诗词"活动。

2. 为动画片《长征先锋》的主题曲进行配音，了解长征及长征精神。

3. 为电影《最可爱的人》的视频片段配音，了解抗美援朝的历史背景。

4. 编辑《风展红旗如画》的短视频，学生为其配音，在今昔对比中感恩先辈、珍惜今天的美好生活。

（三）挺拔学生站姿，培养学生良好精神风貌

1. 借助墙面或形体混合的形式进行站姿练习。

2. 通过模仿网上《囚歌》的朗诵视频，进行诗朗诵练习，并竞选角色进行诗歌朗诵排练和表演。

3. 利用课间时间跟着手语舞视频进行学习、排练，并举行班级手语舞比赛。

（四）活动进行回顾、总结和升华

举办“毛泽东诗词分享会”活动，在活动中展示活动 1 ~ 6 的成果，渗透爱党爱国情感教育。

三、取得成效

经过一学期的努力，取得的成效主要有：①学生练习说话的积极性得到提高。②学生有了一定的诗词名句的积累。③学生普遍开始关注自己的站姿，接受并愿意去训练自己的站姿。④学生对党史有了一定的了解，知道长征、抗美援朝等。⑤学生已有倾听与合作的意识，班级凝聚力也得到了一定程度的提升。

学党史，争做最美志愿者

——华材技校党史学习教育活动案例

佛山市华材职业技术学校　梁翠枝　李文锋　薛雄杰

2021 年是中国共产党成立 100 周年，为扎实推进党史学习教育，华材职业技术学校（以下简称“华材职校”）通过开展主题鲜明、形式多样、效果突出的主题活动，经研究决定，面对学生开展一系列的“学党史，争做最美志愿者”活动。

一、背景情况

当下的佛山，在高质量发展进程中走出“佛山速度”，红色文化成为佛山由大到强、走在前列的精神支撑和不竭动力。

“学党史，争做最美志愿者”活动是华材职校南庄校区的道德教育和“学党史、知党恩、跟党走”教育活动相结合的一种探索，也是对华材学子进行形式多样的社会主义核心价值体系教育方法的一种尝试。通过红色景点打卡活动、“争当新时代好少年”“人人争当志愿者”一系列的活动，引发学生对党史学习的兴趣，引导他们在感受党的光辉历史、丰功伟绩的同时，用自己的微薄之力做出奉献。

为了活动有序地开展，学校成立了以校长为组长，德育主任为副组长，理工部部长、团委学生会指导教师为组员的活动小组。制定方案，组织活动，推广成果，这一活动成为学校近几年来的重点工作。

二、主要做法

（一）学党史、感党恩

2021 年 5 月，由团委学生会指导教师给华材职校南庄校区全体团员开展题为“学党史、知党恩、跟党走”的主题活动；2021 年 9 月，郝文彬副校长为全体团员开展题为“请党放心，强国有我”，学习“七一”大会讲话精神准提学习会。2021 年 12 月，郝文彬副校长为全体团员开展题为“学习党的十九届六中全会精神”活动。坚持每周的“青年大学习”，坚持创新方式学习。每一期“青年大学习”推出之后，由各班的团支部委员带头学习，组织班内团员相互交流。鼓励全体非团员学生学习，并定期汇报学习情况。由于组织到位，每期的“青年大学习”参学率都在全区排名前列。

（二）寻找党的光辉足迹，打卡红色印记

华材职校南庄校区地处南庄镇，是一个有着光荣革命传统和丰富的红色文化资源的名镇。有“一心向党　名扬省港”的罗登贤事迹展馆；有“支援广东抗日救亡前线”佛山热血青年廖锦涛故居，有弘扬新时代好人的紫南三馆。每年华材职校多次组织学生参观本土红色印记，学习革命精神，让学生懂得珍惜今日的胜利成果，努力学习。

（三）争当最美志愿者

华材职校成立志愿者服务队，多年来通过与镇团委、志愿者协会大力合作，志愿者活动进行得如火如荼。除了每个周末固定到南庄图书馆服务活动外，一些大型的活动，如连续几年的佛山 50 公里徒步、罗南村委、紫南村委、吉利社区 6 公里徒步、每年南庄镇举行的龙舟赛、最美村落评选、第四届佛山旅游嘉年华、每年的幸福颐养院送祝福、春节万家赠春联等活动，无处不见华材职校学生志愿者的身影。学校成立由团委实践部部长带头，带领各班团支书、团员、非团员积极参加志愿者活动，要求团员达到志愿者时数 20 小时以上，非团员志愿者时数 8 小时以上。在每年的期末，学校根据各班团支书上交

的班级活动记录，评选出优秀志愿者、最美志愿者。由于同学们出色的表现，志愿者服务队被莺岗社区、紫南村委、文化志愿者协会评为公益合作单位。

三、取得成效

（一）学会与人沟通，是人生的必修课

现在的学生日常很多都是与网络相伴，屏幕是冰冷的，他们很少与社会接触，造成学生不懂人情世故，也不会待人接物。学会与人沟通，走出网络世界，成为华材职校学子的人生必修课。所谓“万事开头难”，很多同学刚刚开始进行志愿者服务工作的时候肯定都不那么顺利，他们首先要面对的问题就是如何跟陌生人打交道。在校园里，每天打招呼的都是同学、老师，回到家是父母，想要和一个陌生的人搞好关系难免会显得有些羞涩，但这也是一种历练。经过志愿者培训、师兄师姐的带领，很多初次参加志愿者服务的同学渐渐迈开了人生的第一步。

（二）发扬时代少年精神

迈开了第一步，接下来就不那么困难了。在参加志愿者服务活动中，学生学会了不怕脏、不怕累，勇于担当的精神，也懂得了充分发挥自我的聪明才智或者一技之长，为社会做一些有益之事，正确树立了人生观、价值观和世界观，切切实实地努力做一名新时代的好少年！

（三）助人自助

作为一名学生，志愿者服务活动的范围是有限的，但它却是伟大的，可能仅仅一件小事，会让老人们露出笑容；也仅仅是一个动作，让小孩说一声：“谢谢！”作为一名志愿者，在助人的同时，也是自助的。在学会与人沟通，学会关爱他人的同时，我们也体会到社会的温暖与回馈。

“学党史，争做最美志愿者”活动提升了华材学子的精神道德，培养了助人为乐、团结互助的高尚品德，彰显了我们新时代少年的风貌。我们应该在享受富裕生活的同时，略尽绵薄之力，为美丽的佛山添砖加瓦！

学习党史重实践，传承薪火守初心

——龙津小学党史学习教育活动案例

佛山市禅城区南庄镇龙津小学　李安　劳晓韵　任晓彤　罗晓梅

为深入学习贯彻习近平总书记在党史学习教育动员大会上的重要讲话精神，进一步落实“学史明理、学史增信、学史崇德、学史力行”的要求，龙津小学坚持立德树人、铸魂育人，以“一位烈士一面旗帜，一个阵地一座丰碑”的目标导向，充分发挥地方党史的红色引领作用，深化党史学习教育与学校特色相融合。通过开展形式多样的党史学习教育，少年儿童从活动中传承革命薪火，感悟初心使命。

一、背景情况

龙津村拥有被评为佛山市党员教育基地和禅城区爱国主义教育基地的廖锦涛烈士故居以及廖锦涛烈士广场、格治公园等红色地标，这些红色资源像是一本本鲜活的党史学习教科书，让龙津学子的红色理想种子在这里生根发芽，茁壮成长。龙津小学坚持将党史学习教育作为落实立德树人根本任务的重要抓手，聚焦党史学习教育融入参观体验、德育活动、思政课程，打造多维度的党史学习教育，推进党史学习教育走深、走实（见图2－28）。

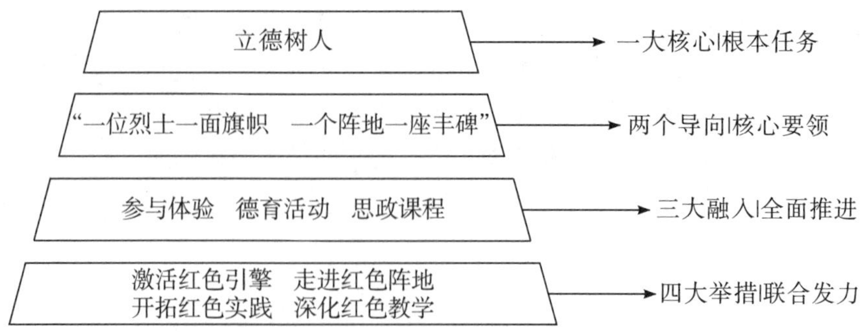

图2－28　“三个融入”党史学习教育规划模式图

二、主要做法

（一）走进红色阵地，将党史学习教育融入参与体验

1. 围绕一位烈士，激活红色引擎。廖锦涛是党的忠诚儿女，积极参加爱国进步活动，在政治逆流中不屈抗争，最终被迫害致死。龙津小学以学习廖锦涛烈士的英雄事迹为契机，开展社会综合实践活动，聚焦红色主题，强化参与体验。师生前往龙津村委图书馆查阅廖锦涛烈士生平革命故事，深入挖掘红色资源背后的思想内涵，并据此开展红色经典诵读活动，在“浸润式”实践活动中致敬烈士（见图 2－29）。

图 2－29　师生查阅廖锦涛烈士相关资料

2. 走进一个阵地，赓续红色血脉。近年来，学校多次创新方式，开展红色研学活动。结合清明节、烈士纪念日等重要纪念日及其他传统节日，把党史学习教育“搬进”烈士广场，开展“致敬先烈”祭扫活动，向英烈敬献花篮、鞠躬默哀（见图 2－30）。组织学生到廖锦涛烈士故居进行参观学习，通过沉浸式实地参观，回望故居遗迹，聆听龙津地方党史，汲取前行力量。同时，这里也是学校少先队员的宣讲阵地。为用心用情用力挖掘好、保护好、运用好红色资源，学校多次组织“红领巾广播站”的少先队员到廖锦涛烈士故居等红色阵地进行宣讲志愿服务和党史学习教育微视频拍摄。

图 2－30　“致敬先烈”祭扫活动现场

（二）开拓红色实践，将党史学习教育融入德育活动

1. “学 + 做”，植拳拳爱党心。龙津小学开设“龙津古训文化”校本课程，将古训内涵与洪拳巧妙结合，形成特色课间操，继承遗风古训，传递文化薪火。开展“学雷锋”志愿服务活动，深入龙津村道路区域进行清扫保洁，在活动中融入弘扬革命先烈精神、追忆党的艰辛历程和感悟党的伟大成就等内容。全体师生积极参与“扶贫济困”捐款活动，大力弘扬中华民族“乐善好施”的传统美德，尽微薄之力，汇聚善意成长河，以真情回报社会。引导广大学生在沉浸式、体验式、互动式的活动中了解党史、增进爱党之情，切实增强党史学习教育的生动性、实践性和感染力。

2. “学 + 践”，展深深爱党情。学校创新设计符合青少年认知特点的社会实践活动，组织全体学生开展“追忆红色足迹——寻访身边的老党员”活动，举办“学百年党史，看龙津巨变”社会实践活动和龙津古训文化系列探索实践活动，开展“学党史、强信念、跟党走”春季师生体育系列活动。师生代表参加龙津村委“表孝心·报春晖”母亲节鲜花义卖活动，将筹得的部分善款，帮助南庄镇内 23 位困难老人实现“微愿望”。通过创新开展的党史学习教育社会实践活动，让全校师生们在德育活动中筑牢信仰之基，赓续红色血脉。

（三）深化红色教学，将党史学习教育融入思政课程

1. 课题研究，探索教学新路径。龙津小学结合本校办学理念和实际情况，开展了主题为“忠党爱国立德树人，为党育人为国育才”的课题研讨活动。一方面，邀请专家给全体思政课教师做思政课实践教学讲座，引导课题组成员有计划地紧密结合课题研究内容开展教育教学工作，并积极组织党课、“开学思政第一课”、“思政示范课”等课题活动。另一方面，学校高度重视对思政课教师队伍进行党史学习教育，并整合多种资源拓宽思政队伍学习党史的渠道，例如利用网络信息技术开发给思政课教师学习党史的网络平台。

2. 团队协作，创新课堂新形式。学校充分发挥校本教研优势，组织思政课教师进行专题研讨。例如，在设计部编版“道德与法治”五年级下册第三单元的教学内容时，研讨小组着力厘清教材编写意图，逐一突破各课重点、难点。创新设计授课方式，积极建设思政“金课”。建立党支部书记（校长）每学期为师生上一次思政课制度，加强示范引领。教材研讨小组教师立足学段，分工合作，广泛收集各类“四史”教育资料，制作成丰富的教学素材资源，以供教师上课时选用。结合实际，充分发挥学科优势，引导教师设计具有个人特色的德育课堂教学，并与研讨小组成员共享成果。

三、取得成效

在党史学习教育中，我们紧紧围绕“立德树人”的总任务，坚持“两个导向”，不断聚焦“三个融入”，大力开展各种红色教学活动，“四大举措”成效显著。龙津小学党支部被评为禅城区教育系统先进基层党组织，学校教师舞蹈《红色记忆》获佛山市禅城区庆祝中国共产党建党100周年文艺会演一等奖，龙津学子《红手绢》等作品在佛山市禅城区第七届“梦想杯”中小学生才艺大赛中斩获一金三银的优异成绩。组织开展的党史学习教育，实现学生100%全覆盖，共计600余人次少先队员志愿者走近老党员、走进红色阵地、走进村落撒播红色种子，传承革命精神。导学、活学、践学“三学”模式已成为学校办学的名片。

红色回忆展

——2021年澜石小学“童心向党”庆国庆红色教育主题展览活动

佛山市禅城区澜石小学　朱霞　温智珺　严晓玲　钟丽婷

红色，是中华民族文化自信的坚固底色，也是中华民族走向复兴伟大征程中的精神图腾；我们的历史就是一部红色的历史，承载和传递了中华民族全部的红色记忆。

一件件革命文物、一座座历史遗址凝结了中国革命、建设和改革实践中无数仁人志士的理想信念和使命担当。我们回首过去，重温历史，为的是以史为鉴，更好地走在民族复兴之路上。

值此建党100周年之际，澜石小学推出了“红色回忆”展览，引导学生回顾艰苦奋斗的红色岁月，探索中国共产党永葆本色的生命密码，汲取中华民族永不枯竭的精神源泉。

一、背景情况

2021年在中国共产党历史上，在中华民族历史上，都是十分重大而庄严的。如何让孩子们牢记这百年奋斗的光辉历程，展望中华民族伟大复兴的光明前景，是我们教育人的重要使命。

“红色回忆展”这个活动，是我校校本课程“澜彩绘红”的课程内容之一，重点就是对孩子进行“童心向党”的红色教育。

考虑疫情的原因，外出的红色研学无法顺利实施，如何将课堂探索的脚步拓展到课外，我们积极联系社区和公益机构，从红色教育实践基地挖掘到许多革命时代的农耕用品、家居用品；发展时代的科技产品，而这些物品也见证了时代发展中劳动人民的奋斗历程和无穷智慧。将它们全部引入校内，通过搭建临时的校园博物馆，让孩子们近距离走进历史、感悟发展、思考未来。

作为生长在智能化时代的学生，生活优越，让他们切实感受先辈的艰辛和困苦，才能激发其为中华民族伟大复兴而不懈奋斗的动力。

本次活动依托学校主持立项的广东省教育技术中心课题“基于 STEM 理念的小学综合性学习实践研究”，以项目的形式设置成系列推进，激发了学生的参与热情，调动了他们参与活动的积极性，增长了见识，提升了能力，树牢了信念。

二、主要做法

（一）拟制方案，设计“红色回忆”展览馆

下表是学校设计的“红色回忆”展览馆方案。

<table>
<tr><th>主题</th><th>活动区域</th><th>活动内容</th><th>活动时间</th></tr>
<tr><td>与祖国一起腾飞</td><td>开幕式</td><td>①自制飞机现场展示及竞赛。
②红色风车轮转“童年梦”</td><td>8：20—9：00</td></tr>
<tr><td>英雄的道路</td><td>英雄路</td><td>“英雄”电子画报展览（长廊）</td><td rowspan="5">9月28—30日</td></tr>
<tr><td rowspan="3">先辈的记忆</td><td>农耕馆</td><td>革命大生产的劳动物品（呈现劳动者的智慧）</td></tr>
<tr><td>工业馆</td><td>工业发展时代的记忆物品</td></tr>
<tr><td>生活馆</td><td>祖父辈的家居生活用品</td></tr>
<tr><td>腾飞的今天</td><td>科技馆</td><td>①“圆梦”科幻画报展览。
②编程机器人展览。
③学生自制飞机展览</td></tr>
</table>

（二）搜集资源，搭建“红色回忆”展览馆

1. 充分利用美术专用教室，连通专室走廊，设置“英雄路”“农耕馆”“工业馆”“生活馆”“科技馆”五个分区，形成“红色回忆”主题展（见图2－31、图2－32）。

图2－31 农耕馆和生活馆里，感受先辈生产和生活的智慧

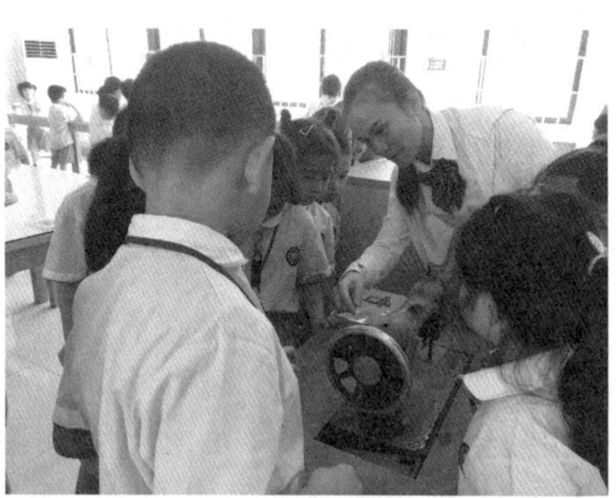

图2－32 学生在老师的带领下观展

2. 采集展品。依据以上拟制方案，进行材料搜集。

展览分区	建设内容	采集形式
英雄路	“英雄”电子画报	征集学生作品
农耕馆	生产、发展时代的记忆物品	公益机构借用
工业馆		
生活馆		
科技馆	“圆梦”科幻画报、学生自制飞机、编程机器人	学生自创

（三）宣传组织，参观“红色回忆”展览馆

1. 通过本次活动的开幕式“与祖国一起腾飞”激发学生对祖国的热爱，唤起学生参与的热情。

2. 德育处制订观展计划，有序组织安排各年级、班级到现场进行观看。

3. 各班班主任通过“微班会”教育学生本次活动的意义，发布观展要求并提出观展任务。

4. 学生在正、副班主任的带领下到现场参与观展。

（四）现场采访，采集“红色回忆”感受录

本次活动现场，学校安排了小记者进行现场的采访，了解观展同学的感受，并通过订阅号分享体会和心得。

三、取得成效

1. 此次“红色回忆展”以“回忆”为灵魂，以“英雄路、农耕馆、工业馆、生活馆、科技馆”这几个板块为主题，通过实物展示，让学生与“历史”对话，学习红色文化。

2. 本次活动将“红色教育”植入学生的课程学习，依托我校“澜彩绘梦”的课程群之一的“澜彩绘红”展开，突出主题、形成系列；同时与学科相融合，以“STEM”的项目式学习推进，将学生的现实成长与体悟完美结合，自然而然内化成学生的动力和信念。

3. 展览充分挖掘了社区公益资源，实现了全民育人、开放育人、合力育人，让学生享受到社会主义大家庭的温暖和幸福。

4. 本次展览唤醒的不仅是学生的红色记忆，还有党员教师的身份意识、初心意识。只有铭记历史，才能不忘初心、牢记使命，才能进一步坚定共产党员的理想信念，为实现中华民族伟大复兴的中国梦好好育人。

勇猛精进，向光前行

——“党史学习进校园，登峰精神照我行”活动案例

佛山市禅城区南庄镇中心小学　梁凯妍　曾中文　卢晓坤　程健宁

为深入学习贯彻习近平新时代中国特色社会主义思想，加强党史学习教育，学校紧扣党史学习教育脉搏，紧跟党史学习教育步伐，积极推动党史学习教育研学，以弘扬登贤精神为主线，以良好的习惯养成为旨归，开展读、观、讲、唱、议、写、演、行系列社会实践活动，把“敢为人先、勇猛精进”的爱国主义精神这种本土的红色基因，从小播种在孩子的心田，将其转化为孩子们成长的动力，照亮孩子们前行的道路。

一、背景情况

为了培育学生爱国报国情怀、增强社会责任感和使命感，珍惜现今的和平时代和幸福生活，从小立志向有梦想，有必要遵循儿童的身心发展规律，从儿童的视角以儿童喜闻乐见的方式，结合佛山南庄本土红色基因，引导学生了解中国共产党建党100周年的重大事件，了解罗登贤先烈的光辉事迹。

于是就有了读（读罗登贤事迹及相关红色经典）、观（参观罗登贤纪念馆）、讲（邀请罗登贤的亲人进行宣讲）、唱（唱红色经典歌曲）、议（中小学生应传承怎样的革命精神）、写（写小习作、小感想，组织编写适合中小学生阅读、表演的罗登贤故事、绘本及相关剧本）、演（成立戏剧小组，表演戏剧《向光前行》）、行（将爱国情怀落实在日常实践中）系列社会实践活动。

二、主要做法

（一）诵“读”红色经典

多次开展诵读罗登贤事迹及相关红色经典活动，全校师生满怀激情地阅读罗登贤事迹，抑扬顿挫地朗诵红色经典《有的人》，重温当年革命战争年代，革命者不怕牺牲、英勇顽强的情怀，抒发对祖国、对党的热爱，充分诠译红色经典的内涵。

（二）参“观”红色基地

结合中国共产党建党100周年重要时期，引导青少年从小听党话、感恩党、跟党走，厚植爱党、爱国、爱社会主义情怀的十岁成长礼活动在南庄镇罗登贤事迹展览馆与四年级各班的教室内同时开展。师生代表参观罗登贤事迹展览馆，学习罗登贤革命精神。

（三）讲“议”红色故事

特邀禅城区党代表董蔚副校长面向近2 000名师生宣讲罗登贤事迹。董校长通过以罗登贤的成长历程以及参加革命的过程为主线，介绍了罗登贤的生平事迹及对革命的贡献，传颂罗登贤的勇猛精进、坚贞不屈的革命精神，使学生以作为罗登贤的家乡人而自豪，并引导学生讨论议论怎样传承这种精神。

（四）演“唱”红色歌曲

积极开展“唱支红歌给党听”活动。全体师生合唱《没有共产党就没有新中国》，各年级分别进行了“童心向党·唱支心歌给党听”活动。其中，一年级学生演唱歌曲《红星歌》；二年级学生演唱歌曲《少年先锋队队歌》；三年级学生演唱歌曲《学习雷锋好榜样》；四年级学生演唱歌曲《国家》；五年级学生演唱歌曲《歌唱祖国》；六年级学生合唱歌曲《爱我中华》。

（五）宣“讲”红色精神

为全面深入推进党史学习教育，迎接党的百年华诞，党支部书记曾中文进行了“弘扬红色精神、激扬生命之光”的党课宣讲。曾中文书记从“红色精神是什么”“如何弘扬红色精神”“从经典文化中获取生命之光”三方面进行宣讲，令人受益匪浅（见图2－33）。

图2－33　曾中文书记组织师生学习登贤精神

（六）编“写”红色剧本

频繁开展如“百年华章，以声献礼”红色经典师生读书分享等活动，师生将所读、所思、所悟，述之于笔端，留下众多阅读足迹，如红色剧本等。如《向光前行》从初稿筹建开始，师生通过走访罗登贤事迹纪念馆、阅读相关书籍、观看相关影视资料，访问罗登贤后人，形成稿件多达15份，在作品主创人曾中文书记的带领下，历时一年多最终完成剧本创作。

（七）表“演”红色戏剧

针对《向光前行》剧本成立了戏剧小组，所有演员全部由中、高年级学生担任，由佛山市戏剧研究会西贝儿童艺术中心具体指导。专业敬业的戏剧团队将带领学生认真排练、反复锤炼，带领学生学表演学做人，组织学生在佛山市图书馆、佛山市金马剧院、佛山市青少年文化宫等地公演，在社会实践中培养一批又一批热爱祖国的新时代好少年（见图2－34）。

（八）躬“行”红色传统

学校将“知红色精神”与“行红色传统”有效结合，大力倡导学生亲身躬行红色革命传统，积极开展“童心向党　长征路上”爱国教育研学活动，让学生在实践中躬行优秀革命文化（见图2－35）。

图2－34 《向光前行》正式演出

图2－35 “童心向党　长征路上”爱国教育研学活动

三、取得成效

通过读、观、讲、唱、议、写、演、行系列社会实践活动，全校学生精神面貌得到了极大提升，学生阳光自信、喜爱读书、兴趣爱好广泛、个性特长发展势头足，在各级各类竞赛中均获得优异成绩，其中在广州举行的中国（广州）少儿啦啦操精英赛中，佛山市禅城区南庄镇中心小学代表队获两项冠军、一项亚军，并获代表中国参加国际啦啦操赛事的资格。佛山市禅城区南庄镇中心小学60多名学生参演的红色戏剧《向光前行》获得省教育厅、团省委、省少工委等单位联合举办的“百剧庆百年”活动一等奖，并在广东广播电视台少儿频道播出，掀起全省少先队员们学习党史的热潮。

赓续红色基因，陶塑百年党史

——以陶艺传统文化承载百年党史学习教育

佛山市禅城区石湾第一小学　周贵荣　保安璞　陈月霞

为庆祝中国共产党建党100周年，弘扬和传承红色基因，佛山市禅城区石湾第一小学在学校党支部带领下，结合“陶美教育”办学特色，组织全校师生积极开展党史学习系列教育，以“传承红色基因·陶塑百年党史”为主题，以项目式学习为方法，引导学生深入开展跨学科学习。学生围绕百年党史的重大事件、代表人物、红色故事、关键地点等进行构思，用百块陶板创作，展现出100年来中国共产党的奋斗历程和伟大成就，党的百年光辉历程以独特的中华陶艺文化形式呈现在师生眼前，让学生从党的成就和历史经验中汲取砥砺前行的力量，坚定信念，感党恩，听党话，跟党走。

一、背景情况

佛山市禅城区石湾第一小学是第一批全国中小学中华优秀文化艺术传承学校、广东省陶艺特色教学与创作实验基地，开展陶艺特色教学迄今已有22年，师生人人爱陶艺，个个懂陶技，学校坚持“以陶育德，以陶立人”，陶美教育办学特色鲜明。

为深入贯彻落实习近平总书记在党史学习教育动员大会上提出的“抓好青少年学习教育，着力讲好党的故事、革命故事、英雄故事，厚植爱党、爱国、爱社会主义的情感，让红色基因、革命薪火代代传承”的重要指示精神，学校结合陶艺特色，策划、组织和开展系列教育，把党史学习融入陶艺创作中，让孩子们深刻认识党的百年辉煌历史。

学校围绕学生核心素养培养要求，以活动化、体验式的项目学习推进党史学习教育，综合历史、美术、语文、信息技术、综合实践、工程技术、数学等各学科，引导学生开展跨学科的学习。学生经历了学习党史、图绘党史、陶塑党史和展示交流几个阶段的学习，深入认识了中国共产党100年来的光辉历程，并用陶艺这种特有的中国传统文化表现手法抒发了热爱党、热爱祖国的深情厚谊。全校性的展示交流活动，把学生制作的百块党史陶板作品公开展览，师生通过看陶展、学党史，进一步深化了党史学习。此外，学校还利用微信公众号进行作品展播，实现了多渠道的党史学习教育。

二、主要做法

（一）全员学习，提炼党史故事文案

2021 年 3 月，学校党支部向全校师生提出学习党史倡议，组织师生收集并提炼 1921—2021 年间中国共产党领导中国人民开天辟地、励精图治创造时代奇迹的重要事件文案和相关图片。在教师的带领下，学生走进图书馆，通过阅读红色书籍学习党史，提炼出建党百年的精彩红色故事、英雄人物、重大成就等。

（二）图绘党史，再现百年党史故事

2021 年 4 月，学校发动全体学生根据提炼出的党史故事，积极开展绘画创作。为保证每一年都有党史故事创作，学校按年级分工负责 1921—2021 年各年的作品创作，美术老师利用美术课精心指导，收集并选出各年级 20 幅优秀作品，指导学生通过画笔设计手绘草图再现党史故事。

（三）陶塑党史，创作百年党史故事

在美术老师的指导下，学生以中华优秀传统文化陶艺为表现手法，结合书法、剪纸、油画等技艺，通过在陶板上捏塑、贴塑、雕刻、彩釉绘制、上釉等，将党史故事表现出来，用百块陶板讲述中国共产党百年波澜壮阔历史。

学校为学生准备了两种 30 厘米 ×30 厘米的陶板：一种是通过 800℃烧制过的泥板，不易烂，适合直接上釉绘画；另一种是钢压制的泥板，适合在泥板上雕刻、贴花等。学生根据创作意图选择。百块陶板创作好后，在学校的电炉窑烧制，出现失败及时补救（见图 2－36）。

图 2－36　学生陶塑党史

（四）搭建交流平台，展示百年党史陶塑作品

1. 百年党史陶塑作品实物展。2021 年 6 月 29 日，学校党支部通过审核，选出百块陶板作品，并在校园展出。每件作品均设标签，参观者可以通过标签的创作说明认识每块陶板讲述的党史故事（见图 2－37）。小作者还在展示现场为参观者详细介绍党史故事和自己的制作心得。百年党史陶塑作品，从 1921—2021 年，有序排列展示在学校花圃前，犹如一条红色巨龙呈现在校园中。历史是最好的教科书，每一个陶艺作品就是一个生动的党史故事，每一个故事都会让孩子们的思想受到一次深刻教育（见图 2－38）。

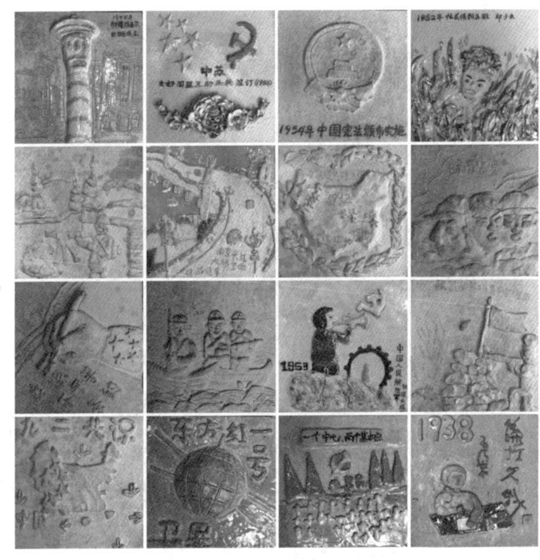

图 2－37　烧制后的党史陶板

图 2－38　展示交流

2. 百年党史陶塑作品网展。学校把百年党史陶塑作品按 20 件一组做成专辑，分为五期，利用微信公众号、网页等，图文并茂地在网上展播，为学生提供了多次学习的机会，实现了多渠道的党史学习教育。

3. 出版百年党史陶塑作品集。学校划拨资金，将学生的百年党史陶塑作品制作成作品集《看陶板，学党史》，将学习成果进一步物化，形成档案资料。

三、取得成效

在陶塑百年党史的过程中，学生综合各学科知识的学习，经历了丰富的学习活动，对中国共产党百年风雨历程有了较为清晰的认识和比较深刻的感悟，项目学习成果《培植红色基因·陶塑百年党史》获得佛山市一等奖。学生欧阳梓裴说："在作品创作的过程中，我们认真学习了党史，了解了不少英雄事迹，认识了党的光辉历程，感受到中国的伟大，坚定听党话、跟党走的决心和信心。制陶过程中，我们学会了很多石湾陶艺的技法，这次学党史做陶活动，让我受益匪浅。"

在《珠江青少年》杂志记者的采访中，校长陈月霞这样说："之所以选择陶板制作献礼建党百年，是因为希望用看得见、摸得着的方式，让党的光辉深刻地印在孩子们的心里。该活动从今年三月开始，延续学校特色，结合乡土文化，提升教育品位，做到让陶艺与中国各种优秀传统文化艺术形式相结合，从而让传统文化绽放新活力，让学生更深刻体会到党和国家的光辉。"

学校开展的陶塑百年党史系列教育，引起了当地多家媒体的关注，《珠江青少年》杂志、佛山市东方印象艺术馆、张槎当代艺术馆等媒体纷纷报道转载，产生了较好的社会反响。

"小小红船，百年征程"党史进课堂

——佛山一小党史学习教育活动案例

佛山市第一小学 陈嘉棋

历史是最好的教科书，也是一面镜子。我们党的一百年，是矢志践行初心使命的一百年，是筚路蓝缕奠基立业的一百年，是创造辉煌开辟未来的一百年。我们把中国共产党党史、爱国主义情怀等内容融入课堂教学，引导党员、教师、学生坚定不移追寻党的百年光辉历程，形成党史学习教育入耳、入脑、入心的良好氛围。勉励同学们学好历史、学好党史、传承好红色基因，赓续红色血脉，弘扬伟大建党精神，以实际行动践行"请党放心，强国有我"的铮铮誓言。

一、背景情况

为隆重纪念党的百年华诞，深情回顾党的奋斗历史，热情讴歌党的光辉业绩，进一步激发学生的爱党爱国热情，切实增强学生的历史责任感和使命感，学校举办了以“小小红船，百年征程”为主题的党史教育进课堂系列活动。

小学生对党的概念十分模糊，他们知道爱党敬党，但却不知其原因；他们要发挥优良的革命传统，却不知何谓红色精神；他们对烈士英雄敬仰，却不知从何了解波澜壮阔的革命历史。所以，将党史学习教育鲜活地贯穿于课堂，增进孩子们对中国共产党党史的了解，学习中国共产党的百年光辉历程是十分迫切且意义非凡的。

党史进课堂不仅仅拘泥于思政课堂，要形式多样，要让学生真真实实地参与在其中，而不是局限于听老师讲。所以我们采取了“党的知识知多少”抢答比赛来激发学生自主学习党史知识，深入了解我们的党。此外，还进行了学生讲述百年党史故事、讲述身边的党员故事等活动，让学生感受党员先锋模范作用，体会红色精神。通过学习感知后，再以“亲爱的党，我想对您说”活动，让学生充分表达对党的敬佩与拥护之情。

二、主要做法

（一）“小小红船，百年征程”思政课堂

在课堂上，教师以红船为引，带领学生走近中国共产党，通过音频、视频等内容回顾了中国共产党的光辉历程，给孩子们介绍中国共产党成立的背景，用一条时间轴贯穿整个课堂，把百年党史浓缩成几个重要的部分，更直观了解这波澜壮阔的一百年，从中体会“红船精神”的含义。在学习中，学生感知党的伟大形象，感受党员模范形象，并结合学生实际，引导学生谈感受，鼓励学生爱党爱国要从自己做起，从小事做起，满怀信心与动力为党献礼（见图2－39）。

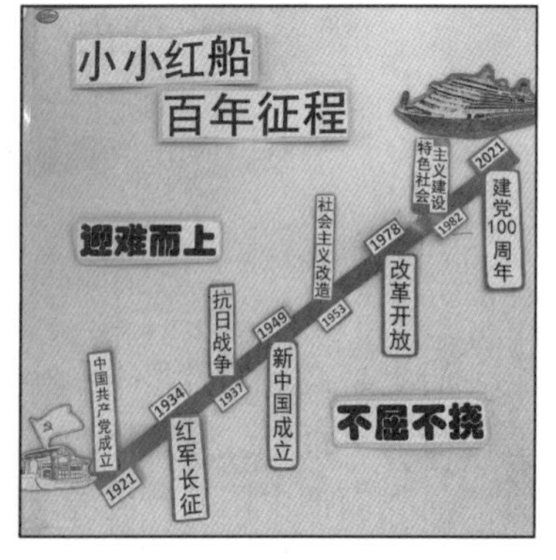

图2－39　百年时间轴

（二）“党的知识知多少”知识竞赛

从课堂开展到“党的知识知多少”的抢答比赛，孩子们的小手一个举得比一个高，争先恐后地想要回答问题，想要展示自己对伟大中华民族抗战历史和建党历程的了解。通过小小的抢答比赛，激发了孩子们学习党史的热情。在回答问题时，孩子们在言语中流露出的满是对中国共产党的信仰，对烈士英雄的敬仰，对国家繁荣昌盛的景仰。

（三）讲述百年党史故事

虽然长征的历史已经有些遥远了，但学生用“飞夺泸定桥”的故事让同学们更形象地了解在那段艰苦岁月中发生的史实。孩子们睁大眼睛，听得津津有味。通过讲故事的同学对红军长征故事的主人公精神的讲解，孩子们对长征的起因和过程有了初步的了解。中国共产党在建立之初也曾遭遇过各种艰难困苦，今天通过同学们的讲述又让孩子们了解了红军的故事。我们的革命先辈身上那种不怕艰难困苦、勇于合作、敢于牺牲的精神永远值得我们学习（见图2－40）。

图2－40　学生讲述党史故事

（四）“亲爱的党，我想对您说”活动

一系列的学习和活动之后，孩子们了解了中国共产党走过的峥嵘岁月，一起回顾了波澜壮阔的革命历史，我们牢记苦难与辉煌，传承红色基因，更加激励学生发挥优良的革命传统，让红色精神从课堂直抵“心间”，不忘初心，继续前进。通过学习感知后，再以“亲爱的党，我想对您说”活动，让学生充分表达对党的敬佩与拥护之情（见图2－41）。

图2－41　学生赞美党的画面

三、取得成效

党史教育进课堂，红色基因润童心。通过这次活动，同学们不仅加深了对党的热爱，自觉向党组织靠拢的愿望也变得更强烈，更坚定了听党话、跟党走的决心，自身的道德品质和情操更是得到了进一步的提升。

通过一段段红色党史、一个个红色故事，让同学们对中国共产党党史有了更加深刻的理解和认识，增强了同学们的历史责任感和使命感。学校还将持续开展“党史进课堂”活动，继续将党史学习教育融入课堂，融入学校思政大课堂和德育教育全过程，旨在引导学生学史明理、学史增信、学史崇德、学史力行。

本次“小小红船，百年征程”党史进课堂活动的开展有助于在校园营造学习党史、宣传党史的浓厚氛围，将爱国主义情怀深深地根植在师生的内心，不断增强师生的爱国主义意识，激发爱国主义热情，自觉把爱国精神转化为实际行动为祖国的发展贡献自己的青春力量！

孩子们缅怀红色历史，追忆峥嵘岁月，在可歌可泣的英雄故事中，用赤诚的心去缅怀革命先驱不朽的足迹，用仰慕的情怀感受历史蕴含的感动，让理想在奋斗中绽放绚丽之花。

党史进校园

——佛山九小党史学习教育活动案例

佛山市第九小学　梁巧顺　郭志坚　何玉霞

一、背景情况

根据习近平总书记在党史学习教育动员大会上的重要讲话精神和中共中央《关于在全党开展党史学习教育的通知》，佛山市第九小学党总支部结合学校实际，通过学科融合，把党史学习融入学校日常课程和学科德育，贯彻落实党史学习教育全面铺开，教育引导全体师生深刻铭记党走过的光辉历程、付出的巨大牺牲、展现的巨大勇气、彰显的巨大力量，深刻认识中国共产党的领导、中国特色社会主义道路是历史的选择、人民的选择，不断增强继往开来、走好新时代长征路的自觉性、坚定性。

二、主要做法

（一）坚定理想信念，规范引领发展

什么样的特色都应以规范为前提与标准，佛山市第九小学党总支部党建工作最大的亮点就是规范实施，结合实际，形式多样，内容丰富，效果显著。以习近平总书记的系列讲话精神为指引，“坚守初心，担当使命”，“学党史、感党恩、跟党走”成为佛山市第九小学党总支部党建工作的主旋律。

认真落实“三会一课”“第一议题”“主题党日”等制度，以“不忘初心，牢记使命”和“党史学习教育”为主题，抓好学习教育“三结合”。

坚持全体党员与群众教师同上党课，促使全体教师以规范的师德师风担当育人使命，以不同的主题学习鼓励教师在党的指导下，不断提升自我，齐心协力推动教育的高质量发展。坚持做好学习分享，无论是集体学习、自主学习、线上学习等均组织党员教师分享感悟与心得，加深对学习的理解与认识，不断提升理论内涵。

（二）坚持立德树人，传承红色基因

1. 注重学科融合，把党史学习融入学校日常课程和学科德育。每学期开学的第一天，由书记给全校师生上思政第一课，把牢育人方向；道德与法治课上、语文课上师生同听党史、学党史、讲党史；利用红领巾广播、学校微信公众号的“童声鸣翠”专栏，讲党的故事、唱红歌、回顾红色经典等。

2. 重视党建引领，促进少先队建设。结合学校实际，分别以少先队组织和级部为单位开展“童心向党”教育实践系列活动，传承红色基因。通过“三大类九个系列”立本德育课程，涵养学生“正身、正心、正行、正德、正人”思想之本。

结合学校实际，各年级开展异彩纷呈的“童心向党”教育实践系列活动，把党史教育学习与弘扬爱国精神融入一体，让全体师生受到党史教育与道德洗礼。一年级开展“红领巾心向党”新队员入队仪式。二年级观看红色影片《小兵张嘎》，并录制观后感言；学校又组织学生收看了“学铁军　做铁军　建铁军”——禅城区“五个百场”党史专题宣讲活动。四到六年级学生同上题为“学党史、感党恩、跟党走”党史学习教育课。各班通过主题班会的形式开展党史学习，通过学习感言、手抄报、微感言等形式抒发爱国情怀，实现党史学习教育全面铺开。

3. 注重读唱结合，在艺术熏陶中接受党史教育。除了日常教学，佛山市第九小学还利用诵读、歌唱等不同方式，在艺术熏陶中让老师和学生接受党史教育的深刻洗礼。2021 年 5 月 24 日，佛山市第九小学在禅城区教育局的组织下，全校师生参与开展“永远跟党走”——禅城区百所学校十万师生同诵红色经典活动。诵读毛泽东诗词《沁园春·雪》，重温经典，感受诗词魅力。满怀激情地合唱《没有共产党就没有新中国》为中国共产党成立 100 周年献上诚挚的祝福。2021 年 6 月 28 日全校开展“童心向党·同唱一首歌”活动，让红歌照亮童心。语文科组，开展“童心向党·童谣我创”，学生们围绕爱党爱国的主题，语言精练、富有童趣创作童谣，积极向上，朗朗上口。2021 年 6 月 30 日，开展了“重温誓词强信念，唱响红歌忆初心”主题党日活动，高声诵读入党誓词，高声齐唱《我宣誓》，高声呐喊“我宣誓”，用神圣、庄严的誓词和激昂、坚定的歌声唱响了共产党员的永恒“初心”。

4. 注重挖掘各类红色教育资源。佛山市第九小学开展“网上祭英烈”活动，利用国旗下讲话、班队会进行节日、安全教育和活动动员，组织学生登录文明网，选择寄语献花、了解南粤英烈红色家风故事。通过浏览“红色家风永传承”栏目，了解认识彭湃、谭天度、阮啸仙、谭植棠等广东先烈革命代表红色家风故事，明白身处和平年代，应当向立下不朽丰碑的南粤英烈致敬，向他们学习。学校少先队大队组织三年级全体师生开展“我们的节日·清明”祭英烈主题教育活动，党员代表及队员们前往佛山市党史学习教育参观学习点之一的吴勤烈士陵园重温红色记忆。全体党员同志前往紫南村党史学习基地，开展“走进紫南村，学习现代‘好人精神’”主题党日活动。参观“百年正是风华”主题档案文献展。引领全体党员以“学党史”为指导，以“办实事”为目标，让党徽在教育事业上熠熠生辉。

三、取得成效

学校以党建引领全面工作，结合工作实际，把党史学习教育作为当前和今后一个时期的重大政治任务，高标准高质量推进落实，以良好精神状态和工作业绩庆祝建党 100 周年。通过规范统筹、科学实施，推动党史学习教育全面铺开，多点发力推动党史学习教育入心入脑，带领全体党员教师，及青少年深刻认识中国共产党为国家和民族做出的伟大贡献。帮助青少年学习党的历史，立志在党的关怀下与祖国共成长、做小小追梦人，从小听党话，永远跟党走（见图 2－42 至图 2－45）。

图 2－42　党史宣讲进校园，革命薪火永相传——佛山市第九小学党总支部举行禅城区教育系统党史进校园活动

图 2－43　佛山市第九小学党总支部"重温誓词强信念　唱响红歌忆初心"主题党日活动

图 2－44　爱心服务，志愿启航——佛山第九小学开展志愿者日活动

图 2－45　童心向党·同唱一首歌——佛山市第九小学举行"红歌照亮童心"传唱活动

一年来，佛山市第九小学党总支部砥砺初心担使命，守正创新促发展。以德为先，以生为本，党史学习立心铸魂，明理增能践行初心。学校党总支部获"佛山市禅城区教育系统先进基层党组织"称号，更多的先进教师向党组织靠拢，一名同志通过入党积极分子的审核，三名教师向组织递交了入党申请书，并已得到党总支部委员会审核通过。

广覆盖多形式全过程，高扬党团队三旗传递

——佛山三中党史学习教育活动案例

佛山市第三中学初中部　王屹　张玉杏　刘海萍

一、背景情况

2021 年 2 月 20 日，党史学习教育动员大会在北京召开，习近平总书记出席会议并发表重要讲话，对党史学习教育进行了全面动员和部署。

为深入学习贯彻习近平总书记在党史学习教育动员大会上的重要讲话精神，学校党委立足校情，决定贯穿全年在全校开展多形式的党史学习教育，在全校师生开展“全年龄段”党史教育全覆盖，力争做到月月有主题、季季有亮点。

二、主要做法

（一）以党建为统领，以党建促校建

2021 年 3 月 25 日下午，佛山市第三中学（以下简称“佛山三中”）初中部党委召开党史教育专题学习会议，学校党委专职副书记张玉杏同志带领全体党员开展专题学习，拉开了党史学习教育的序幕。随后，学校各支部、团委、少先队迅速行动起来，并制定了相应的行动方案。

（二）广覆盖、多形式、全过程，扎实推进党史学习教育

1. 广覆盖，党、团、队三旗传递。佛山三中初中部现有教学班 43 个，在校师生 1 991 余人，下属四个党支部，党员 126 人（在职党员 85 人、退休党员 41 人），共青团员 103 人，少先队员 1 293 人。学校深入开展“全年龄段”（包括在退休党员、青年党员、团学少等）党史教育，尤其在“党—团—队”三旗传递中特色鲜明。

2. 多形式，创新宣教渠道。近一年来，在学校党委统筹下，以“理论学习 + 研学实践”形式开展党史学习教育，包括“光荣在党 50 年——老党

员生命故事诉说”寻访活动、“百年征程波澜阔，十丈红棉别样红”佛山三中初中部庆祝中国共产党成立100周年主题活动、“颂百年党恩，展青春风采”班歌大赛、“学党史，明大义”党史知识竞赛、“百年华诞，追星有我”演讲比赛、“建党百年，追忆英烈”祭扫陈铁军烈士陵园、“学百年党史，传百年薪火”党史教育校长思政课开讲、“听党话，跟党走”同听一场美育云端音乐会等活动。

图2－46　“建党百年　追忆英烈”主题研学活动——祭扫陈铁军烈士陵园

经过一年的扎实推进，学校采取的党史学习教育形式有宣讲会、仪式教育、研学活动、寻访活动、班团队会、演讲比赛、班歌大赛、音乐会、党史知识竞赛、手抄报、参观档案馆等多种形式，通过创新宣教形式，大大激发全校师生的学习热情（见图2－46至图2－48）。

图2－47　“光荣在党50年——老党员生命故事诉说”寻访活动

图2－48　百年征程波澜阔，十丈红棉别样红——主题教育活动

3. 全过程，月月主题季季亮点。此次党史学习教育从2021年3月起，贯穿全年，做到了月月有主题、季季有亮点见下表。

日期	组织生活主题	组织生活形式
2021.3	领会党史教育精神，办好新时代教育——党史教育专题学习会议	主题宣讲会
2021.4	建党百年　追忆英烈——祭扫陈铁军烈士陵园	红色研学
2021.4	百校同上党史课，学子知史更爱党	主题宣讲会

续上表

日期	组织生活主题	组织生活形式
2021.5	“颂百年党恩，展青春风采——唱支心歌给党听”班歌大赛	班歌大赛
2021.5	党心向人民，国士留青史——缅怀吴孟超院士和袁隆平院士	主题团主队会
2021.5	百年辉煌，青春向党——入团宣誓仪式	仪式教育
2021.5	“听党话，跟党走”——青少年美育云端课堂	音乐会
2021.6	“童心向党，党的光辉照我心”——六一主题活动	主题队会
2021.6	“童心向党，党的光辉照我心”手抄报大赛揭晓	手抄报比赛
2021.6	学百年党史，传百年薪火——党史教育校长思政课开讲!	主题宣讲会
2021.7	百年征程波澜阔，十丈红棉别样红——庆祝中国共产党成立100周年主题教育	主题党日
2021.7	“请党放心　强国有我”——“七一”主题团日活动	主题团日
2021.7	“致敬1921——百年华诞，追星有我”演讲比赛	演讲比赛
2021.8	宣传公众号	主题学习
2021.9	赓续百年初心，担当育人使命——庆祝教师节系列活动	师德宣誓
2021.9	学校刘海萍老师应邀到禅城区启智学校做党史专题宣讲	主题宣讲
2021.10	“论中国共产党的军队战斗力”——党史学习教育专题宣讲	主题宣讲
2021.10	“童心向党”国庆系列教育实践活动	研学实践
2021.11	歌唱铁军，缅怀先烈	主题班会

三、取得成效

（一）坚定党性修为，牢记初心使命

一部峥嵘党史，记录着光辉理论和宝贵经验，也见证了信仰之美。通过历史的回眸，全校师生完成了一次思想的点名、精神的整队。

2021年7月，佛山三中初中部连续七年获“禅城区教育系统先进基层党组织”荣誉称号；专职副书记张玉杏同志荣获“禅城区优秀党务工作者”

称号，刘海萍同志荣获“禅城区优秀共产党员”称号；伍杰豪等12位同志荣获“禅城区教育系统优秀共产党员”称号。

（二）校本课程新开发，打造沉浸式红色校园

这是一次成功的尝试，通过充分发挥思政课、历史课、语文课等学科主渠道的作用，将党史知识融入学科教学中，打造了沉浸式党史学习教育的校园红色文化环境，开展贴近学生的党史学习教育活动，引导广大学生筑牢信仰之基，传承红色基因，回首百年奋斗史，走好时代长征路。

（三）引进来与走出去相结合，扩大辐射引领作用

学校以禅城区党史宣讲团为依托，邀请了专家学者到校为师生讲党史课，与此同时加强对外交流，先后派出伦礼蓉老师、刘海萍老师赴佛山市第六中学、禅城区启智学校、石湾街道和平社区和红卫社区等送课并分享学校党史学习教育经验，获得一致好评（见图2－49）。

图2－49　禅城区“五个百场”党史专题宣讲启动进校园仪式现场

截至目前，学校党史学习教育报道登上学习强国1次、南方Plus网1次，中国文明网1次，学校公众号18次。

织密“四张网”，赓续红色基因

——高明一中附小党史学习教育活动案例

佛山市高明区第一中学附属小学　刘美珍

2021年是中国共产党成立100周年，也是“十四五”开局之年。佛山市高明区第一中学附属小学（以下简称“一中附小”）坚持以习近平新时代中国特色社会主义思想为指导，认真学习贯彻习近平总书记重要讲话精神，全面贯彻党的教育方针，落实立德树人根本任务，开展党史进校园系列活

动，通过织密宣教网、研学网、特色网、服务网，把铸魂育人和立德树人融合起来，教育引导学生讲好红色故事、传承红色基因、弘扬红色精神，让党史学习教育“活”起来，推动党史学习教育走深走实走心。

一、背景情况

青少年是祖国的希望、民族的未来，青少年也是人生观、世界观、价值观形成的关键时期。欲知大道，必先为史。在青少年群体中扎扎实实地开展党史学习教育，不仅是落实党中央在全党开展党史学习教育工作部署的重要内容，也是新时代学校教育的重要政治任务，更是推动青少年健康成长，培养我国社会主义事业建设者和可靠接班人的迫切要求。

一中附小把青少年的党史学习教育作为一个长期的政治任务来抓，结合青少年年龄特点，围绕重点“学什么”和关键“怎么学”，通过织密“四张网”，着力讲好党的故事、革命的故事、英雄的故事，讲好红色故事、传承红色基因、弘扬红色精神，引导广大青少年系好人生第一粒扣子，做到知史爱党、知史爱国。

二、主要做法

（一）织密“宣教网”，传承红色基因

习近平总书记强调，“历史是最好的教科书”，学习党史是一门必修课，而且必须修好。学校推动党史学习教育中，织密“宣教网”，打造“3333”模式，突出“活”字。

一是发挥思政课，铸魂育人。充分发挥思政课程的魅力，把思政课作为青少年党史学习教育的主阵地，强化“四史”教育，把习近平总书记关于党史的重要论述贯穿融入其中。通过打造“3333”模式，开展党史学习教育“三专三进三讲三课堂”系列活动，即通过专题培训、专题研究、专题宣讲推动党史学习教育进校园、进万家、进社区，邀请专家讲、党员干部讲、学生讲，打造红色课堂、青锋课堂、鲁班课堂，讲好红色故事、传承红色基因、弘扬红色精神（见图2－50）。

图2－50　一中附小微党课拍摄现场，荣获高明区首届“十佳党课”

二是用好文化阵地，筑牢精神堡垒。围绕重点“学什么”，通过主题班会、升旗仪式、红领巾讲播站、党建文化长廊等形式，结合学校的“五礼五节”等进行“典礼育人”，组织师生共上“党史大课”，讲好党的故事、革命的故事、英雄的故事，重温红色记忆，致敬革命英雄，讴歌党的不朽功绩，献礼党的百年华诞。引领学生了解党的发展历史，感悟党的初心使命，增进爱党敬党之情，培养学生从小爱党史、永远跟党走。

（二）织密“研学网”，传习红色精神

“一个有希望的民族，不能没有英雄。”2021 年是中国共产党成立 100 周年，每一段红色的记忆都是不朽的丰碑。学校党支部不断探索研学行走课程，突出“乐”，让学生走出校园，在研学行走中收获不一样的生活体验，学习先辈革命精神，坚定信念，筑梦未来，做到真正的知行合一。依托就近红色资源，通过瞻仰革命遗址、参观党史主题展览等方式，开展“赓续百年初心，担当育人使命”“追寻红色足迹，践行初心使命”“缅怀革命先烈，传承红色基因”“童心向党——党的光辉照我心”“童心向党，开往小洞红色摇篮的第一趟专列——红色专列研学活动”等红色研学活动，推进党史学习教育进校园、进课堂、进头脑，引导学生追忆党的光辉历程，弘扬党的光荣传统（见图 2 –51）。

图 2 –51　一中附小师生参加红色研学活动

（三）织密“特色网”，传颂红色故事

党史是最好的教科书和营养剂。一中附小党支部以开展党史学习教育为契机，聚焦目标任务，充分发挥学校党建特色载体、教育教学特色、音乐教研基地等优势，开展“学百年党史、做时代新人”主题教育系列活动，活动突出“新”。开展了纪念中国共产党成立 100 周年文艺活动——“童心向党”系列活动：“童心向党，致敬百年”“请党放心，强国有我”“童心向党，艺彩飞扬”“‘艺’童唱响，歌颂百年”“百年党史，红色高明——千名青少年红色诗词现场书法大赛”“童心向党——争做红色文物守护人”等活动，通过创设各种舞台、文艺活动的形式，多角度、多维度、全方位引导学生知党史、学党史、感党恩，激发学生爱党爱国情怀，传承红色基因，赓续精神血脉，塑造时代新人（见图 2 –52）。

图 2－52　一中附小全体师生、家长参加合唱比赛

（四）织密“服务网”，弘扬红色传统

教师是学生成长路上的引路人。一中附小党支部把“我为群众办实事”实践活动作为党史学习教育重要内容，聚焦群众“急难愁盼”问题，突出“实”。坚持问题导向，聚焦问题短板，采取座谈交流、个别访谈等方式开展调研，开展“大走访”“大排查”，及时梳理出 13 个重点项目清单，如提升教育教学环境、运动场改造提升、创建劳动教育基地、“双减”工作、“五项管理”、校内课后托管服务等实事工程。

三、主要成效

党史学习教育不停步，铸魂育人不断档。学习百年历史，汲取奋进力量，落实立德树人根本任务，发扬红色传统，传承红色基因，培养社会主义的建设者和接班人，努力办人民满意的教育。

1. 庆祝建党 100 周年“微党课”：“坚守立德树人，潜心阳光育人”荣获高明区首届“十佳党课”。

2. 刘明创作的《百年》和邝新婷的沙画作品被推送到“学习强国”等平台推广。

3. 学校党支部被评为高明区先进基层党支部。

4. 学校被评为“高明区小学教学质量优质学校”。

5. 学校被评为高明区“十佳先进宣传单位”。

6. 有 13 个项目、事迹、经验做法被省、市、区相关媒体推广。

7. 学校党史学习教育做法、党建文化长廊、台账整理等方面在高明区教育系统 2021 年党建工作暨党史学习教育现场交流培训会进行分享推广。

立足社会大课堂，讲好思政课小课堂

——沧江中学党史学习教育活动案例

佛山市高明区沧江中学　廖醒菊　严程江　陈慧仙　杨恒芳

“坚持改革开放”是《富强与创新》（部编版）第一单元第一课“踏上强国之路”的第一个框题，主要从中国时代变迁的角度，讲述中国共产党团结带领中国人民进行改革开放，中华民族迎来了从站起来、富起来到强起来的历史性飞跃，帮助学生回顾改革开放以来的历史，理解改革开放是党领导带领人民进行的新的伟大革命。在本课教学中，教师立足社会大课堂，与学生现实的生活感受联系在一起，开发丰富多彩的表现性活动，让学生在动手动脑的过程中激发兴趣、生成知识，让学生真切感受到改革开放是决定中国命运的关键抉择。

一、背景情况

2019 年 3 月 18 日，习近平总书记在北京主持召开学校思想政治理论课教师座谈会并发表重要讲话指出：“推动思想政治理论课改革创新……要坚持理论性和实践性相统一，用科学理论培养人，重视思政课的实践性，把思政小课堂同社会大课堂结合起来，教育引导学生立鸿鹄志，做奋斗者。”“讲好思政课，社会现实永远是最好的教材。”思政课教师一定要善于挖掘学生生活素材、地方文化资源尤其是红色教育资源，合理安排实践教学主题，让学生在身临其境、润物无声中接受教育。

虽然九年级学生以前学习过改革开放的历史进程，但对于改革开放给自己的生活所带来的变化认识并不十分清楚。大多数学生很少会自觉地将今天的生活放到历史中去观察、比较，因而会不自觉地认为生活本该如此，中国本该强大，改革是必然的。

基于此，在本课教学中创设了“一张老照片的故事、一个乡村的变迁、一座城市的发展、一个大国的崛起”主题情境，提出了“中国为什么能”的议题，围绕议题和情境设计了相关联的四个任务性活动，旨在让学生在实践中感受改革开放以来自己家庭生活的变化、家乡的变化、国家的变化，回顾改革开放的伟大历程，认同改革开放是决定当代中国命运的关键抉择。

二、主要做法

（一）编制学案导学

教师编制导学案，指导学生自主梳理本节课所学的知识，从理论的层面对改革开放的历史有一定的了解和认知。

（二）设置项目学习任务

1. 任务一：收集一张自己家庭20世纪70—80年代的老照片，了解它背后的故事；结合我们生活的变化，与故事相比，探寻改革开放以来发生了哪些巨大变化？

意图说明：通过有意义的故事分享，让学生切身感受改革开放给老百姓生活方方面面带来的巨大变化（见图2－53）。

2. 任务二：以小组为单位，走访小洞村、明阳村或者新安村，探寻这些村的革命故事，并以人物采访、摄影作品等方式记录改革开放以来这些乡村的发展变化。结合所学知识，探究乡村为什么会发生如此巨大的变化。

意图说明：小洞村、明阳村、新安村是抗日游击根据地、革命老区村，是本土革命斗争重要活动场所之一，也是革命老区乡村振兴项目中发展变化最大的“网红村”，通过实地调查，充分挖掘地方红色教育资源，让学生了解家乡的革命史，亲身感受改革开放带给革命老区的巨大变化（见图2－54）。

图2－53　学生展示分享老照片的故事

图2－54　学生展示分享革命老区的变化

3. 任务三：以小组为单位收集资料，概括深圳在改革开放中的历程及相应措施，结合深圳案例探究改革开放促发展的原因。

意图说明：学生对改革开放为什么能促发展缺乏理性的认识，通过资料收集了解改革开放历程的相关历史，以透彻的学理分析回应学生所关切的现实问题，着力增强教学内容的理论阐释力和现实说服力（见图2－55）。

4. 任务四：以小组为单位，收集改革开放以来国家经济、科技、教育、文化等各项事业蓬勃发展的资料。结合所学知识探究“中国为什么能?”

图2－55 学生展示分享深圳改革开放的历程

意图说明：通过收集资料，让学生全方位了解改革开放以来我国各方面取得的成就，从而培养学生收集信息的能力，感受改革开放带给国家的巨大变化；通过探究“中国为什么能”的议题，增强学生对坚定党的领导、坚持改革开放的政治认同。

（三）小组合作完成项目学习任务

将学生分成8个学习小组，每个小组6～8人，在教师的指导下完成以上项目学习任务并制作汇报课件。因为项目学习中有实地实践任务，所以教师要争取家长的帮助，充分发挥学校—家庭—社会的协同育人功能。

（四）学习成果班上分享交流

小组代表将学生成果在班上进行展示交流，师生共同探究问题，并得出以下结论。

1. 改革开放极大激发广大人民群众的创造性，极大解放和发展社会生产力，极大增强社会发展活力。

2. 改革开放是强国之路，是决定当代中国命运的关键一招（关键抉择），也是决定实现中华民族伟大复兴的关键一招。

3. 中国共产党领导是中国特色社会主义制度的最大优势。

（五）表决心，落行动

学生代表做“我与祖国共奋进”的主题演讲，师生齐读习近平主席对青少年的寄语，通过主题演讲、朗读，引导学生心怀祖国，增强其历史责任感与使命感，并使之内化于心、外化于行。

三、取得成效

这是一节有深度、有温度、有效度的思政课，加深了学生对改革开放建设成就的认识，增强了历史责任感与使命感，学子们在学习后纷纷表示，在新时代建设的大潮中作为青年的他们要敢担当、善作为。同时，本课例获得佛山市“学党史，悟思想——庆祝建党100周年，全市同上一节思政课活动”市级优课奖励。

青春心向党，争做红色文物守护人

——高明教育局党史学习教育活动案例

佛山市高明区教育局　李春梅　谢善维　岑茵　何少娟

“青春心向党，争做红色文物守护人”主题活动是在庆祝建党百年之际，高明区教育局组织区内中小学开展的党史进校园系列活动之一，活动以“红色文物”为切入口，以小见大，通过鲜活生动的故事让革命历史成为可视、可感、可亲、可爱的人和物，成为推动党史汇入社会实践，加强学生思想引领的有效载体。

一、背景情况

佛山市高明区是广东省著名的革命老区，区内革命文化资源丰富，高明区红色廉政文化教育基地、谭平山故居、粤中纵队纪念馆、高明县立三小旧址、小洞文选楼等一大批红色文化场馆在全省乃至全国都有一定的知名度和影响力，因此在高明区开展红色文化教育有得天独厚的条件。

习近平总书记指出：“革命文物承载党和人民英勇奋斗的光荣历史，记载中国革命的伟大历程和感人事迹，是党和国家的宝贵财富，是弘扬革命传统和革命文化、加强社会主义精神文明建设、激发爱国热情、振奋民族精神的生动教材。”高明区教育局以区内保存的革命文物为切入点，以小见大，对革命文物背后故事进行追溯，并以视频的方式记录下来，让中小学生在线上线下都可以感受革命文物所蕴含的红色力量，激励学生争当红色基因的传承者。

二、主要做法

（一）红色研学我参与

为充分发挥红色研学实践育人的重要作用，高明区教育局印发《佛山市高明区中小学生研学旅行活动开展与课程建设指导意见》，学校结合实际编制了"'三谭'的故乡""我爱高明——乡土地理研学课程"等校本课程，为研学活动的深入开展提供了课程支撑。2021 年 4 月，"青春心向党，争做红色文物守护人"主题活动正式启动，吸引了区内 28 所中小学校的师生前往红色文化场馆开展研学活动（见图 2－56）。师生们认真聆听一段段可歌可泣的革命故事，详细了解一件件革命文物背后的红色记忆，并精心将这些红色文物背后的故事录制成视频。同学们说："这些革命文物、红色故事不仅让我们知道了革命的艰辛，更多的是在提醒我们弘扬先烈精神、继承先烈遗志，为实现中华民族的伟大复兴而奋斗。"

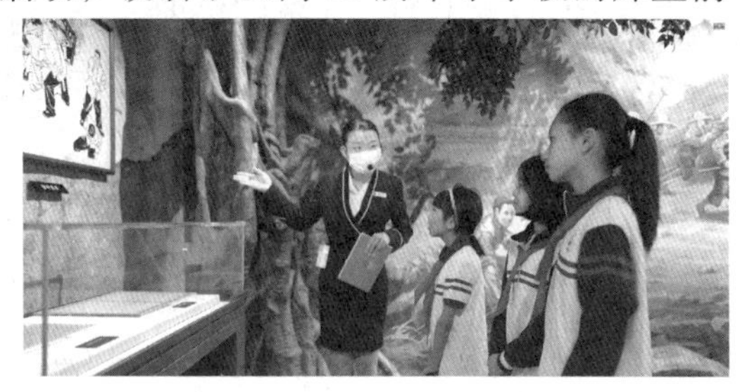

图 2－56 更合镇的学生前往粤中纵队纪念馆研学

（二）红色故事我来讲

红色文化场馆里陈列的一件件文物穿越了厚重的时光，承载着一个个鲜活的故事。一个普通的搪瓷口盅缘何成为"救命恩人"？一支什么样的歌曲激励着革命战士奋勇拼搏？谭平山先生的故居门口为何种满莲花？《广东群报》在什么背景下创刊？在这次"青春心向党，争做红色文物守护人"主题活动中同学们找到了答案，《谭知能的"救命恩人"》《粤中纵队队歌——我们嘅队伍好似一条龙》《谭平山先生的中山装》《广东群报》等一件件革命文物因师生们的讲述变得生动鲜活。活动最终收集了师生录制的优秀视频 81 份，作品在网上公布后访问量超 47 万。随着讲述视频的诞生和传播，有更多的高明师生走进了这些革命历史的背后，真切感受到了红色精神的浸润（见图 2－57）。

图 2－57 沧江中学的学生录制视频《谭平山与〈广东群报〉》

（三）红色文物我守护

活动评选出的“十佳文物守护人”成为高明区新时代文明实践“红色润心田”志愿服务队的一员，并接受了区博物馆讲解员的专业培训。“小小文物守护人”经常利用周末、寒暑假前往红色文化场馆开展志愿讲解活动。来自杨和中心小学的邓美婷先后给前来参观的小朋友声情并茂地介绍她所守护的文物——谭平山先生的中山装。她说：每当这个时候心中的自豪感和使命感总是油然而生。同龄的小朋友们也纷纷投去赞叹的目光，“我也要做一名红色文物守护人”（见图2－58）。高明区沧江中学附属小学的王梓骁是本次活动小学组特等奖的获得者，暑假期间他和高明区职业技术学校的大哥哥大姐姐一起代表佛山登上了省级平台，参与广东青少年传承红色基因——志愿宣讲行动，他们走进高明区红色廉政文化教育基地和更合镇小洞村，通过网络直播的方式给青少年讲述发生在高明的革命故事，吸引约34.1万人次线上观看。

图2－58 “红色文物守护人”邓美婷正在给同学们分享红色故事

三、取得成效

（一）党史学习入脑入心

活动充分挖掘了本土红色文化资源的教育价值。以红色文物为切入点，将红色场馆作为党史学习教育的“生动课堂”，通过视频展播、现场讲解等方式，使中小学生不仅善听，还善说善讲，极大调动了学生学习党史的积极性，有效激发了学生知史爱党、知史爱国的情感，充分发挥了革命文物的教育价值，让党史学习教育入耳入脑更入心。同学们说：“和日常课堂学习相比，这种形式更加生动，也让我们对党史的理解更加深刻。”

（二）思政教育鲜活有效

活动是“将思政小课堂和社会大课堂结合起来”的有效方式。用丰富的红色文化资源和先进的教学方法延伸课堂，挖掘尘封时光里的革命故事，寻觅时空里潜藏的育人智慧，充分发挥学生的主体作用，有效地延展了德育的视角，起到教科书和常规课堂不可替代的作用，在润物无声中引导学生坚定不移听党话、跟党走。此外，在少先队中队课、主题班会课等课堂中，活动挖掘整理的鲜活素材也成为教师们增强课程吸引力、感染力的有效法宝。高明实验中学拍摄的微视频《革命之光——油灯》，在2021年广东省校园影视教育资源征集活动中荣获优秀纪录片奖。

（三）红色文化生动传播

活动培养了一批“小小志愿讲解员”，他们正逐渐成长为红色基因的坚定传承者、红色故事的精彩讲述者、红色精神的生动诠释者、红色文化的忠实传播者、红色风尚的有力引领者，无论是校园还是红色文化场馆都有他们的身影，发挥了朋辈效应，扩大了党史学习教育的参与度和受益面，也有效传播了高明区本土的革命文化，产生了广泛且良好的社会影响。

追寻红色足迹，庆祝建党百年

——纪念中学党史学习教育活动案例

佛山市高明区纪念中学 赵庆儒

活动分为三个阶段：第一阶段以学生个人自主学习为主，主要以心得感悟、手抄报的形式呈现；第二阶段以小组学习的形式，以定向越野的形式，在沿线设置问题、活动等红色意义的活动点；第三阶段以总结宣讲的形式，组织团干部开展微党课比赛，并在本支部进行宣讲。

一、背景情况

为了庆祝中国共产党成立100周年，让更多学生了解中国共产党的百年发展历程，尤其是关键节点的重要历史事件；进一步激发广大青年学生热爱中国共产党、热爱中国人民的热情；帮助学生树立远大理想，勇于肩负起民族复兴的伟大责任，故设计此次系列活动。活动形式多样，不拘泥于笔书学习，更将历史故事融入活动中来，以期吸引学生参与。

二、主要做法

（一）“学党史　颂党恩　跟党走”主题讲话心得感悟

学习中国共产党的发展历史和光辉历程，结合 4 月 19 日国旗下讲党史内容，撰写 1 000 字左右的心得体会。

（二）“青春心向党，建功新时代”主题手抄报活动

围绕建党 100 周年，深入学习中国共产党发展的光辉历史，选取中国共产党发展历程的重要历史事件，绘制主题手抄报（见图 2 - 59）。

图 2 - 59　主题手抄报展

（三）“铭记辉煌过程，重温百年历史”红色线路定向越野大赛

初赛以笔试形式，以小组总分排名，选出 8 支代表队参加决赛。初赛知识以考察中国共产党历次党的代表大会、重要战役、重大会议为主。决赛地点在校园，在规定路线内完成打卡任务，按用时长短和完成任务质量综合排名（见图 2 - 60、图 2 - 61）。

图 2 - 60　党史知识竞赛（初赛）

图 2 - 61　红色线路定向越野（学生答题）

（四）团支书讲微党史

学习中国共产党发展历程，选择一个自己感兴趣的故事、一次战役、一次会议等内容，阐述该段党史的目的、意义以及感悟启发。制作授课 PPT，授课时间控制在 5～6 分钟（见图 2－62）。

图 2－62 团支书讲微党史

三、取得成效

活动方案一经发布，就收到了很多学生，尤其是团员的报名。在日常的学习中，学生学习党史的频率和时间明显增多。相比于初赛，决赛时的学生答题质量明显提高。活动结束后，学生对中国共产党的发展历史有了更深入的认识，能够说出重要的历史事件，对历史课本的知识掌握得也更加透彻。

与党同心同德，与人民同向同行

——里水高中为医护送温暖，为学生立榜样

南海区里水高级中学 郭尚贤

一、背景情况

（一）为提升文化自信增强凝聚力

党的十八大以来，以习近平同志为核心的党中央高度重视文化建设，全党全国各族人民文化自信明显增强，全社会凝聚力和向心力极大提升，为新

时代开创党和国家事业新局面提供了坚强思想保证和强大精神力量。习近平总书记指出，“文化自信，是更基础、更广泛、更深厚的自信”。在这一进程中，广大文艺工作者与党同心同德、与人民同向同行，围绕中心、服务大局，真情倾听时代发展的铿锵足音，生动讴歌改革创新的火热实践，特别是围绕一系列党和国家重大活动，围绕抗击新冠肺炎疫情等重大风险挑战，围绕实现人民对美好生活的向往、实现中华民族伟大复兴的中国梦，发挥了聚人心、暖民心、强信心的作用。

（二）传承红色基因，坚持立德树人

充分利用红色资源、讲好红色故事，把红色资源融入主题教育，加强党史、新中国史教育，引导广大师生在接受红色教育中守初心、担使命。教师传承红色基因、弘扬红色文化，成长于红土地、肩负着立德树人重任责无旁贷、义不容辞。作为教育工作者，笔者的思考是，“为师”应该是以生命影响生命，以党史先进人物事迹为榜样。在落实立德树人根本任务时，坚持把红色基因融入人才培养全过程，努力培养担当民族复兴大任的时代新人，为描绘好新时代改革发展新画卷做出新的贡献。

（三）为医护送温暖，为社会传播正能量，为学生立榜样

2020 年新冠肺炎疫情在全国暴发，在党领导、全国人民、医护人员的共同努力下，一幅幅动人场景映入眼帘：场景一，医护人员在烈日下穿着密不透风的防护服，浸湿了衣服，深夜里累了却只能睡在街头；场景二，暴雨中，医护人员和志愿者们合力保护雨棚；场景三，在工作人员、志愿者的指引下，市民顶着烈日，有序地进行核酸检测。这和谐的场景，一幅幅画面让人心潮涌动，让作为艺术教育工作者的郭尚贤久久难以平复：“大家的理解让我想为大家做点事，用我最擅长的方式。”

二、主要做法

首先，“为师”应该是以生命影响生命。作为一名教育工作者，笔者以弘扬中华优秀传统文化、中华美育精神，厚植爱国情怀为己任，以美育人、以文化人，让美育浸润孩子心灵。将审美教育、情操教育、心灵教育，丰富想象力和培养创新意识教育全方位融入教学工作中。对社会真、善、美的认知通过自己最擅长的方式表达出来，传播正能量，传播人与万物、人与人和谐共处的美好作为自己的使命。孩子是纯真与善良的代表，美则是美好的大自然、社会的反映。通过孩子，反映社会现实，往往能触动我们对真、善、

美更敏感、更深刻的感知。

其次，2021 年 6 月的高考与往年不同，学生和老师都必须在校园里做考前封闭。作为一名美术教师，笔者在监考以外的时间，把从疫情在我们身边出现以来令人感动的场景，通过用孩子的角度，以中国传统人物国画的艺术形式进行创作。绘画孩子与医护人员、志愿者、家人的关系，把孩子的一动作、一表情、一些故事画出来，引起大家思考与共鸣。通过画作，表达出佛山这座积淀深厚的城市中涌动出的文明与大爱精神，也向世界传递中国人战胜新冠肺炎疫情的必胜信心。为了感谢医务人员的付出，笔者把画装裱好赠送给了医院，院方表示十分感动：我们是社会大家庭的一分子，社会的真、善、美的弘扬和传播需要大家助力，为社会、为人民献出自己的一份力量（见图 2－63 至图 2－67）。

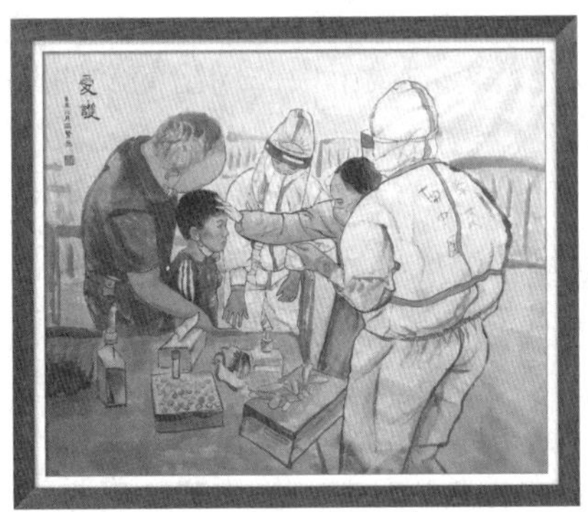

图 2－63 《爱护》（作者：郭尚贤）

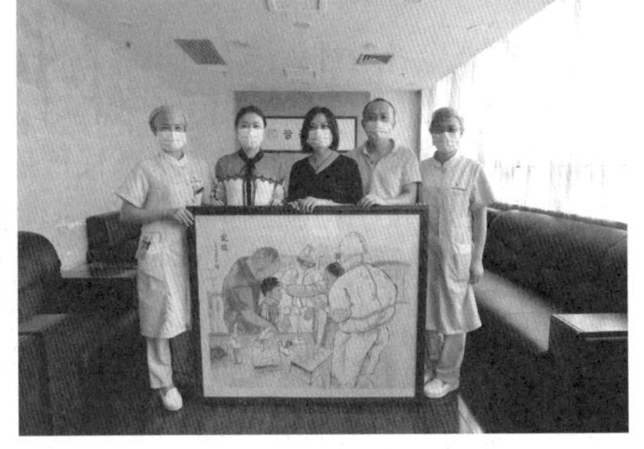

图 2－64 郭尚贤赠予广东省中西医结合医院的国画人物创作《爱护》

图 2－65 《责任》（作者：郭尚贤）

图 2－66 郭尚贤赠予南海区妇幼保健院的国画人物创作《责任》

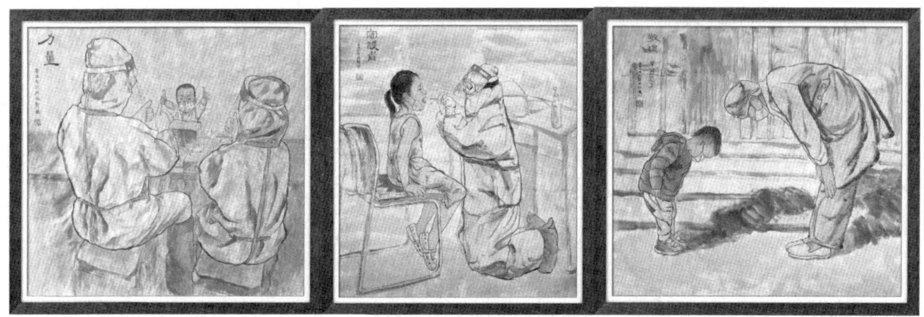

图 2－67　郭尚贤关于新冠肺炎疫情的国画人物创作《力量》《守护者》《敬礼》

三、取得成效

首先，笔者通过创作表达出佛山这座积淀深厚的城市中涌动出的文明与大爱精神，也向世界传递中国人战胜新冠肺炎疫情的必胜信心。

其次，为医护人员助力，为人民传播正能量。南海区妇幼保健院护士杨瑞燕表示："作为医务工作者，我们非常感谢热心市民对我们工作的理解和支持，大规模核酸检测工作开展以来，医护人员责无旁贷，白衣执甲，逆行出征所付出的努力，没有白费。"

最后，受到医院领导的支持。广东省中西医结合医院邓院长亲自接画时表示十分感动："我们是社会大家庭的一分子，社会的真、善、美的弘扬和传播需要大家助力，为社会、为人民献出自己的一份力量。"南海区妇幼保健院设授赠专场，医院领导亲自接画，表示重视与感谢。《珠江时报》报道"佛山＋"点击量达 18 592 次，受到社会、学校、家长学生的认可与支持。

笔者通过绘画送温暖的方式，影响着她的学生，以弘扬中华优秀传统文化、中华美育精神，厚植爱国情怀为己任，以美育人、以文化人，让美育浸润孩子心灵。文学艺术，既要反映人民生产生活的伟大实践，也要反映人民喜怒哀乐的真情实感，从而让人民从身边的人和事中体会到人间真情和真谛，感受到世间大爱和大道，用持久的文艺灵感和创作激情，让自己的心永远随着人民的心而跳动。

学党史，悟思想，红色基因代代传

——旗峰小学党史学习教育进校园活动案例

佛山市南海区里水镇旗峰小学　邓敏红

2021 年 10 月 28 日上午，旗峰小学党支部组织全体党员和少先队干部到中共南三花工委旧址、双拥公园参观学习，开展“学党史，悟思想，红色基因代代传”主题党日活动。活动包括三个环节：①参观中共南三花工委旧址，给全体党员、少先队干部上一节特别的党课。②集体诵读《百年答卷》，回顾中国共产党百年苦难与辉煌。③开展“过雪山”团建活动，感受“红军不怕远征难”的伟大斗争精神。

一、背景情况

2021 年，是中国共产党成立 100 周年。为深入贯彻习近平总书记党史学习教育重要讲话精神，进一步推动党史学习教育进校园，在青少年中加强革命传统教育、爱国主义教育，厚植爱党、爱国、爱社会主义的情怀，让红色基因代代传承，学校党支部组织开展了“童心向党　红色基因代代传”系列主题活动，引导学生了解党的百年艰苦奋斗历程，增强学生对中国共产党的认识与热爱。

位于里水镇北沙沈村的中共南三花工委旧址，是中共佛山市党史爱国教育基地，也是旗峰小学的爱国主义教育基地。在这里，活跃着一批旗峰小学的小小义务讲解员，他们经常利用节假日的时间给到来参观的游客做讲解。在讲解中，他们了解了那段不平凡的光辉岁月，红色种子在他们的心中生根发芽。

为了让党员干部和少先队员们更好地了解家乡的红色历史，用好本地红色资源，旗峰小学党支部组织全体党员和少先队干部到中共南三花工委旧址参观学习，开展“学党史，悟思想，红色基因代代传”主题党日活动。活动的创新之处在于党员、少先队员同参加，党建引领，高举队旗跟党走。通过活动，引导党员、学生感悟伟大建党精神，坚定理想信念，提升爱国爱党情怀，坚定永远跟党走的决心。

二、主要做法

（一）特色党课，播种红色种子

这是一节特别的党课。特别，是因为今天的讲课人既不是支部书记，也不是馆内工作人员，而是旗峰小学的中共南三花工委旧址爱国主义教育基地小小义务讲解员。

“各位老师、同学，大家好！欢迎来到中共佛山市党史教育基地——南三花工委旧址参观。我是旗峰小学小义务讲解员曾子涵。现在，就请大家跟随我的讲解，一起走进那段血与火的峥嵘岁月吧。”在旗峰小学小小义务讲解员淡定大方的讲述中，我们开始了主题党日活动的第一环节——现场党课。

“1946 年，杜路、沈少刚等党员这里开办沈村小学，他们以教师身份掩护，进行秘密活动，从此拉开了解放战争时期里水的地下斗争序幕……”随着小讲解员的讲述，在一幅幅历史画面前、在一件件战斗物件前、在那栩栩如生的雕像前，一个个铮铮铁骨的英雄战士的故事，一处处革命先辈们在中国共产党领导下进行地下革命斗争的惊心动魄的情景，展现在大家的眼前。大家专注聆听，被深深感动着（见图 2－68）。

课后，全体党员在南三花工委旧址展览馆内，面向党旗，庄严地重温了入党誓词（见图 2－69）。

图 2－68　旗峰小学小讲解员给全体党员和队干部进行讲解

图 2－69　全体党员面向党旗重温入党誓词

（二）激情诵读，点燃爱党满怀

现场党课结束后，全体党员和少先队员一同来到双拥公园，在飘扬的党旗与红色火炬的雕塑前，诵读红色诗歌《百年答卷》，回顾党的百年奋斗历程，表达对祖国和党的热爱（见图2－70）。

“你镰刀锤头上的掌声永远新鲜响亮……你写下宏伟目标写下对未来的期许，你写下要实现民族复兴的伟大梦想！”诗声朗朗，激情满怀；初心不变，红色传承。

图2－70　全体党员和少先队干部诵读《百年答卷》

（三）团建活动，感悟长征精神

活动的第三环节是一起开展“过雪山”的团建活动。大家依草地、溪涧、田地，师生合作，过“草地”，越“天险”，翻“雪山”。既体验“红军不怕远征难，万水千山只等闲”的英雄气概，又把我们“志在绝顶，勇于攀登”的旗峰精神融于其中，在活动中感悟建党精神，传承革命传统。

三、取得成效

聆听先贤言近史，感怀前路守初心。通过本次特别的主题党日活动，大家觉得收获满满。

全体党员表示：硝烟远去，精神永存。今天与孩子们一起开展党史教育学习，更感肩上责任重大。孩子们都能把党史故事讲得那么好，自己更要提高政治站位，向全体师生讲好党的故事、讲好革命前辈和英烈的故事，用实际行动让红色基因在年轻一代中不断赓续传承，向党和人民交上满意的答卷！

活动后，孩子们感受也很深。他们说今天的活动非常有意义，不但了解了家乡的红色历史，明白今天的幸福生活来之不易，更清楚为什么没有共产党就没有新中国。看到党员老师们面向党旗庄严宣誓，非常向往，希望长大后能成为一名光荣的共产党员，更好地为祖国、为党做贡献。

支部书记、校长林沛标同志在活动总结中指出：每一位党员都要时刻牢记党中央向全体党员发出的号召，立足本职工作，践行初心使命，牢记立德树人根本任务，在学生中讲好中国共产党的故事，引导青少年学生继承革命传统、弘扬革命精神、传承红色基因；少先队员要学党史，立志向，强本领，做先锋，努力成为“强国有我，请党放心”的社会主义事业的接班人和建设者。活动后，党员与少先队干部一起合影（见图2－71）。

图 2-71　活动后，党员与少先队干部一起合影

学史力行，筑牢务实笃行的好园风
——西樵中心幼儿园听音湖分园党史学习教育活动案例

佛山市南海区西樵镇中心幼儿园听音湖分园
黄丽　区伴贞　梁海婷　黎晓彤

学习百年党史，凝聚奋进力量。2021 年 7 月以来，西樵镇中心幼儿园听音湖分园支部委员会坚持党建引领，将党史学习教育和幼儿园筹办、开园有机融合。不断创新载体，精心策划、认真组织、全面开展特色活动，高质量、高标准推进党史学习教育，在全园上下迅速掀起党史学习教育热潮。扎实推进党史学习教育在基层一线走深走实，把党史学习教育成效转化为工作动力和成效，让老百姓在家门口就能享受到优质的学前教育，缔造美好教育在西樵、美好生活在西樵。

一、背景情况

西樵镇中心幼儿园听音湖分园坐落于南粤名山西樵山西北山麓听音湖片区，是西樵镇人民政府举办的一所全新公办幼儿园，是西樵镇中心幼儿园教育集团的杰出代表。听音湖分园是西樵镇第一所根据《佛山市城镇新建住宅区配建教育设施管理办法》要求，由佛山市弘坚房地产公司代建的幼儿园。这一举措有着十分重要的意义，充分体现了西樵镇党委政府加大普惠园建设，聚焦民生福祉，聚力民心所盼，更是“缔造美好生活在西樵”“我为群众办实事”的生动实践。幼儿园于 2021 年 8 月 16 日正式开园。

在开园筹备初期，幼儿园深刻意识到党建引领对于一所新型公办园筹备初期的重要性，并于 2021 年 7 月 13 日正式成立西樵镇中心幼儿园听音湖分园支部委员会，共有 4 名党员。将党的建设和幼儿园的发展深度融合。

二、主要做法

（一）学习强国，比学赶超

作为大量优质学习资源聚集的宝库，“学习强国”平台对于党员干部提高理论知识能力，增强对各项政策的知晓度和理解度有重要意义。幼儿园高度重视此平台的使用，采用多种方式促进全体党员、教职工依托“学习强国　学习平台”开展学习分享会，落实“学习强国”平台的学习管理制度，确保保教队伍人人开通账号，人人参与学习。每天晚上以级组为单位，定时在微信群里打卡亮学分，通过比学赶超，每一位学员每天都能完成 50 分以上的积分。同时，我们一月一次组织党员、团员同志进行“学习强国”平台线下学习分享会，共同学习优秀文章，分享学习心得。

（二）知识竞赛，入脑入心

每年 9—10 月，幼儿园多次开展党史知识竞赛活动，通过新颖有趣的活动形式，引导党员及全体教职工在理论学习方面学深悟透，坚定教书育人的理想信念。通过闭卷笔试、线上答题、小组竞赛等形式，全体教师回顾了中国共产党 100 年来走过的壮阔历程和辉煌成就，重温了“为中国人民谋幸福、为中华民族谋复兴”的初心使命，让每一位教师不断铭记幼儿教师的责任与担当。最终挑选出优秀选手参加西樵镇以“学党史　铭初心　立师德”为主题的党史知识竞赛，使党史学习教育入脑入心、走深走实。

（三）诵读简史，学懂弄通

创新学习形式，转变以往“你讲我听”思维模式，“三会一课”采用“诵读 + 观看党史视频 + 心得感悟 + 研讨”的方式进行学习，党员之间相互交流、分享心得体会，收获成长。

为进一步弘扬红色传统、传承红色基因，2021 年 12 月 17 日，西樵镇中心幼儿园听音湖分园党支部书记区伴贞同志带领党员们前往佛山党史学习教育红色基地——西樵松塘村的区梦觉生平事迹展陈馆、区梦觉故居参观学习，共同缅怀革命先辈区梦觉，接受革命精神的洗礼，领略红色的魅力。感受先烈们不怕困难、不怕牺牲的伟大精神，教育和引导党员干部从党的发展历史进程感悟初心使命，汲取奋进力量。

（四）全园参与，代代传承

对于一所新园来说，坚定信念、凝聚力量尤为重要。党史学习教育不仅仅是党员同志的必修课，也是全园教职工的必修课。幼儿园坚持把党史学习教育与幼儿园教育教学工作有机结合，通过红色绘本、传统节日、集中学习、自主学习等多种形式，在全园党员教师和幼儿中开展党史学习教育。

组织党员干部领学。坚持集中领学和自主学习相结合，组织党员干部学习《中国共产党简史》《论中国共产党历史》《毛泽东邓小平江泽民胡锦涛关于中国共产党落实论述摘编》等书籍，深入学习中国共产党的辉煌历史，坚定理想信念，做到“学史明理、学史增信、学史崇德、学史力行”。

营造浓厚学习氛围。一是将《小英雄王二小》《红色小八路》《倔强的小红军》等爱国主义教育类儿童绘本分发给各班组织阅读，循环使用。二是加强红色文化的宣传，结合节日教育让幼儿在雅乐园的每一处都能感受红色文化的目染，学习红色的文化知识。三是打造校园红色活动空间，建设“我是小小野战兵”，为幼儿营造体验和实践爱国主义的环境。

开展主题教育活动。在国庆节来临之际，各班教师根据孩子的年龄特点开展了“爱国爱家爱听音”系列主题活动。大班幼儿听红船故事，感受重走长征路的体能活动，传播红色文化、传承红色精神，让红色基因、革命薪火厚植在幼儿的心中，激发他们爱党爱国的热情。

三、取得成效

在半年的党史学习教育中，西樵镇中心幼儿园听音湖分园支部委员会发挥自身优势，在西樵镇教育委员会和教育工会组织的“学党史、铭初心、立师德”知识竞赛中荣获全场第一名。

在党员“亮身份、践承诺、找缺陷、做表率”活动中，党员现场佩戴党徽，提醒自己以身作则，积极主动投身于苦脏累工作中。党员积极性和自觉性得到了提升，能在思想建设和教育工作中主动发挥作用，组织建设效果显著。支部委员会的号召力、战斗力和凝聚力明显提高，党员先锋模范作用得到发挥。“火车跑得快，全凭车头带。”在党支部书记的带领下，全体教职工将以新时代奋斗者的姿态朝着“教科研示范基地”“学前人才孵化基地”“名师实训基地”的方向，锻造师资队伍，建设有声有色的特色课程，努力培养“健康快乐、全面发展”的幼儿。积极打造高起点、高标准、老百姓信赖的品质园所。

心有所信，方能行远；学有所悟，而后笃行。在党史学习教育期间，听音湖分园支部委员会以多种方式创新、创形，确保党史学习教育全覆盖、见实效。坚守初心、肩负使命，不仅是理论，更是实践；不仅是态度，更是担当。听音湖分园将继续巩固拓展党史学习教育成果，办公平而有力量的学前教育。

出彩五育润青春，同心向党筑梦想

——盐步职业技校党史学习教育活动案例

佛山市南海区盐步职业技术学校
焦玉君　周立新　陈俊清　杨洁仪

盐步职业技术学校以“学史明理，学史增信，学史崇德，学史力行”为出发点，以红色文化教育为主导，通过“党史＋”的形式举行“出彩五育润青春　同心向党筑梦想”五育节活动，紧贴现实，确保党史教育入脑入心。多措并举，围绕“德育铸魂”“智育立慧”“体育励志”“美育怡情”“劳育塑行”举行评选活动、心育活动、主题班会、知识竞赛、运动竞赛、文艺表演、志愿服务等活动，推动党史进校园走深走实，并利用新媒体推送开展党史宣传教育活动，营造党史学习浓厚氛围，推动党史进校园落实入微。实现党史学习教育与“三全育人”综合改革的有力共振，推动党史教育嵌入校园文化，为学生成长培根铸魂。

一、背景情况

在中国共产党建党100周年之际，为让学生全方位多形式接受党性和革命传统教育，学校以“学史明理，学史增信，学史崇德，学史力行”为出发点，深入践行习近平总书记提出的“坚持中国特色社会主义教育发展道路，培养德智体美劳全面发展的社会主义建设者和接班人”的重要论断，开展了以“出彩五育润青春　同心向党筑梦想”为主题的五育节活动。通过“党史+德育铸魂”“党史+智育立慧”“党史+体育励志”“党史+美育怡情”“党史+劳育塑行”的创新形式，推动“三全育人”和党史学习教育同频共振，营造向真、向善、向美、向上的校园文化氛围。

二、主要做法

（一）高度重视，做好顶层设计

根据上级文件要求，学校党总支制定了《南海区盐步职业技术学校开展党史学习教育工作方案》，成立了以焦玉君书记为组长的党史学习教育领导小组，常态工作设在党政办。明确党史学习教育的目的意义，推动党史进校园常态化，努力形成党史学习教育的长效机制。

（二）五育并举，创新“党史+”形式

1. 党史+德育铸魂。融合党史教育，开展针对“德智体美劳”的“千标千榜”评选活动和以“珍视生命爱生活，绽放青春敢追梦”为主题的主题班会、电影赏析、黑板报评比、心理健康活动日系列心理活动；举办“盐职正能量·伴我青春行”摄影比赛和以“我的出彩中职生活”“德、智、体、美、劳和谐发展”等为主题的征文比赛；开展“请党放心，强国有我”方阵会演和主题班会。引导学生牢固树立跟党走的信念，善思乐行，营造浓厚的校园文化氛围。

2. 党史+智育立慧。创新党史实践教学形式，组织开展机械制图技能竞赛、财经综合技能竞赛等15项校内学生技能竞赛和法律知识竞赛，让中职学生在参与、体验的教学活动中激发爱党爱国的情怀，自觉将“小我”融入“大我”。

3. 党史+体育励志。将贯彻体育精神和思政教育功能有效结合，组织开展球类、趣味竞赛及各项田径比赛。培养学生炼造竞技体育精神，辉映校园风采、激荡中国力量、续写时代荣光。

4. 党史+美育怡情。以特色艺术活动为载体，开展“出彩五育节”开幕式大会演、“庆建党百年　忆红色初心”红歌合唱比赛、“华章百年　音启新篇”校园歌手比赛、插花比赛等活动。营造积极向上、格调高雅、健康文明的校园文化氛围，增强学校的凝聚力、向心力（见图2－72、图2－73）。

图 2－72　“出彩五育节”开幕式大会演

图 2－73　“庆建党百年　忆红色初心”红歌合唱比赛

5. 党史＋劳育塑行。以动手实践为主要方式，开展“i 志愿”志愿服务活动、“我为群众办实事”主题实践活动、节徽班徽设计比赛、班旗制作比赛。培养学生树立正确的劳动观，炼造劳模精神、劳动精神、工匠精神，提升育人实效性（见图 2－74）。

图 2－74　“我为群众办实事”主题实践活动

（三）大力宣传，引领文化自觉

学校充分发挥文化宣传的阵地，通过环境文化、行为文化、视觉文化等营造党史学习教育的氛围。结合党史学习教育建设党史教育文化广场，在校道滚动播放《党史学习教育动员讲话精神》等党史教育系列视频。通过网站、校园电视台、微信平台、视频号等视觉媒介，采播《榜样的力量》等专题视频，并及时推送“学党史”等专题栏目，邀请党龄 56 年的黄根老校长回校为学生讲党课，拍摄华群青等先进党员微视频等。多角度、多维度让党史进校园“入境”“入情”“入心”，更好地促进学生爱国学史，明理守正，传承学校特色“三牧”文化；进一步宣扬学校的创新文化品牌，促进学校形成凝聚力、核心力和发展力。

三、取得成效

盐步职业技术学校适应社会环境的新变化和新需求，积极创新党史学习教育内容、形式、手段，设计形式多样、丰富多彩的活动载体，以“出彩五育润

青春　同心向党筑梦想”为主题的五育节活动是大力营造爱党、爱国、爱社会主义的浓厚氛围的重要实践，是学校党史进校园阶段性成果的重要展示。

此次活动通过丰富的主题活动深入推进党史学习教育深入人心，增强党史进校园的实际效果，进一步引导学生学党史、感党恩，坚定听党话、跟党走，以史为鉴、开创未来，着力提升了学生的品质素养，同时也极大地丰富了校园文化，营造出锐意进取、大胆创新的校园氛围，激励学生成长为勇于担当民族复兴大任的时代新人。推进全员、全方位、全过程党史育人，从而保证盐步职业技术学校作为中职学校的发展符合时代的发展趋势，为社会培养更加优质的人才。

一颗红心蕴教育希望，一根红线牵家校情怀

——狮山高级中学党史学习“双一”家访活动成果案例

佛山市南海区狮山高级中学　劳志坚　侯新俊　刘建强

2021 年恰逢中国共产党建党 100 周年，党如明灯，党领导一切，我们紧随党的步伐，立德树人。“双一”家访活动是狮山高中“学党史、办实事”的最好证明。我们与家同行，耕真情，聚深意，以实际行动表党性、发党热、耀党光，擦亮狮山高级中学党建品牌。

一、主题鲜明

狮山高级中学“双一”家访活动以“帮扶一人，人人成长；联系一家，家家幸福”为主题（见图 2－75）。

图 2－75　学校党总支书记赵骥在“双一”活动启动仪式上签名

（一）决心为先

狮山高级中学全体党员毫不犹豫签下行动决心——“2021 年，中国共产党 100 周年华诞，喜闻我们学校党总支开展党员‘双一’活动，党建引领，作为党员教师，我志愿参加

‘双一’活动，以实际行动贯彻党的教育方针政策，‘帮扶一人，人人成长；联系一家，家家幸福’。我决心遵照学校党总支的工作指引，热爱学生、关心学生，把家校合作做到极致，细致深入做好相关工作，‘爱狮高、创未来’，向伟大的中国共产党献礼。”

（二）要求到位

全体党员教师在活动中认真履行“双一”活动的要求。

1. 党性赋责，强化先锋作用。党员教师在双一活动中，要秉承党的优良传统，为群众办实事，勇于担当，敢于担责，善于担负。

2. 爱心赋能，突出榜样效应。参与“双一”活动的教师要以“四有”（有理想信念、有道德情操、有扎实学识、有仁爱之心）教师要求自己，面对“双一”对象，有爱心、讲爱心、献爱心，做社会主义新时代的教师榜样。

3. 行动赋力，实现教育引领。在双一活动中，主动关心学生，以成长的目光看待学生，思想上疏导、言语上开导、行动上引导，强调信任学生、激发学生、鼓舞学生。

二、典型突出

（一）朱彬：20 分钟的路，足足走了 90 分钟

“学生家住罗村，最多 20 分钟路程，可是那天偏偏堵车，足足走了 90 分钟。”共产党员 101 班班主任朱彬老师乐呵呵地说道。

与家长电话沟通虽然也多，但毕竟不够真切，于是朱彬老师选定家访对象，约好时间，整理学生表现、打印学生资料……

见面后，气氛融洽，交流深入，彼此认识到学生虽然性格比较内向，上课经常走神，主动学习意识较欠缺，学习不理想，但是学生有改进的愿望，大可以潜力生视之，这极大增强了家长信心。

家访架起信任桥梁，达到双向配合的教育效果。

（二）林欢：一场行走的教育，不走形式只走心

共产党员 209 班班主任林欢老师约好家访对象后，反复自我提醒：“不告状，不走形式！”

家访不走形式只走心。林老师称之为“一场行走的教育”。犹记得，她不时收到家长的求助：“林老师，有什么办法吗？我说的他就是当作听不到。

不谈学习还好，一谈学习就不行了。”面对焦虑的家长，林欢老师则更多地展示孩子的成长优点（见图 2－76）。

图 2－76 “双一”活动家访

和家长的见面交流这样的“行走”教育，她以“不告状”的鼓励教育原则让家长树立信心，解困惑、增信任、强责任，基于更真实、更全面的学生认识，达成教育共识，促成教育合作。

（三）张东灵：工作十年来的最深刻家访，让爱看得见

“当知道老师要到自己家里和父母见面时，学生乐坏了，对家长千‘叮嘱’万‘交代’：‘一定要准备好老师喜欢吃的东西，一定要把家里卫生搞好。’”家长说道。共产党员 306 班班主任张东灵老师很是感动：“从 2011 年工作以来，这是我印象最深刻的一次家访，被学生宠爱着，被家长信任着，做老师是幸福的，我们对学生同样要毫无保留地爱着。”

家访是一件奇妙的事情，也可透过孩子看家长——“爸爸非常顾家，妈妈非常温暖……”怀揣一份爱心，坚守一份责任。

三、弘扬红心

2021 年 12 月 31 日，劳志坚副书记主持举行了简洁又隆重的阶段性表彰会，表彰了一批优秀个人代表和级组、支部等先进集体，表彰实行，弘扬红心，为本年度“双一”活动画上了一个圆满的句号（见图 2－77）。

图 2－77 “双一”活动优秀集体表彰

劳志坚副书记在总结中表示：“双一”活动像一根红线，一头系着我们党员同志和班主任，一头系着学生和家长，红线牵着狮高孩子们的希望与未来。教育的成功，是家校合力的成功，是我们为党育人的成功，是学生沐浴党光辉的成功。教育不止，奋斗不已。

四、回声嘹亮

通过“双一”家访活动，我深深地感受到党组织的战斗力、党员的先进性，以及老师、学生、家长共同组成的这个大家庭的温馨。我感受到了教师职业的伟大，我们的工作影响着一个个家庭，意义重大，每一位老师这发自内心的行动，体现着爱的温暖和教育的情怀。

——党总支书记、校长赵骥

“双一”家访活动，我们做好了“三备”，即“备学生、备家长、备家庭”，做到了“四要”，即“说优点充分、讲问题到位、谈措施指引、听建议诚恳”。

——德育处主任刘建强

在狮山高级中学，老师们给予孩子的帮助，我们家长真的是看在眼里，暖在心里。作为父母，我们都渴望孩子们可以过上幸福的生活，而每次孩子回到家里，就和我分享学校里的趣事，我感觉到老师们给了孩子们自由翱翔的理想翅膀。

——家长代表

党史学习没有句号，紧跟党的脚步，为人民服务的伟大事业没有句号。为了培养国家栋梁，为了学生，党的光辉，爱的温暖，我们永远在路上。

开展党史教育，传承红色文化

——海三路小学党史学习教育活动案例

佛山市南海区桂城街道海三路小学　周洁葵　杨玥

海三路小学紧扣“学史明理、学史崇德、学史力行”三个关键词，开展了以“学、诵、讲、唱、绘”为主要形式的庆祝建党百年系列活动，即党史知识我来学、红色经典我来诵、英雄事迹我来讲、党的歌曲我来唱、英雄形象我来绘，教育引导全体学生了解党的光辉历史，传承党的红色基因，汲取养分与力量，知史爱党，当好红色基因的传承者、实践者。

一、背景情况

今年是中国共产党建党100周年，学校紧扣“学史明理、学史崇德、学史力行”三个关键词，开展了以“学、诵、讲、唱、绘”为主要形式的庆祝建党百年系列活动。为了深入学生群体开展党史教育，学校设计多种形式，多个途径，通过沉浸式体验和实践参与相结合，不断增强少先队员党史学习教育的有效性、感染力。其中，红领巾广播站特别栏目，帮助学生更具体了解29位“七一勋章”获得者的事迹；每周国旗下“童心向党颂经典”的班级展示，更让学生感受到红色经典的魅力；英雄形象的绘画，帮助学生表达对英雄人物的崇敬。

二、主要做法

（一）党史知识我来学

1. 开展“请党放心　强国有我”新时代我们该追的星系列活动。2021年9—10月，学校利用红领巾广播站开展新时代我们该追的星特别栏目，面对全体少先队员介绍29位“七一勋章”获得者的事迹。2021年9月3日，学校开展“请党放心　强国有我”新时代我们该追的星系列活动之主题队会活动，观看了《中国共产党百年述职》视频。通过本次主题队会，让队员们进一步了解党的历史，引导队员们扣好人生第一粒扣子，当好红色基因的传承者、实践者。

2. 开展“铭记历史，吾辈自强”“九一八”爱国主题教育活动。2021年9月17日，学校利用红领巾广播站提前向队员们介绍了“九一八”事变的具体事件背景、经过、历史影响和后世纪念，为同学们普及必备的历史常识问题。9月18日，全校同学认真观看《习近平讲的故事——九一八，不可忘却的纪念》等视频，接受爱国主义教育。让同学们明白：历史存在的意义是让人们总结过去，充实未来的生活，以史为鉴，铭记历史，从小立志，为担负民族复兴之责努力奋斗（见图2－78）。

图2－78　开展党史教育活动

3. 开展“学党史　迎国庆”主题队会——海三路小学迎国庆系列活动（见图2－79）。全体中队辅导员在队会课上向队员们介绍了国庆节的由来及国庆节的意义，希望通过庆祝国庆节的形式，让队员们知道国庆纪念日是近代民族国家的一种特征，是伴随着近代民族国家的出现而出现的，并且变得尤为重要。它成为一个独立国家的标志，反映这个国家的国体和政体，并能显示力量、增强国民信心，体现凝聚力和发挥号召力。

图2－79　学校组织少先队员到党史基地进行学习教育

4. 开展“红色小灯塔”争章活动分享主题队会。2021年10月29日，学校大队委利用红领巾广播台进行了“红色小灯塔”线上争章活动倡议，大队委号召全体少先队员和一年级的预备队员积极参与广东省少先队“红色小灯塔”争章活动。学校少先队员在家认真登录“南方＋”进行争章活动。

2021年12月24日，学校利用队会课进行少先队员的“红色小灯塔”争章分享活动。在队会上，少先队员及一年级的预备队员先观看了“万里红途”线上直播课，聆听几位少先队员的争章分享，最后在中队辅导员和中队长的带领下进行争章分享。

（二）红色经典我来诵

一百年风雨兼程，一世纪沧桑巨变，百年奋斗不息，有党才有国，有国才有家，有家才有我。为进一步弘扬热爱中国共产党、热爱伟大祖国为核心的民族精神，加强学生思想政治教育，庆祝中国共产党建党100周年，学校以班级为单位，在升旗台开展每周一次的“童心向党颂经典”之红色诗歌朗诵系列活动。

各班采取不同的形式，与配乐、歌舞相结合，饱含深情地朗诵党的经典作品，他们用美妙的童声与优美的舞蹈表达他们对党的爱与眷恋（见图2－80）。

图2－80　“童心向党颂经典”之红色诗歌朗诵系列活动

（三）英雄事迹我来讲

1. 学校陈睿乐同学到罗登贤事迹展览馆讲解。陈睿乐同学作为佛山电视台小记者，到罗登贤事迹展览馆进行讲解，弘扬罗登贤烈士的革命精神，讲解视频登上“学习强国”平台进行展播。

2. 开学典礼经典朗诵节目：新时代我们该追的星。2021 年 9 月开学典礼，家委和学生代表联袂表演了经典朗诵——《眼中有榜样　心中有力量——新时代我们该追的星》，赞美新时代最可爱的人——“共和国勋章”获得者，还有郑州水灾中为我们负重前行，担起自己职责的平凡人，还有我们身边可敬可爱的参与社区抗疫并获得“最美逆行者”和“关爱大使”称号的家长义工。他们都是为人民、为党、为国家有着特别奉献的人，是同学们真正该追的星。

3. 红领巾广播站特别栏目。2021 年 9—10 月，学校利用广播站这个平台，开展“请党放心　强国有我”新时代我们该追的星系列活动之特别栏目，面对全体少先队员介绍 29 位“七一勋章”获得者的事迹。

无论是家委，还是少先队员们，他们用生动的语言、真实的情感，再现了一个个感人至深、催人奋进的党的革命故事，使更多学生感受党史精神，传承红色根脉。

（四）党的歌曲我来唱

为了迎接新一年的到来，繁荣校园文化生活，努力营造积极向上、健康文明的校园文化气氛，为学生提供展示自己才华的舞台，学校于 2021 年 12 月 29 日举行“童心向党　唱响未来”校园歌手比赛，比赛以录制演唱视频方式进行评选。

本次比赛共有 50 名选手报名参加，选手们不仅尽情地展示了自己的才艺，创造出了一幅幅声色兼美的亮丽风景，而且诠释了追求卓越的主题，用自己的歌声表达了对党和祖国的热爱。

（五）英雄形象我来绘

中华民族创造的伟大成果和为世界发展进步的巨大贡献是一代又一代科学家等无数“明星”呕心沥血的成果，此外祖国的繁荣昌盛也有赖于坚守岗位、默默奉献的平凡劳动者，他们是我们头顶道德星空中的“恒星”。同学们通过自己的画笔描绘了自己心中的“明星”。

三、取得成效

学校本次庆祝建党百年系列活动，通过不同的形式，教育引导全体学生了解党的光辉历史，传承党的红色基因，当好红色基因的传承者、实践者。沉浸式体验本次活动赢得了全体同学的喜爱和支持，同学们表示了解到很多党史知识和英雄事迹，英雄们的品质很值得自己学习。

桂江学子心向党，逐梦未来齐远航

——桂江小学党史学习之庆祝建党100周年活动案例

佛山市南海区桂城街道桂江小学　简颖宜

2021年是中国共产党的百年华诞，学校巧抓教育契机，引领少先队员开展党史学习的内容，在活动中歌颂中国共产党的伟大历程和丰功伟绩；进一步丰富校园文化，让学生唱响爱党爱国主旋律，激发学生的爱党爱国热情；引领学生从小树立远大志向，增强实现中华民族伟大复兴的使命感和责任感，用行动表达对党的感恩之情。

一、背景情况

2021年7月1日是一个光辉的日子，一个难忘的时刻。100年前的今天，一艘南湖上的红船从黎明中驶来，中国共产党诞生了。100年来，在共产党的带领下中国从站起来到富起来，如今强起来了，时间证明了一个伟大的真理：没有共产党就没有新中国。

为了让少年儿童坚信听、跟党走，活动设计主要由两大部分组成：第一部分知党爱党，用同学们喜闻乐见的方式进行党史学习，党史的知识作为铺垫，在活动中酝酿爱党的情感；第二部分是用神圣庄严的仪式抒发爱党之情。首先一起高歌《没有共产党就没有新中国》，党的光辉照队员的心，队员是党的接班人，飘扬的红领巾，崇高的队礼，“少先队员”是最骄傲的名称，然后坚定信念唱《我们是共产主义接班人》，最后表决心：“启航教育，逐梦未来；我心向党，铭记党恩；奋斗百年路，启航新征程。”仪式是一种精神文化的熏陶，具有强大的心理暗示能力，4 000 多名师生同一个时间、同唱一首歌，让爱党爱国之情植根孩子的心中。

二、主要做法

（一）学——党的光辉照我心

图 2－81　简颖宜老师与 601 中队的队员们正在上党史学习的思政课

1. 上一节党史学习的思政课。班主任组织队员们上一节党史学习的思政课。上课的内容和目标主要围绕三点。一是听红船精神《永不停泊的红船》的故事，领悟红船精神。二是看短视频《中国共产党百年述职报告》，展示了中国共产党 100 年来的艰辛历程和伟大成就，进一步体会红船精神，坚定没有共产党就没有新中国的信念，培养爱党爱国的民族自豪感。三是通过“谈—听—看—唱—写”多感官多角度让学生学党史、悟思想，坚定信念跟党走，肩负起新社会主义的重任，好好学习，天天向上，争当新时代的好少年（见图 2－81）。

2. 听党史故事。充分利用国旗下讲话、红领巾广播播放党史的故事。

3. 读百年党史书籍，汲取力量。少先队员利用午读时间认真阅读一本党史书籍，中年级进行读书笔记展评，高年级进行写一篇读后感和画读书手抄表，各级选取优秀作品进行展览。

4. 参观红色基地。少先队员们利用假期的时间，至少参观一处红色基地，并拍照或者拍视频发到班群分享。

（二）展——桂江学子心向党

2021 年 7 月 1 日是党的百岁生日，请少先队员向党献上一份礼物，用画画、唱歌、朗诵向党献一份真挚的生日礼物。

1. 画一画，献给我心中的党。低年级画党旗，让队员理解党旗的含义，中年级画一幅画，高年级画一张手抄报。少先队员的作品可以贴在课室显眼的位置，营造有党味的教室氛围。班主任和家长把队员活动的过程拍摄下来，在班群分享，扩大影响力（见图2－82）。

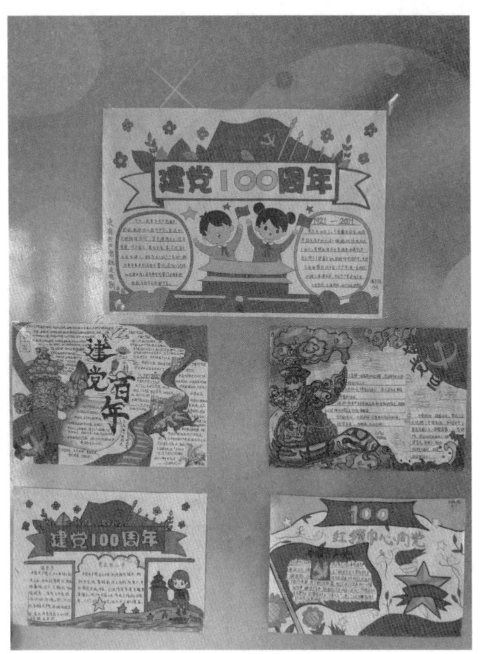

图2－82　队员们动手绘画，向党献上一份珍贵的礼物

2. 讲一个故事，党的故事我来讲。各年级组织开展“党的故事我来讲”的视频评比活动，优秀的作品将在学校的公众号上播放。英语科组坚持开展了以“用英语讲好中国故事”为主题的报道，60多份优秀的视频作品展示在全校面前，不仅能提高队员的表达能力，而且能把党的故事深入少先队员的心中。

3. 唱一唱，唱支心歌给党听。全体队员学唱《没有共产党就没有新中国》，班主任结合党史解读每一句歌词的含义，全校师生同唱党歌（见图2－83）。

图2－83　全校师生同唱党歌，为党庆祝生日

三、取得成效

一是学校把党史学习活动推向高潮。2021年7月1日正是中国共产党的百岁生日，当天，早上8：00庄严的升旗仪式后，全校4 000多名师生一起

挥动着党旗，唱响《没有共产党就没有新中国》，引来校外的路人驻足，佛山各媒体争相报道，产生了较大的社会影响力。

二是爱党爱国之情植根孩子的心中。每一位学生都爱护每一面国旗和党旗，每当国旗响起，你到桂江小学就会看到一道亮丽的风景线，每一位桂江的学子都会停下手中的工作，自觉面向国旗、高唱国歌，少先队员敬队礼，很多的家长和外来的教师都赞叹不已。

三是师生积极参加校级以上的党史活动取得佳绩。在开展“童心向党亲子共读”活动中，康乔家庭荣获区“十佳”作品奖；罗捷媚老师参加省和市建党 100 周年征文均获三等奖；简颖宜老师上的《学党史，悟思想，坚定信念跟党走》录像课荣获街道的二等奖；涌现了潘少葵等 15 名优秀党员被评为党史学习优秀标兵；在迎建党百年华诞优秀书法文化比赛中，缪会金老师荣获区一金一铜奖，李淑华老师荣获区二等奖，他们辅导学生参加区比赛 1 人荣获一等奖，3 获得二等奖，6 人获得三等奖；南海区“党在我心中，法理文竞赛”，学校有 440 人获奖。

开展项目式党史学习，弘扬和传承红色基因

——叠滘初中党史学习教育活动案例

佛山市南海区桂城街道叠滘初级中学　张建文

为让更多同学学史明理、知党恩、立大志，在思政教师的指导下，叠滘初级中学一束光小组同学经调查决定参与弘扬和传承红色基因活动，通过寻找南海区红色革命遗址，绘画南海革命遗址，制作导游地图，写倡议书，制作明信片、书签进行宣传，让更多的同学了解革命先烈们的革命历程，激发同学们爱党爱国情怀，立志报效祖国。

一、背景情况

青少年正处在人生的“拔节孕穗期”，最需要精心引导和栽培。在中国共产党迎来百年华诞之际，引导广大青少年学生知史爱党、知史爱国、知史爱社会主义，铸魂于中华文化大地上，是思政教师的神圣职责和光荣使命。

南海是一块充满红色印记的革命热土，坚持党建引领，思政教师带领青少年学生走进社会实践大课堂，在真实体验中感悟中国共产党初心使命，从中汲取精神力量。同时，开展项目式党史学习，让学生加强自我教育，提升学生的学习能力和核心素养，进一步厚植爱国主义情怀，弘扬和传承红色基因。

二、主要做法

（一）学校党支部重视，推进党史学习教育

学校党支部高度重视，按照就近就便原则，精选本土红色文化资源滋养青少年成长，深化党史教育内容，解决学生的成长困惑，增强学生政治认同，扣好人生第一粒扣子。

（二）构建“1+1+N”新生态，创新党史学习方式

学校联动社工，主动与中共南三花工委旧址负责人联系，构筑学校—社工—红色文化资源“1+1+N”的党史学习教育生态新样本，落实各方职责，做好意识形态安全把关，统筹落实具体活动内容等。

1. 感受光辉岁月，润泽爱党爱国情感。2021 年 7 月 28 日，叠滘初级中学策划以党史教育为主题、以学生为主体探寻红色文化之旅，组织 30 多名学生到中共南三花工委旧址参观，同学们通过触摸身边有质感、有根的红色文化，感受曾经的艰苦奋斗所带来今天美好生活的不易，在真实的情境中润泽爱党爱国情感（见图 2-84）。

图 2-84　馆长沈伯为学生讲解中共南三花工委旧址历史文化故事

2. 分享感悟心得，指导创新研学形式。在思政教师引导下，学生们深刻感受到中国共产党人的伟大与今天的幸福生活来之不易，希望向更多的同学进行宣传，对教师介绍的党史学习教育项目式活动产生了极大兴趣。

教师了解和尊重学生现有学科知识储备和认知水平，鼓励学生以宣传南海红色文化的真实情境为依托，以问题解决为导向，开展党史学习项目活动，弘扬和传承红色基因。

3. 提供各项保障，跟进指导促进成长。教师鼓励学生在活动中从多学科视角发现并解决问题，为开展项目学习有需要的学生提供师资保障、经费保障。对参与的学生，教师做好过程性跟踪指导，对遇到的困难及时指导，协助解决。

开展项目式活动，叠滘初级中学一束光小组同学表现优秀。他们在调查采访产生驱动问题：党史学习教育从弘扬和传承南海红色文化开始。在教师指导下，他们采用不同学科解决驱动问题，形成不同项目。如政治学科：用倡议书坚定学生理想信念，引领学生永远跟党走。语文学科：写导游词，介绍南海革命遗址，写参观感想。美术学科：绘制南海区革命遗址。信息技术：制作南海区红色革命遗址 PPT、书签、明信片……他们通过寻找南海区红色革命遗址，绘画南海革命遗址，制作导游地图，写倡议书，制作明信片、书签进行宣传，让更多的同学了解革命先烈们的革命历程，激发同学们爱党爱国情怀，立志报效祖国（见图 2 - 85、图 2 - 86）。

图 2 - 85　学生制作明信片

图 2 - 86　学生何咏霖同学的画作《区梦党生平事迹展陈馆》

（三）展示研学成果，弘扬传承红色基因

思政教育铸魂育人重实效，为促成学生核心素养发展，充分调动学生学习党史的热情，在广播站、宣传栏、班团队会等平台上多途径、多方式积极宣传展示学生研学成果，向学校和街道更多的同龄人宣传南海红色文化，中国革命精神。开展项目式活动的学生在完成跨学科的项目过程，加深对党史学习教育的感悟，宣传推广研学成果，自然地从党史学习教育学习者成为宣传者。同龄人亲身感悟，真情实感，润物无声，更容易触动学生的心灵，吸引更多的学生接纳认同、弘扬传承红色基因。

三、主要成效

（一）触摸感悟初心使命，厚植爱党爱国情感

触摸身边有质感、有根的红色文化，学生在真实生活体验中感悟初心使命，通过学史明理、学史增信、学史崇德、学史力行，进一步厚植了爱党爱国爱社会主义的情感。

（二）创新党史研学形式，激发党史学习热情

在真实情境激发学生情感，开展项目式党史学习教育，满足了学生对党史学习内容创新、形式创新的需求和期待，助力学生培养综合素养能力。叠滘初级中学一束光小组的党史研学成果在本校和桂城街道其他学校进行宣传推广，广大学生深受启发，纷纷从自身知识储备及兴趣爱好出发，开展项目式研究，创造了“党史 + 故事会”“党史 + 戏剧”等宣传党史知识的新途径新方法，激发了学生进一步学习党史的热情，提升核心素养。

（三）主动宣传促进成长，感恩奋进担负使命

创设平台给学生宣传展示党史学习教研学成果，进一步提升学习党史学习效果，加深学生对党史的认识理解，坚定学生理想信念。引导更多的学生从党史学习教育的接受者自觉成为党史的宣传者，成为坚定的爱国者，激发学生牢记嘱托、感恩奋进，更加自觉担负起建设祖国使命任务的热情。

弘扬长征精神，传承红色基因

——松岗中心小学党史学习教育典型案例

佛山市南海区狮山镇松岗中心小学
黄锡玲　蔡庆烨　刘大治　区欢婷

2021 年是伟大的中国共产党成立 100 周年，百年征程，功在千秋。为了深入开展党史学习教育，升华师生爱国情感，弘扬长征精神，传承红色基因，凝聚奋进力量，做到知史爱党、知史爱国，2021 年 5 月 6 日，佛山市南海区狮山镇松岗中心小学四年级全体师生开展了一次以“重走长征路”红色教育为主题

的研学实践活动。除此之外，学校还开展了关于长征精神的一系列党史学习教育活动，如上党课、看红色影片、红色故事宣讲、红色文化展示等。

一、背景情况

党史学习教育动员大会2021年2月20日上午在北京召开。中共中央总书记、国家主席、中央军委主席习近平出席会议并发表重要讲话。他强调："在全党开展党史学习教育，是党中央立足党的百年历史新起点、统筹中华民族伟大复兴战略全局和世界百年未有之大变局、为动员全党全国满怀信心投身全面建设社会主义现代化国家而作出的重大决策。……要做到学史明理、学史增信、学史崇德、学史力行，教育引导全党同志学党史、悟思想、办实事、开新局……以昂扬姿态奋力开启全面建设社会主义现代化国家新征程，以优异成绩迎接建党一百周年。""在庆祝我们党百年华诞的重大时刻，在'两个一百年'奋斗目标历史交汇的关键节点，在全党集中开展党史学习教育，正当其时，十分必要。"学校作为党史学习教育的重要场所，党史学习教育从小学生抓起，对于如何让党史学习教育专题化、实践化、生活化，经过松岗中心小学党支部与学校各部门商量，决定开展一次以"重走长征路"红色教育为主题的研学实践活动，以及开展关于长征精神的一系列党史学习教育活动，如上党课、看红色影片、红色故事宣讲、红色文化展示等。

二、主要做法

（一）研学实践活动——"重走长征路"

2021年5月6日，佛山市南海区狮山镇松岗中心小学四年级全体师生开展了一次以"重走长征路"红色教育为主题的研学实践活动。换好军装，孩子们都是小红军。在升旗台前，孩子们认真听教官讲述"重走长征路"的意义。庄严的授旗仪式上，接过教官手中的红旗，孩子们是骄傲的红旗守护者。踏上"长征路"，孩子们不怕艰难险阻，坚持独立自主、实事求是、顾全大局、严守纪律、紧密团结、勇往直前，充分学习与体现了长征精神。

（二）课堂学习活动——上党课

党史教育不仅要面向教师，更要面向全体学生。为引导学生树立正确的历史观、民族观、国家观、文化观，传承红色基因，继承红色精神，松岗中心小学党支部李芷灵同志和蔡庆烨同志于2021年6月18日以长征精神为主题分别在405班和607班开展了别开生面的党史教育课。为了进一步扩大党史学习教育覆盖面，做到全体师生知史爱党、知史爱国，推动党史教育进校园、进课堂，实现党史教育全覆盖，6月22日下午松岗中心小学在各班教室开展了“弘扬长征精神　传承红色基因”的主题班会。

（三）线上线下学习活动——看红色影片，讲红色故事

为了更好地结合党史学习教育，汲取先辈们无私奉献的精神，大力弘扬长征精神，松岗中心小学在2021年4月6日开展了“童心向党学党史，革命故事齐分享”的主题班会。在班会活动上，同学们先是认真观看党史影片，会后还进行了撰写观后感的活动。

接着进行革命故事分享，同学们声情并茂地讲述先烈的革命故事。同学们在一个个鲜活的人物故事中感悟革命精神，这让我们永远铭记革命先烈的丰功伟绩，积蓄建设社会主义现代化强国的奋进力量。

（四）班级文化墙设计活动——展示“长征精神”的红色文化

松岗中心小学于2021年4月20日开展了“童心向党，红色经典”班级文化墙评选活动。墙体无声，文化有痕。松小学子们充分发挥“乐雅”精神，对班级文化墙进行自主设计。

结合班级具体情况，同学们把“长征精神”的教育渗透在班级文化建设的各个方面，充分体现了班级特点。这既展示了各班级学生的智慧、审美情趣和艺术才华，又营造了浓厚的校园文化氛围，展现了全校师生爱党向党的决心，推进了班级文化建设，为校园增添了一道亮丽的风景线。

三、取得成效

（一）专题学习有收获

松岗中心小学党支部党态化坚持落实好“三会一课”制度，以理论学习与实践活动相结合的方式开展党史学习教育。截至目前，党支部开展专题党课学习6次，集中开展全员党史学习测试1次，集中参加线上学习5次，发放指定学习书目每人4册，开展党史学习分享会2次，党史学习总结1次。学生经过“重走长征路”及开展了关于长征精神的一系列党史学习教育活动，精神饱满，学习内驱力足，养成了良好的行为习惯，在2021年12月28日，松岗中心小学接手狮山镇中小学生良好行为习惯养成教育检查工作中，表现突出，受到狮山镇教育发展中心的表扬与肯定。

（二）开展红色研学有收获

松岗中心小学组织四年级学生进行“重走长征路”专题研学，从耳濡目染中深化党史学习教育成果。学生把长征精神发挥到学校的本草课程，来到松岗中心小学，你会被学校门前那一片欣欣向荣的本草园吸引住，孩子们平日不怕苦、不怕累，积极参与到田间劳作上来，学校的校本课程开展得有声有色。区欢婷副校长撰写的文章《本草园的“责任田”和本草劳动教育新课程》发表在《师道》教研2020年新编第350期；刘大治校长撰写的文章《“本草教育”引发的学校变革》发表在《教育家》周刊第787期。冯剑婷老师执教的“我和我的植物朋友”“艾草变变变”以及廖丹玉老师执教的“‘秘密芳草地’吉祥物评选会”得到了华东师范大学李家成教授的好评；贾丽老师执教的“我是小小植物名片设计师”得到了深圳光明区教研员谢德华主任的好评。

“红色小剧场”让党史学习教育“活”起来

——罗村实小党史学习教育活动案例

佛山市南海区罗村实验小学　汪顺

自党史学习教育动员大会以来，罗村实验小学认真贯彻落实党中央部署要求，聚焦“学史明理、学史增信、学史崇德、学史力行”目标要求，加强组织领导，统一谋划部署，不断拓宽学习形式，丰富学习载体，创新性地推出“红色小剧场”项目，通过生动形象的亲身演绎，培养党员、团员、队员对党的朴素政治情感，厚植爱党、爱国、爱社会主义的情怀。

一、背景情况

2021年是中国共产党成立100周年，习近平总书记在党史学习教育动员大会上指出“党的历史是最生动、最有说服力的教科书。……回望过往的奋斗路，眺望前方的奋进路，我们必须把党的历史学习好、总结好，把党的成功经验传承好、发扬好”，因此培养党员、团员、队员对党的朴素政治情感，厚植爱党、爱国、爱社会主义的情怀，坚定理想信念，让红色基因、革命薪火代代传承，有着非常重要的意义。罗村实验小学认真学习领会党中央精神，结合上级教育党委关于党史学习教育的具体要求，立足学校实际，以党团队一体化建设为抓手，创造性地推出“红色小剧场”项目，用教师和学生喜闻乐见的方式推动党史学习教育。“红色小剧场”以党史故事为原型，通过党员、团员、队员的角色扮演，用朗诵、情景表演、舞蹈、合唱等艺术形式对话历史，重现中国共产党百年发展历程，让党员、团员、队员亲身参与，亲自演绎，推动党史学习从“静态”转化为“动态”，打造出了“沉浸式”的党史教育体验。罗村实验小学结合本土的红色故事，累计创编演绎了《一封绝笔信》《金猪藏炸弹》《红船之恋》《觉醒》《红星闪闪照我星》《中国少年说》等一系列具有代表性的微剧目（见图2－87）。

图2－87　队员红色小剧场

二、主要做法

（一）整合家·校·社三方资源，提供活动保障

1. 整合学校资源。将学校舞蹈教室确定为“红色小剧场”排练场地，挑选党员中的艺术教师和语文骨干教师担任“红色小剧场”的指导老师，在朗诵、表演、舞蹈等方面为党员、团员、队员提供专业指导。

2. 整合家长资源。以家委会和学生家长代表为主要后援力量，建立“红色小剧场”后勤保障组，统筹服装、道具、化妆、催场、跟队演出等相关事宜。

3. 整合社会资源。一方面，与学校所在的状元社区建立共演共享互助关系，邀请社区人员走进学校指导、参与“红色小剧场”。另一方面，挖掘南海区红色资源，带领党员、团员、队员现场参观“中共南海县委旧址”“狮中陈洞村”“铁军公园”“‘二·七’革命纪念碑”等红色革命教育基地，在参观学习的基础上，进行微剧本创编演绎。

（二）建立党·团·队三支队伍，维持剧组活力

以“选定+招募”相结合的方式，分别组建“红色小剧场”党员演出组、团员演出组和队员演出组共三支演出队。

1. 党员演出队伍采取“选定”方式，要求党员100%参加，体现党员的先锋模范作用。在日常排练中，以党小组为单位，由党小组组长统筹组织日常排练。

2. 团员演出队伍由学校团支部组织“筛选”，从团员中挑选有表演兴趣和一定表演基础的教师组成团员演出队伍。由团支部书记统筹日常排练相关事宜。

3. 队员演出队伍一方面以班级为单位，每个班一支队伍，自选一个党史故事进行精心排练；另一方面采取“招募”方式组建校级演出队，每班招募2～3名队员，对符合报名条件的队员由少先队进行初选，最终挑选100名队员组成校级红色剧目演出组。

（三）搭建校·镇·区三级平台，提升演出热情

1. 校内一方面以“星光舞台”为班级展示平台，每周五放学时间由各班轮流在学校的星光舞台进行“红色小剧场”展示活动，将班级精心排练的剧目展示给师生们看；另一方面以学校冬笋节颁奖盛典为校级平台，将党员、团员、队员精心打磨的代表性剧目搬上颁奖盛典上的舞台，面向全校进行演出（见图2－88）。

2. 镇内以狮山镇教育发展中心举办的“传承红色基因，讲述红色经典——百节微党课”征集活动为契机，积极组织“红色小剧场”的演员们参与微党课录制，把红色小剧场的成果展示给更多的人（见图2－89）。

图2－88　党员、团员、队员在冬笋节颁奖盛典上表演党史剧

图2－89　二年级队员参演微党课“金猪藏炸弹”

3. 区内以南海区第十三届中小学生艺术展演为契机，组织“红色小剧场”校级队员的优秀代表参与节目排练和演出，为队员们提供更大的党史故事展示平台。

三、取得成效

1. 党支部党建品牌更亮。“红色小剧场”项目的实施进一步提升了学校党建工作的水平，进一步擦亮了党支部的党建品牌。罗村实验小学党支部在2021 年 7 月获得佛山市南海区“先进基层党组织”；在狮山镇的微党课评比中，党支部书记和多名党员均获得一等奖。

2. 服务群众覆盖面更广。罗村实验小学注重将党史学习成果转化为“我为群众办实事”的具体行动。党员严胜有老师跨越 5 000 多公里走进新疆喀什地区伽师县，担负起为期三个月的佛山市柔性人才援疆的重任，很好地传播了佛山咏春文化。

弘扬伟人、英雄文化，开展校园党史教育

——南海一中党史学习教育活动案例

佛山市南海区第一中学　安元巍

一、背景情况

南海区第一中学一直致力于发扬学校优秀传统，提炼学校人文精髓，塑造学校文化品牌，丰富学校的文化内涵，并通过校园人文的浸润和熏陶，全体师生和教职员工都呈现出积极向上谋求发展的精神风貌，让南海区第一中学成为求学青年的精神故乡。2021 年恰逢中国共产党百年华诞，学校党委和德育部门努力将现有的校园文化硬件和党史教育相结合，让学生在校园中随时可以学习和领悟党的百年发展历程，了解伟人和英雄的事迹，充分体现学生的学习主体地位。现将做得较好的几个案例依次呈现。

二、主要做法

（一）结合新生教育，学习伟人事迹

2021 级高一新生入学，学校首次开设了校园文化介绍课程，宣传校园教学区的伟人文化。通过介绍毛泽东、邓小平、周恩来等老一辈无产阶级革命

家的事迹，让学生对校园中的宣传有更深层次的理解。重点介绍了以下几点。

1. 一号楼大堂伟人文化墙。在学校主楼大堂，文化墙正面是毛泽东的铜版雕像和他的作品《沁园春·雪》，展现一代伟人的浩然正气和磅礴胸怀；文化墙的背面是毛泽东的诗作《长征》，提醒青年学子在人生道路上继承长征精神，坚定理想信念，不畏艰难险阻，奋勇向前（见图2－90）。

大堂东西两侧悬挂着国画大师李可染的著名红色题材山水画。东侧壁画描绘的是人民领袖毛泽东的家乡韶山，毛泽东在此地发展了韶山第一批共产党员，建立了韶山党支部；西侧是以毛泽东《沁园春·长沙》中的名句“万山红遍，层林尽染”为主题创作的《万山红遍》，气势恢宏，庄严正气。

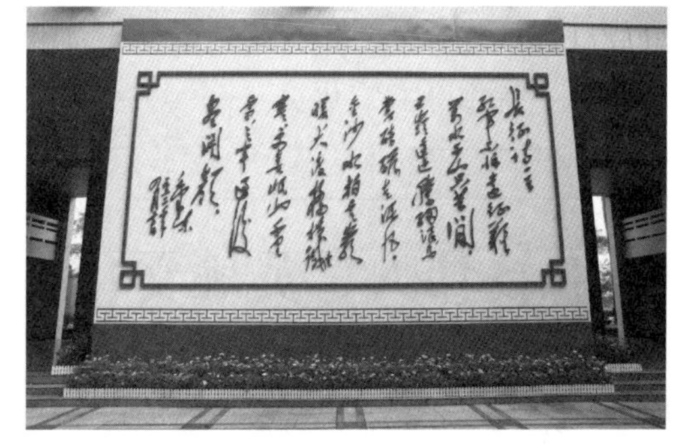
图2－90　学校伟人文化墙上的毛泽东诗词

新生教育时，学校德育部门详细介绍了《沁园春·雪》的写作和发表背景，展现了毛泽东主席和柳亚子先生的患难友谊，以及一代伟人的在重庆谈判时展现非凡勇气、宏大胸襟和磅礴志向。毛泽东主席一家为革命牺牲了6人，这样的情况举世罕见，激发一中学子为了民族复兴而发奋读书的斗志。而长征，作为地球上最美的“红飘带”，期望每一位学子在人生道路上继承长征精神，坚定理想信念，不畏艰难险阻，奋勇向前。

2. 实事求是石。校园东北角的石头上，用毛体篆刻着“实事求是”。“实事求是”是马克思主义的现代阐释，是党的思想路线的核心内容，也是毛泽东思想的精髓之一，更是师生严谨治学和做人做事的精神。

石头背面刻着“好好学习，天天向上”八个学生非常熟悉的大字，但很多人不知道这八个字的由来。1949年解放战争渡江战役中，年仅14岁的马毛姐参加“渡江突击队”，她在手臂中弹的情况下依然咬牙坚持，6次横渡长江运送3批解放军成功登岸。1951年毛泽东接见参加国庆的代表团和代表团成员马毛姐。毛泽东问她念书情况，还送她一本笔记本，并且在扉页上题词：好好学习，天天向上。2021年6月，中共中央授予马毛姐“七一勋章”。马毛姐的事迹让同学们非常感慨，自古英雄出少年。

3. 党建主题文化墙。教学楼二号楼大堂的文化长廊，展出以“深入学习贯彻习近平新时代中国特色社会主义思想，为实现伟大的中国梦而努力奋斗”为主题的宣传板报，近30幅板报展示了“习近平的治国理政思想”“伟大的中国梦”“习近平以人民为中心的思想”等22个方面的内容，引领青年立志肩负民族复兴重任。

（二）开展校园雷锋铜像揭幕活动

2021年9月14日下午，南海区第一中学隆重举行雷锋铜像落成揭幕仪式。在新落成的雷锋铜像前，高三传媒班学生饱含深情地朗诵《雷锋赞歌》。揭幕典礼由闫灵麟副校长主持，南海区第一中学全体行政人员、教师党员、党委工会人员、科级组长、青年教师、团委学生会代表、高二和高三团支书，以及高一全体师生共同见证了这一庄严而高光的时刻。雷锋铜像的落成，不仅装点了校园景色，而且标志着南海区第一中学在校园文化建设的康庄大道上又迈出了重要的一步。“雷锋精神”将在南海区第一中学的沃土里扎根生长，散发新时代光芒。

习近平总书记曾经指出，“雷锋是一个时代的楷模，雷锋精神是永恒的”。罗立波校长在典礼致辞中带领全体师生一起重温了那段平凡而又伟大的岁月。有关雷锋同志所体现的诸多精神——爱国、奉献、敬业、创新等等，罗校长在致辞中娓娓道来，如数家珍。此外，他还深刻指出，全体教师应当以雷锋铜像进校园为契机，将雷锋崇高的理想信念和道德品质追求融入日常的工作生活，在自己岗位上做一颗永不生锈的螺丝钉，以润物细无声的方式，培养青少年成长为有远大理想、发奋学习、艰苦奋斗的新时代国家栋梁。同时，罗校长深情寄语全体学生，希望他们牢记习总书记的教导，用心感悟，用心践行雷锋精神，从小事做起，以实际行动书写新时代雷锋故事，努力成为有担当的新时代中国特色社会主义建设者和接班人。

揭幕仪式的其中一个重要环节是赠书仪式。罗校长代表学校，郑重地向高一级各班赠送《雷锋日记》《新时代雷锋精神解读》《习近平讲故事》等7本深度解读和诠释“雷锋精神”系列书籍，赠书环节里满满的仪式感，正是雷锋精神内涵的温暖传递和延续（见图2－91）。

图2－91　罗立波校长向高一各班赠送党史学习书籍

（三）开展毛泽东诞辰纪念诗词朗诵活动

为纪念毛主席同志诞辰128周年，彰显伟人独具魅力的个性情怀和傲立古今的人格精神，感受毛泽东诗词中蕴含的风采，增强南海区第一中学学子对毛泽东诗词和中国优秀传统文化的了解与认识，树立报国志和爱国情，2021年12月20日下午，南海区第一中学高一级在伟人广场开展了主题为“纪念毛泽东同志诞辰128周年”毛泽东诗词朗诵比赛活动。

本届朗诵活动，同学们怀着崇敬之情，朗诵了毛泽东《沁园春·雪》《沁园春·长沙》《七律·长征》《水调歌头·游泳》等脍炙人口、耳熟能详的诗词。当天下午，细雨寒风交集，是今年入冬以来最为寒冷的日子，颇有一点当年红军“爬雪山，过草地”的恶劣天气的意味，同学们依然不惧呼呼北风，昂首挺胸，眼神坚定，朗诵声抑扬顿挫、铿锵有力，展现毛主席“恰同学少年，风华正茂”的青年气魄，尽情抒发“三军过后尽开颜”中革命的喜悦。

学生在朗诵中融入了解说、表演的元素，展现诗词背后的创作情景，带领学生回溯伟人书生意气的青年时代、青葱美好的革命爱情、艰苦卓绝的革命峥嵘岁月、如火如荼的社会主义革命和建设历程。朗诵活动将毛泽东笔下橘子洲头的万山红遍、井冈山上的旌旗在望、重阳里的战地黄花、万里长征的不怕远征难一一再现，在慷慨激昂的朗诵中重温红色经典诗词，传承毛泽东及老一辈无产阶级革命家自强不息的革命精神。

三、取得成效

南海区第一中学坚持以伟人、英雄文化景观装点校园，形成植根于伟人、英雄丰厚精神文化宝库的校园文化，在此基础上积极开展各种党史教育文化活动，充分体现了教育的学生主体地位，旨在培养学生的爱国主义、集体主义精神，激励学生肩负时代和民族的使命，抓好立德树人的主阵地，实现“内化于心，外化于行”的文化育人目标，培养有担当、有使命感的社会新青年。用活动促进党史学习，用校园文化和党史教育充分结合，受到了广大师生家长的赞誉。

校史党史齐头进，砥砺前行开新局

——大圃中学党史学习教育活动案例

南海区狮山镇大圃初级中学 朱杏莲 孔桂飞 谢丽英 颜芷莹

大圃初级中学党支部作为南海区先进党组织，坚持把党史学习教育作为工作的重中之重，结合“励志教育”党建品牌创建，发扬“不甘落后，奋发向上”的圃中精神，切实做到学党史、悟思想、办实事、开新局。教师的工作热情和学生的学习状态空前高涨，为学校高质量发展注入新动力（见图2－92）。

图2－92 大圃中学党支部走进红色基地——中共南三花工委旧址

一、背景起因

大圃中学创办于1980年，为社会培养了众多优秀人才。20世纪90年代末，因地域经济发展不平衡、学生人数大幅度减少、撤并传闻等原因导致教师队伍不稳定，师生士气受到较大冲击。2008年，政府重新定位并决定扩建大圃初级中学。目前，一期工程已投入使用，二期工程正在建设中，据悉工程总投入达2.6亿元，建成后的大圃中学将成为设备设施一流的现代化初中。2021年恰逢中国共产党建党100周年，学校以党史教育为契机，结合校史，让全体师生“学党史，知校史，传薪火”，推动学校高质量发展。

二、典型事例

大圃初级中学从2020年9月起对学校历史进行梳理，学校40多年的发展历程与党的奋斗历程同频共振，形成了丰厚的文化底蕴和顽强拼搏、追求卓越的精神品质。学校充分利用校史这一鲜活生动教材，树立学生知校、爱校、荣校意识，培育富有担当精神的时代新人。把校史与庆祝建党100周年相结合，邀请历任校长和退休教师一齐编写了《大圃中学校史简介》，思政教师和历史教师负责在日常教学中讲好党史和校史。全校开展“学党史　悟思想　知校史　传薪火”系列活动，在党的百年发展历史长河中汲取营养，在学校的40多年发展史中提升自我。

三、主要做法

（一）思想引领——形式多样的学习方式

为了确保党史的引领地位，学校结合实际，采取了党支部书记带领全体党员教师、非党员教师和学生积极学习党史，支部书记、支委、党员代表、年级组长、班主任上党史教育课，邀请历任校长、退休教师到校讲校史，邀请退休老党员到校讲党的故事，支部“学研行”工作小组长带领组员每月开展党史专题学习等多种学习方式。

（二）活动支撑——丰富多彩的学习活动

图2－93　**大圃初级中学“童心向党，党史光辉照我心”演讲比赛**

学校利用报告厅，开展“观看红色电影，传承革命传统”活动；利用图书馆开展“读红色经典，强党性，提修养”活动；利用励志大课堂邀请专家领导做专题讲座；结合每月德育主题活动举行“听我讲党的故事”和“学校发展我来说”等主题演讲比赛、校园红歌比赛、学党史手抄报比赛等活动，让党史学习生动有趣，深入“校心”（见图2－93）。

（三）实际行动——全心全意为群众办实事

学校党支部积极开展“我为群众办实事”实践活动，切实把党史学习教育成果转化为实际行动。

支部建立了“党员咨询站”，全体党员利用课余时间，定期为学生解答学习、生活中的困惑。开展党员教师与工作未满五年的青年教师结对活动，引领青年教师快速成长。成立“潜能生”党员帮扶小组，让每一位“潜能生”都有一位党员教师联系着（见图2－94、图2－95）。

图2－94　大圃初级中学党员义工与家长义工携手“干干净净迎七一”

图2－95　大圃初级中学党员志愿咨询服务

全体党员积极参与志愿服务，主动报名参加校园护畅工作，为师生、家长的安全出行保驾护航。积极参加敬老慰问和困难学生帮扶活动，在重阳节、教师节等节日，为退休教师、患病师生、困难学生等送上节日礼品，向他们致以节日祝福和问候，让他们感受到别样的亲情和温暖。

四、主要成效

大圃初级中学党支部将党史学习与校史学习高度融合，充分发挥党员的先锋模范作用，有效地推动了学校的高质量发展。

师生参加各级各类比赛屡获殊荣。其中，学校连续两年被评为南海区校园廉洁文化活动先进单位；学校足球队享誉省内外，连续两年获得南海区校园足球杰出贡献奖；2019年被评为南海区高效课堂示范学校，获南海区首届中小学教学改革成果一等奖和南海区首届戏剧大赛金鹰奖；2020年中国教育报专刊大圃初级中学《“励志教育”驱动学子实现更美好发展》文章；2020年被评为狮山镇党支部规范化建设示范单位；2021年学校党支部被评为南海区先进基层组织、学校团委被评为南海区五四红旗团委。

党支部涌现了大批的优秀党员。支部书记朱杏莲同志被评为“南海区优秀共产党员”“南海区名校长”“狮山镇劳动模范”；林庆同志被评为“南商教育基金管理能手”；孔桂飞同志被评为“南商教育基金教学能手”；黄庆辉同志被评为“佛山市优秀教师”；梁文抒同志被评为佛山市语文青年教师教学能手；等等。

学校党支部通过组织多样的党史教育和校史学习活动，支部党员的整体素质明显提高，先锋模范作用更加突出，党性修养大大增强，支部的凝聚力彰显实力。教师们积极向党组织靠拢，叶平同志被党组织吸收为预备党员，李淑君、张俊杰等 2 位先进青年教师申请加入党组织。

在全体党员的带动下，全校师生的思想得到了深刻的洗礼。当前，大圃初级中学党支部继续以党史学习教育为契机，将党史教育与校史学习相结合，不忘立德树人初心，牢记为党育人、为国育才使命，推动党史学习教育不断往深里走、往实里走，把学习教育成果转化为推进学校发展的实际效果，以优异的成绩献礼建党百年。

组建党史学习共生圈，开展沉浸式党史班级活动

——黄岐初中党史学习教育活动案例

佛山市南海区大沥镇黄岐初级中学　陈玉仪

习近平总书记指出：“中国共产党的历史是一部丰富生动的教科书。”学校班级文化是学习党史教育的主阵地。教师要注重发挥学生主体作用，更好地引导学生树立爱党爱国情感。

一、设计背景

传统的党史教育教师备课用心不够，形式单一，理论知识过多，学生喜闻乐见的参与式活动较少，学生兴趣不高。笔者根据初中生的特点，组建“党史学习共生圈”，把班级学生、家长、教师组建成一个个“学习共生圈”，借助不同的项目式活动，探索如何更好地借助“共生效应”，真正关注如何让学生增强党史学习的认同感、参与感、自豪感，使学生全身心有兴趣沉浸到班级党史活动中，逐渐形成正确的是非观、价值观，唤起学生党史学习的热情，把党史学习“内化于心，外化于行”。

二、主要做法

（一）党史资源班情调研，使党史文化活动机制活起来

教师方面：结合学科资源设计贴合学生实际生活的沉浸式活动，形成“党史教育智慧导师团”，多学科共同设计班级沉浸式的党史展示活动。

家长方面：共同策划“可行性个性化沉浸式党史班级活动”资源清单，如家长党员人数、红色场馆资源、优秀党史好书等清单，把班级各个领域的资源整合起来，为孩子提供可行有效的人力物力资源。

学生方面：根据自己的学习习惯、兴趣与爱好、家庭地域情况等因素，组成合作型的“党史学习共生圈”，参与党史学习活动，实现同伴影响同伴，把所有学生都纳入学习党史的学习圈中，使党史学习教育的机制活起来。

（二）沉浸式班本课程，使党史文化活动过程活起来

任何的学习活动想取得好的效果都需要调动学生的积极性。经过“班级家校党史学习小组”的引导，学生自主讨论，自我设计，确定班级党史学习文化活动见下表。

时间	党史活动主题	地点与人员
7 月	争读好书学党史，爱党爱国掀热潮	家里；家庭成员共参与
8 月	采访党员忆往事，红色景点撼心灵	社区；动员家长提供资料及参与
9 月	故事展示百年事，明理铭记党恩情	家里、学校；全班同学
10 月	共唱红歌满激情，盛世中华我见证	家里、学校；全班同学
11 月	红色精神我来演，弘扬精神促成长	学校；全级同学
12 月	时代责任记心间，有志青年奋图强	学校；全班同学

“争读好书”活动中，亲子阅读具有广东特色的好书《百年扬帆——粤学党史粤爱党》并参与新科技线上 VR 参观，体验沉浸式党史学习，加深对百年党史的认识，增强对党的热爱之情。

“观红色景点”活动中，学生参观红色景点，采访资深党员，收集党员成长故事，感悟共产党人的奋斗史是实现中国梦的奋斗史，感悟到学习榜样就在身边。

“共唱红歌”活动让哼唱红歌成为学生的日常，学生把“党史我来演”“红船精神”“伟大的抗疫精神”“五四运动”等用生动的情景剧表演出来，引起情感的共鸣，激发学习党史的兴趣。

（三）深化核心价值观引导，使党史文化活动效果优起来

党史活动最终的目的是引导学生立志奋发图强报效祖国。这需要对党史事件进行梳理—辨析—觉悟—认同的过程，深化核心价值观的正确引领。

我们常采用议题讨论方式，深入思考党史活动对成长的启示。针对党建中的《批评与自我批评》讨论了以下问题：①为什么批评与自我批评是我们党的优良传统？②“批评与自我批评”在党的发展历史中是如何发挥良性作用的？③新时代我们党还需要坚持批评与自我批评吗，这给你什么启示？这种议题式的活动可厘清不同价值观，坚定对党建的信心。

又如“请党放心，强国有我”班会中，思考“少年有宏志，大好河山，你会选择去哪儿实现梦想？你将用什么方式报效祖国，为什么？”这种震撼心灵的发问，同时把远大志向贴到地图中，学生感观得到更直接的刺激，激发内心认同。这一颗颗爱国之心成为教室党史文化的亮丽风景线。

（四）研学浸润在党史博物馆中，使红色种子生根发芽

“读万卷书，行万里路”，学生利用假期开展“行走在党史博物馆中”社会实践活动。如805班李嘉榆利用假期到佛山市南海区里水镇中共南三花工委旧址研学。她写道：活动丰富了我的精神文化生活，开阔了视野，增长了见识，使我们真切感受到了革命先烈们抛头颅、洒热血的英雄气概，在以后的学习中，发扬好红军不畏艰辛的红色精神，努力学习，以实际行动来继承红军先烈们伟大的革命精神。

三、取得成效

“党史学习共生圈”使党史教育成为班级文化主线，使党史教育活动真正走入学生心灵，学生积极把自己对党史的观察与思考整理出来，或成为一期期的“党心向党”文化墙报，或变成一张张“百年党史我最精通”思维导图，或变成一次次亲子“党史研学”活动。学生的假期好作业之《追录红色足迹，传承红色精神》参加比赛，共有5位同学获得南海区一、二、三等奖，这也进一步激发学生的爱党、爱国热情及民族自豪感，提升了学生的综合素养，取得良好效果。

青年有信仰，国家有希望。组建“党史学习共生圈”，开展沉浸式党史班级活动，作为教师，我们不断提高实效。

学党史，做榜样，创未来

——灯湖三小党史学习教育进校园活动案例

佛山市南海区桂城街道灯湖第三小学
凌燕　孙明洁　吴芬　颜珊珊

自2021年4月份开始，灯湖第三小学（以下简称“灯湖三小”）党支部全面贯彻党的十九大以及十九届二中、三中、四中、五中全会精神，以习近平新时代中国特色社会主义思想为指导，深入学习贯彻习近平总书记对广东工作重要指示精神和对教育工作的重要讲话精神，全校自上而下地开展纵横相交的“学党史，做榜样，创未来”党史学习教育活动，以弘扬中国共产党百年光辉历程为重点，开展贴近学生、丰富多彩的主题活动为载体，掀起全校师生学习党史，热爱祖国、热爱中国共产党的新高潮。

一、背景情况

2021年4月23日，灯湖三小党支部书记凌燕校长召开了全体教职员工党史学习教育动员（推进培训）会。继全体教职员工党史学习教育动员（推进培训）会后，灯湖三小党支部自上而下开展全校师生的“学党史，做榜样，创未来”党史学习教育活动，培养学生热爱中国共产党的情结。

二、主要做法

（一）党团队三结合，充实学生党史学习

1. 学党史，感党恩，跟党走。学校围绕着“一个初心故事、一首革命歌曲、一部爱国电影、一个红色地标”的主旨，开展结合党支部的党史学习教育的系列活动。

2. 赓续抗战精神，砥砺复兴力量。2021年9月3日，是中国人民抗日战争胜利纪念日，也是世界反法西斯战争胜利纪念日，这是每个中国人民乃至世界人民都应该铭记的日子。学校隆重举行主题班队会课，学习英雄们的英勇献身故事和为国捐躯的英雄精神。

3. 观影《冰血长津湖》，赓续红色血脉。为弘扬抗美援朝保家卫国精神，进一步激发学生爱国热情，赓续红色血脉，学校在班会课上组织高年级学生观看纪录片《冰血长津湖》。

4. 庆建党百年，向国旗敬礼系列活动。2021 年 9 月 29 日上午 9：00，学校全校师生开展“升国旗”活动，通过升国旗唱国歌、国旗下讲话开展“向国旗敬礼”活动。下午，全校开展以党史、新中国史、改革开放史、社会主义发展史为教材的“童心向党·我向党旗敬个礼”主题大班会。国庆期间，学校以“庆建党百年·向国旗敬礼”为主题，开展签名寄语线上活动。

5. 童心向党，歌声飞扬。2021 年 11 月 22—23 日，举行“童心向党 歌声飞扬”灯湖第三小学首届体艺节班级歌唱比赛。

（二）一颗红心向党，开展红领巾活动

1. 红领巾，心向党，伴成长。2021 年 4 月 30 日在灯湖第三小学第一届少先队代表大会上正式成立“中国少年先锋队佛山市南海区桂城街道灯湖第三小学工作委员会”。

2. 红领巾心向党，争做新时代好队员。2021 年 10 月 13 日当天开展了“红领巾心向党，争做新时代好队员”主题庆祝活动，传承红色基因，发扬红色精神，彰显红色底蕴，谱写红色事业新篇章。

3. 传承红色基因，争做少年先锋。2021 年 12 月 17 日灯湖第三小学少先队大队部举行了第三届少先队大队委竞选活动。

4. “天宫课堂”开讲，播撒科学种子。2021 年 12 月 9 日 15：40，“天宫课堂”第一课正式开讲。灯湖第三小学学生在大队部的组织下，在各自班级用多媒体收看了此次“太空授课”。

（三）家校共联手，课内外活动并驱

1. 衣旧有爱，聚爱灯三。2021 年 12 月 27 日，桂城灯湖社区、灯湖第三小学联合广州普联再生资源有限公司开展“衣旧有爱，聚爱灯湖”旧衣物环保回收活动，本次活动回收 10 034 件旧衣物。

2. 传承非遗文化，徒步公益活动。学校的党史学习教育不单单在校内开展，更与家长们密切合作，让家长们带着孩子到外面进行课外研学，拓宽孩子的视野。

（四）师生齐防疫，爱己之身如爱国

1. 疫情路上与童行，感恩天使来采样。2021 年 5 月 31 日上午，在上级部门的组织协调下，桂城医院 6 名医护人员来到灯湖第三小学，对学校 2 398 名师生、职工进行核酸检测。学生绘制感恩卡，以表达对白衣天使的感恩之情。

2. 疫情袭来不慌张，线上教学谱新章。疫情再起硝烟，学校从 2021 年 6

月7日起把教学战线转移至线上，全体师生再聚云端，重启“丰润”云课堂。

3．别样重逢在线下，心内依旧系云端。2021年6月25号上午，灯湖三小全体行政人员返校召开了新冠肺炎疫情复学工作会议，对返校复学的教育教学、卫生保健、安全管理等工作进行了详细安排。

4．以疫苗护着“花苗”，守护祖国小花朵。2021年11月8日，疫苗接种队伍伴着晨光走进灯湖三小，为学校学生开展新冠疫苗接种工作，守护学生的健康。

三、取得成效

（一）“廉洁南海，清风校园”获优秀组织单位

2021年11月，学校被评为“清廉之声”南海区崇廉敬德主题诗文朗诵大赛优秀组织单位，“廉洁南海，清风校园”南海区教育系统纪律教学学习活动优秀组织单位（见图2－96、图2－97）。

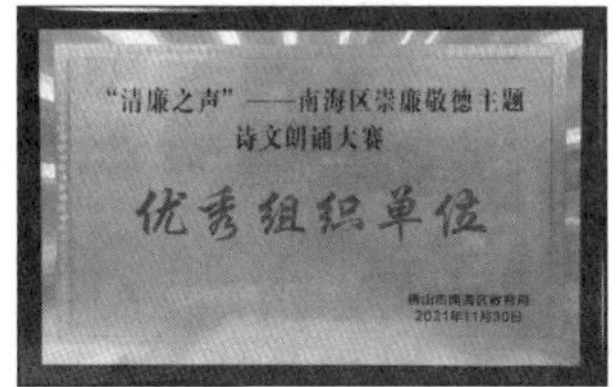

图2－96　优秀组织单位牌匾

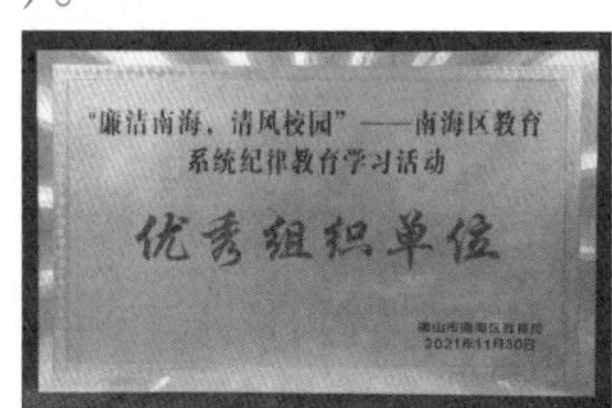

图2－97　优秀组织单位牌匾

（二）“红色基因”主题教育活动获“雄鹰银奖”

2021年10月13日，在南海区庆祝少先队建队72周年暨第六届“学党史　颂党恩　承传统，南海菁英在行动”“红色基因”主题教育活动中，学校代表队获“雄鹰银奖”，其中六（3）中队的陈飞扬同学荣获“管理小能手”的光荣称号（见图2－98）。

图2－98　陈飞扬（前排左四）上台领奖

（三）南海区戏剧节相声节目获特等奖

2021 年 5 月 13 日，学校相声节目《说富贵》参加了南海区首届中小学语言艺术文化节暨第二届戏剧艺术节小学组比赛，学校荣获特等奖、最佳创作奖，其中，捧哏的扮演者——林如怡同学荣获全场“最佳演员奖”（见图 2－99）。

图 2－99　相声节目《说富贵》学生获奖照片

厚植红色精神，赋能党史教育活动

——展旗学校党史学习教育活动案例

佛山市南海区里水镇展旗学校　邹泳怡　邓碧君　赖穗枫　傅清霞

2021 年是中国共产党成立 100 周年，为全面贯彻党的教育方针，加强党史教育进课堂，培养红色基因传承人，学校围绕“党的发展历程”“共产党员的精神”“寻找身边红色足迹”主题开展丰富多样的校园活动，引导学生认识党的光辉发展历程，挖掘党员的精神内涵，寻找身边的红色足迹，从而培养学生爱党爱国的精神，引导学生从小树立理想信念，传承革命精神，做社会主义的建设者和接班人。

一、背景情况

教育部发布的《中小学德育工作指南》中提出，目前中国正处于实现“两个一百年”战略目标和中华民族伟大复兴中国梦的关键阶段，立德树人应是中小学一切工作的核心目标。

学校党史学习教育活动进行了创新性的思考，打破地点、形式限制，避免“报告式”“说教式”，主题学习与多媒体、时代元素相融合，通过“读、讲、研、行”等师生喜闻乐见的方式，以“红色基地”“书记课堂”“讲好红色故事”为载体，让党史学习走出班级、走出校园，走进生活中，让党史学习走“新”又走心，让全体师生在多元的活动中有更深入的思考和体会，从而更加坚定传承红色基因、献身共产主义事业的使命感和责任感。

二、主要做法

（一）多元化读党史，铸造红色基因之魂

学校开展了以“童心向党颂中华，书香悦读传经典”为主题的班级朗诵比赛，各班围绕“歌颂中国共产党”“传承红色精神”为主题精心选择了适合的篇目，认真进行了排练，并加以舞蹈、情景剧等形式丰富节目表演的内涵。同学们以饱满的精神状态参加比赛，在诵读的过程中再次感受中国共产党奋斗历程，同学们爱党爱国的情怀再一次得到了升华。

为进一步促进全民阅读，精心营造良好氛围，学校党支部在中国共产党成立100周年之际，结合党史学习教育活动，在报告厅开展了“奋斗百年路，启航新征程”南海区党史共读活动。翁彤微老师通过视频《13人到9 000多万人：史上最牛创业团队》回顾了共产党一步步走来的不容易。在场的观众跟随着视频走进翻滚着昔日英勇浪涛的历史长河，一起追忆了一艘小小的红船到巍巍巨轮的发展历程。党员们和少先队员们用饱含深情地朗诵党史表达出对祖国、对中国共产党的满腔热爱（见图2-100、图2-101）。

图2-100　同学们参加“童心向党颂中华，书香悦读传经典”活动

图 2-101　同学们参加“奋斗百年路，启航新征程”千人党史共读活动（分会场）

（二）讲好红色故事，润泽红色精神之脉

讲好中国共产党的故事，是一种纪念，也是一种责任，更是一种使命。中国共产党 100 年峥嵘岁月中写满了值得我们传颂的故事：敢为人先的红船故事、不畏困难与牺牲的长征故事、捍卫国家主权的抗战故事……这些故事中所蕴藏的精神是鼓舞着千千万万中国人不断前行的力量，更是中小学立德树人的宝贵资源。

学校把“讲好红色故事”贯穿于学生成长教育的全过程，通过思政课堂为教学主阵地，通过开展“书记上党课”“党史小主播”“红领巾党史广播站”等方式传播红色故事，让每位学生都争当红色故事的讲述人、红色精神的传承者。

（三）研与学相融合，点亮理想信念之炬

学习尝试突破学校的“围墙”，走到更广阔的世界里。学校结合红色教育资源，开展了以“寻找身边红色足迹，传承革命精神”为主题的研学活动，党员教师带领同学们走进中共南三花工委旧址，听听不一样的革命故事。学生通过小组探究的方式从一张图片、一个故事、一段文字中挖掘“南三花”革命精神，听完沈夔洲老党员同志讲“南三花”革命故事后，向党的童心炙热起来，他们纷纷写下今后的成长目标，立志要做一名对社会、对国家有贡献的人（见图 2-102）。

图 2－102　党员教师和同学们走进南三花工委旧址开展研学活动

（四）知行合一，做红色精神的传承者

知是行之始，行是知之成。党史学习重在“知行合一”，注重提高党史学习的“转化率”“变现率”。在学生群体开展“志愿服务”“争优争先”等活动引导学生将党史学习中的知识和感悟转化为行动，力所能及地做奉献，刻苦学习，立志成为红色精神的传承者（见图 2－103）。

图 2－103　党员教师和学生志愿者走进社区进行志愿活动

三、取得成效

（一）多元活动，激发学生浓厚的学习兴趣

《中小学德育工作指南》中指出，要精心设计、组织开展主题明确、内容丰富、形式多样、吸引力强的教育活动。本次党史教育活动采用了丰富多样的活动形式，如班级诵读比赛、党史共读活动，走进红色教育基地等，有效地激发学生浓厚的学习兴趣，真正做到以鲜明正确的价值导向引导学生，培养学生爱党爱国的精神，促进学生形成良好的思想品德和行为习惯。

（二）创新活动，让党史走进校园，让初心融入教育

学校通过“读、讲、研、行”等师生喜闻乐见的方式，以“红色基地”“书记课堂”“讲好红色故事”为载体，让党史走进校园，让党的故事触动孩子们的心灵。其中，学校创新性设计的“全市同上一节思政课”课例获评佛山市优秀课例；学校将党史教育贯穿于教育教学活动中，学校工作案例获评优秀并在全镇推广。

奋斗百年征程，教育初心不变。学校将继续优化党史教育活动，全力培养德智体美劳全面发展的社会主义建设者和接班人，办人民满意的学校。

下编　教学设计

回顾峥嵘岁月，培育时代新人

东平小学党总支　周慕嫦

一、教学内容分析

民族精神教育和理想信念教育是学校德育工作的得要组成部分。在新的时代背景下，如何促进少年儿童的发展，让少年儿童更加健康快乐成长，是我们作为基层辅导员需要思考的问题。在纪念建党 100 周年之际，与学生共同了解中华民族经历的百年沧桑，重温党的那段激情燃烧的奋斗史，引导学生继承革命先辈的光荣传统，牢固树立“爱我中华、兴我中华”的坚定信念，从小立志做一个爱党爱国、懂感恩、有理想的社会主义接班人。

二、学情分析

五年级的学生在平时的学习过程中已经对中国共产党有了一定的认识，而且在平时通过课外阅读、网络媒体等，也对中国共产党的历史和英雄事迹有一定的了解。根据他们的特点，本课采用辅导员和个别学生来进行讲授，借助学生自己的力量来影响同伴，运用视频、音乐等媒体手段来给学生重现历史和反映本课的学习重点，激发他们的学习热情，达到教学目标。

三、目标确定

（一）知识与能力

1. 认识中国共产党成立的背景。
2. 通过活动让学生了解中国共产党 100 年的光辉历史。
3. 让学生通过介绍英雄事例培养他们的演讲能力。

（二）过程与方法

1. 让学生通过搜集资料、制作演讲稿和幻灯片提高他们的自主学习能力。
2. 通过视频、歌曲、课件等手段让学生能更深刻认识历史。

（三）情感态度价值观

1. 通过学习中国共产党艰苦奋斗的精神，培养刻苦学习的意志。
2. 激发学生爱国、爱党、爱社会主义的情感。
3. 提升学生对党的感恩之情，激发学生的社会责任感和使命感，树立“爱我中华、兴我中华”的坚定信念。

四、学习重点难点

1. 教学重点：初步了解中国共产党党史。
2. 教学难点：通过学习提升学生对党、对国家的热爱之情，树立正确的人生观和价值观。

五、学习活动设计

环节一　认识党的光辉历程

活动设计项目	内容
教师活动	1. 利用多媒体播放短片《光辉的历程》（5 分钟）。 2. 课件出示问题： （1）中国共产党的成立时间？ （2）1937 年 7 月 7 日，日本发动了什么事变？ （3）中华人民共和国成立的时间？ （4）我国是在哪一年开始实行改革开放？ 3. 根据学生的回答，对相关的历史事件进行简单阐述，加深印象
学生活动	1. 观看短片。 2. 思考问题。 3. 积极回答老师提出的问题。 4. 准备演讲的同学在一旁准备
设计意图	本环节利用视频短片与学生一起回顾中国共产党走过的光辉历程，让学生从视频中了解党和国家的历史，更直观。利用几个关键问题贯穿党的历史，能让学生有目的地观看视频，达成教学目标。教师通过简单概述，提炼出主要精神，让学生明白今天的幸福生活来之不易

环节二　缅怀革命先烈

活动设计项目	内容
教师活动	1. 引导学生交流革命先烈的故事。 2. 邀请提前准备了人物介绍的两名同学进行演讲。 3. 请同学们小组讨论，刚才两名同学介绍的英雄人物身上有什么精神是值得我们学习的。 4. 与学生一起归纳革命烈士的优良精神，鼓励学生向他们学习
学生活动	1. 第一个同学进行演讲：革命先烈李大钊的故事（配有 PPT）。 2. 第二个同学进行演讲：革命英雄刘胡兰的故事（配有 PPT）。 3. 学生分组讨论。 4. 汇报讨论结果
设计意图	这个环节提前让两名同学进行了资料搜集，制作演讲稿，主要是给学生创造一个表现的平台，激发他们的演讲潜能。也可以把学习的主动权交给学生，由优秀的队员代表讲述先烈故事，队员们认真聆听，更有意义

环节三　争做时代新人

活动设计项目	内容
教师活动	1. 引导学生讨论将来要挑起祖国发展重任，现在应该怎么做。 2. 课件出示“三有”时代新人的标准：要有远大的理想、有高超的本领、有勇于担当民族复兴大任的责任感和自信心。 3. 播放建党百年版《少年》。 4. 总结归纳，布置课后作业
学生活动	1. 学生认真聆听。 2. 齐读“三有”时代新人的标准。 3. 欣赏歌曲视频建党百年版《少年》，感受祖国的蓬勃发展

六、板书设计

板书设计见图 3－1。

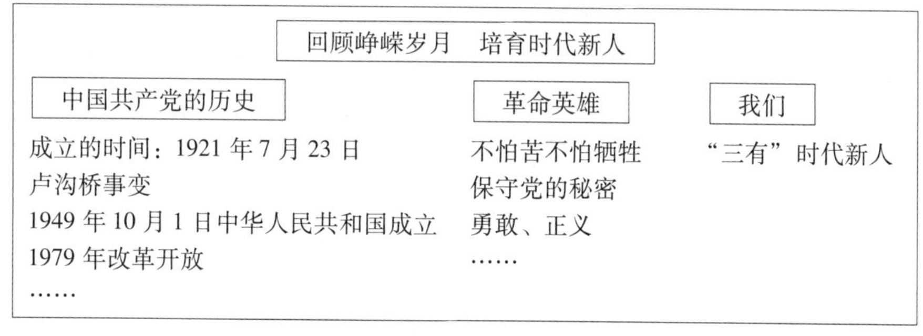

图 3－1　板书设计

七、作业与拓展学习设计

1. 回家后利用课余时间多阅读课外书籍。
2. 每天抽空看时事，了解国家大事。
3. 全班同学轮流在以后的班会课上进行演讲。（包括党史、英雄人物、国家的时事政治等）

八、特色学习资源分析、技术手段应用说明

1. 做中学习。学生在课前搜索革命先烈事迹的时候，学习利用网络平台搜索需要的资料，把资料归集成档，并把资料制作成演示文档。
2. 演中提升。讲述革命先烈事迹的同学在排练时通过模拟练习发现问题，及时改进，纠正一些平时自己没有发现的问题，互相促进，最后展示一个效果良好的正式活动。
3. 增强觉悟。这节课充分运用视频素材进行教学，更直观。在同学们心中种下一颗传承红色基因的种子，让同学们认识到今天我们的美好生活来之不易，要好好学习，从小定目标、立志向，将来为祖国建设贡献自己的力量。

九、教学反思与改进

此次“回顾峥嵘岁月，培育时代新人”主题班会活动意义重大，激发了爱国情怀，传递了青春正能量。鼓舞同学们在学习和生活中不断进步，做红

色基因的践行者和宣传员；做中国特色社会主义共同理想的坚定信仰者和践行者；在实践中更好地传承红色基因，争做时代新人。

教师作为活动的指导者参与本次活动。先由班内比较有想法的同学组成工作小组，提出自己的想法，并在小组会中分析各个想法的可行性；然后让他们准备各项资料与用品，初步排练；再观看他们的彩排，组织他们交流，提出完善建议；继续改进直到活动正式开始。整个过程教师既引导也做适时指导，留给同学们很多自主锻炼的空间，让同学们不断改进，把想法变为现实，体会成功的喜悦，也锻炼了他们的组织协调能力。

改革创新谋发展

佛山市顺德区南沙小学　刘思远　陈靖雯　陈泽良

一、教学内容分析

本课时是部编版《道德与法治》五年级下册第 12 课“富起来到强起来”第一课时“改革创新谋发展”的内容，对改革开放的背景和过程进行了介绍，记述了在党的领导下改革开放给中国带来的巨大变化，并分别展示了农业、工业、科技、文化、生活等领域的发展与变化。这个话题的内容意在让学生了解国家是如何在中国共产党的领导下富起来的，理解改革创新的重要意义。

二、学情分析

现阶段五年级学生虽然享受着改革开放带来的富足，但是大多数学生没有经历过艰苦岁月，对改革开放的重要影响与意义了解得不全面，也不了解今天富足生活的历史渊源。五年级学生好奇心强，同时也具备一定的搜索、分析信息的能力，因此教师可以通过让学生自主学习和合作探究的方式来帮助学生认识改革开放的历史过程，了解在中国共产党的领导下改革开放以来祖国在农业、工业、科技、文化、生活等领域取得的成就，感悟改革开放对中国发展的影响。

三、目标确定

1. 了解改革开放的历史，体会在改革开放以来党的领导下取得的成就和社会生活各方面发生的变化。

2. 通过调查、访问等方式获取、分析和归纳改革开放取得的成就和建设者们努力创新、不畏艰险的精神。

3. 树立民族自豪感和自信心，提高学生爱国爱党、为国争光的行动意识。

四、学习重点难点

1. 教学重点：了解体会我国改革开放以来在党的领导下取得的成就和社会生活各方面发生的变化，激发民族自豪感和自信心。

2. 教学难点：在分析和归纳改革开放各领域取得的成就中关注建设者们的付出和精神。

五、学习活动设计

环节一　视频激趣，引入改革

活动设计项目	内　　容
教师活动	1. 播放《厉害了，我的国》视频片段后提问：作为一位中国人，你有什么感受呢? 2. 小结：正是因为我们国家不断地改革创新，才有今天强大的祖国。 3. 揭示课题：改革创新谋发展
学生活动	看完视频后谈自己的感受
设计意图	通过视频吸引学生的注意力，提高学生的兴趣，也让学生感受到祖国的繁荣富强，从而自然揭示课题

环节二　新知探究，走进改革

1. 改革的号角：党的十一届三中全会。

活动设计项目	内　　容
教师活动	1. 展示改革开放前的历史照片，让学生感受改革开放前后的巨变，引出中国共产党召开的十一届三中全会。（板书：改革的号角　党的十一届三中全会） 2. 引导学生了解改革开放的背景。 3. 创设改革开放分享会的情境，分别派出改革队、创新队、发展队、拼搏队展示课前调查的成果
学生活动	1. 了解祖国发生巨变的原因——中国共产党召开的十一届三中全会。 2. 了解改革开放的背景
设计意图	通过教师的介绍让学生了解改革开放的历史背景，创设改革开放分享会的情境，调动学生的积极性

2. 改革开放分享会。

活动一：揭开序幕，农业发展。

活动设计项目	内　　容
教师活动	1. 对改革队进行小结：虽然有困难，但我国的农业科技人员迎难而上，他们自强不息的精神，值得我们学习。小岗村的改革揭开了改革开放的序幕。（板书：揭开序幕　农业发展） 2. 对创新队进行总结：从农业、工业的发展中感受到了改革开放的影响。正是在党的领导下，这些改革创新的举措让我们的国家取得了巨大成就
学生活动	1. 改革队：分享改革开放农业的调查成果。（介绍小岗村并讲述袁隆平爷爷的故事） 2. 创新队：分享改革开放工业的调查成果

活动二：高速发展，对外开放。

活动设计项目	内　　容
教师活动	1. 引导学生准确理解“深圳精神”。 2. 对发展队进行小结：对外开放真正使中国的经济发展进入了高速时期。（板书：高速发展　对外开放） 3. 教师拓展家乡顺德的巨变
学生活动	发展队：分享改革开放经济发展的调查成果。（以深圳经济特区为代表和对外开放的“窗口”为例）

活动三：走向辉煌，科教兴国。

活动设计项目	内　　容
教师活动	对拼搏队进行小结：科技的发展和教育的发展，不得不让我们感叹科教兴国战略真正使我们的国家走向了辉煌。（板书：走向辉煌　科教兴国）
学生活动	拼搏队：分享改革开放科技发展和教育发展的调查成果。（从《中华人民共和国义务教育法》和南沙小学校园历史变化入手）

活动四：感受巨变，畅谈生活。

<table>
<tr><th>活动设计项目</th><th>内　　容</th></tr>
<tr><td>教师活动</td><td>
1. 展示学生的课前调查表。
<table>
<tr><th>项目</th><th>祖辈童年</th><th>父辈童年</th><th>自己</th></tr>
<tr><td>衣</td><td></td><td></td><td></td></tr>
<tr><td>食</td><td></td><td></td><td></td></tr>
<tr><td>住</td><td></td><td></td><td></td></tr>
<tr><td>行</td><td></td><td></td><td></td></tr>
<tr><td>用</td><td></td><td></td><td></td></tr>
<tr><td>……</td><td></td><td></td><td></td></tr>
</table>
2. 明晰小组活动要求：
（1）在组内分享你的调查成果。
（2）每组派代表在全班分享调查成果。
3. 提问：对比祖孙三代的童年，你感觉祖国有什么样的变化？你们觉得是什么因素成就了祖国的繁荣呢？
小结：党的十一届三中全会吹响了改革的号角，国家不断改革创新，还有我们中国人民不畏艰难、开拓进取、吃苦耐劳的精神，成就了今天强大的祖国
</td></tr>
</table>

续上表

<table>
<tr><th>活动设计项目</th><th>内　　容</th></tr>
<tr><td>学生活动</td><td>1. 小组分享：各小组在组内分享对祖辈、父辈以及自己三代人童年时期的衣、食、住、行、用等方面的调查报告。
<table>
<tr><th>项目</th><th>祖辈童年</th><th>父辈童年</th><th>自己</th></tr>
<tr><td>衣</td><td></td><td></td><td></td></tr>
<tr><td>食</td><td></td><td></td><td></td></tr>
<tr><td>住</td><td></td><td></td><td></td></tr>
<tr><td>行</td><td></td><td></td><td></td></tr>
<tr><td>用</td><td></td><td></td><td></td></tr>
<tr><td>……</td><td></td><td></td><td></td></tr>
</table>
2. 各组派代表分享。（利用视频、图片、实物等展现祖孙三代的不同经历）</td></tr>
<tr><td>设计意图</td><td>通过改革开放分享会的小组分享和展示，让学生充分感受到在党领导下祖国的强大，还有中国人民的开拓创新精神，也充分发挥小组集体的智慧，把课堂的舞台还给学生，让学生成为课堂的主人</td></tr>
</table>

环节三　携手奋斗，延续改革

活动设计项目	内　　容
教师活动	1. 作为社会主义建设者、接班人的我们，应该怎么做呢？ 2. 总结：正是在中国共产党的正确领导下，我们的民族才能在不断改革创新中增强民族凝聚力，我们的国家才能在不断改革创新中焕发出生机活力
学生活动	学生畅所欲言，谈自己的做法
设计意图	引导学生将改革创新的精神践行于实际学习、生活中，树立民族自豪感和自信心，培养学生爱国爱党、为国争光的行动意识

六、板书设计

板书设计见图 3－2。

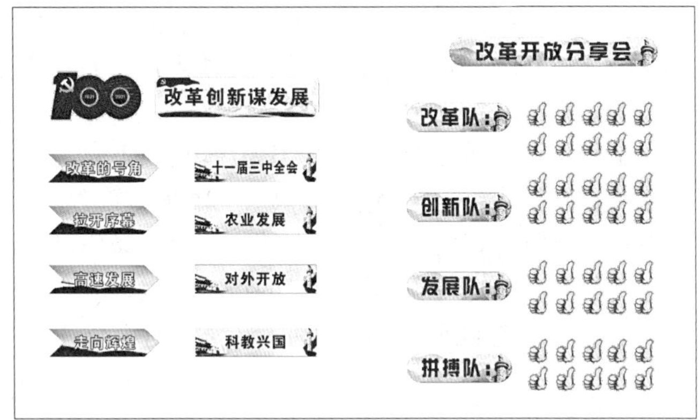

图 3－2　板书设计

七、作业与拓展学习设计

请各小分队的成员根据课前采访和调查的资料以及今天学完本节课的感受和收获，制作一张名为“改革创新谋发展”的手抄报，并带回学校在班级内进行投票，比一比谁获得的票数最多。

八、特色学习资源分析、技术手段应用说明

1. 从学生需求出发，想学生所想，了解学生的需求，多方面运用学生身边的例子。例如：从学生的家乡顺德、均安着手寻找素材，让学生感受改革开放对家乡产生的影响；从学生自己的学校——南沙小学入手，从南沙村史馆、学校校史馆等多方渠道搜集信息让学生感受改革开放后教育给我们带来的巨大变化；将学生分成四个小队，让学生分别从自己身边的亲人去调查、采访和搜集改革开放对他们影响深刻的事。

2. 将可视化教学与小学五年级道德与法治相结合，运用现代化教育技术中多种视觉表征手段，通过构建基于视频音频、图片图画、实物情境创设、思维导图等可视化手段的教学策略，旨在从视觉、听觉等各方面，以动态、立体、全方位的形式引导五年级的学生能够积极主动地学习党史，对党史知识感兴趣，提高五年级学生政治认同的学科核心素养。

九、教学反思与改进

本课充分体现了教师的主导地位和学生的主体地位。学生积极参与课堂教学，成为课堂的主人；教师引导学生整理资料，提炼信息，使学生成为课程资源开发利用的主体。教师精心设计问题，由浅入深，引导学生由感性认识上升到理性认识。在这一过程中，学生思维活跃，发言踊跃，课堂气氛热烈，反映了师生是“学习共同体”。同时，学生体验到了学习的快乐，增强了对改革开放这一原本认为是比较遥远的话题的兴趣。在教学过程中，借助音频、视频、图片、实物等资料，增强教学的直观性。教学环节的设计力求让每个学生都有所收获，能力得到不同程度的提升和发展。但在党史的教育上，切入点还可以更小，更贴近学生的生活，让学生有话可说。

少年有梦

佛山市顺德区龙江镇龙山初级中学　刘美慧

一、教学内容分析

“少年有梦”是部编版《道德与法治》七年级上册第一单元“成长的节拍”第一课“中学时代”第二框的内容。本课时内容旨在引导学生在进入中学之初对中学生活有所规划，从而对学生进行梦想教育，而本框内容可以很好地融入中国共产党带领中国人民从站起来到富起来再到强起来的历史，引导学生认识共产党人织梦—追梦—圆梦的过程，且激励学生结合自身追寻梦想。

二、学情分析

梦想话题对学生而言相对熟悉，但学生对此大多仅停留在口头上，因此本课的关键是引导学生将追梦落实在行动中。且本课教学将联系党史知识，而学生对于党史的认识大多集中在刚接触的历史学科学习上，较少深入了解。因此，本课教学将通过对典型党史事件、人物和精神的学习，在帮助学生深入了解党史的同时，激励学生践行党的信念，把梦想付诸行动。

三、目标确定

1. 情感态度价值观目标：通过学习党的故事和精神，培养学生对党的感恩情和认同感，激发学生把个人梦与中国梦紧密结合，且为之奋斗。

2. 能力目标：通过小组分享党史人物故事，培养学生的归纳和表达能力；通过梦想努力计划的作业布置，提高学生进行人生规划的能力。

3. 知识目标：通过了解共产党的梦想，引导学生认识什么是梦想；通过介绍党史典型人物和精神，帮助学生认识为什么要有梦想；通过分享典型的党史故事，启发学生要通过努力实现梦想。

四、学习重点难点

1. 教学重点：梦想的重要性。
2. 教学难点：实现梦想的途径。

五、学习活动设计

环节一　问题驱动，怀揣梦想

活动设计项目	内　　容
教师活动	播放采访视频：关于学生生活幸福度的采访。 引导学生思考：目前的美好生活是谁带领人民创造的，是如何一步步奋斗出来的
学生活动	学生观看视频，积极回答，并在教师的引导下认识到目前的美好生活是中国共产党坚持中国梦、带领人民艰苦奋斗出来的
设计意图	通过采访学生的真实想法，引导学生思考，让学生更真切地感受到中国共产党为人民幸福生活、为实现中国梦而努力奋斗。同时以问题驱动的方式，激发学生对共产党的感恩之情，激励学生为自己梦想的而努力

环节二　视频启发，点燃梦想

活动设计项目	内　　容
教师活动	探究一：播放视频《中国共产党百年述职报告》，引导学生思考：中国共产党的梦想是什么？什么是梦想？ 根据学生的回答，顺势介绍中国共产党的梦想。 探究二：展示图片。周恩来的梦想——为中华之崛起而读书；邓稼先的梦想——为国家研究出第一颗原子弹；袁隆平的梦想——禾下乘凉梦，杂交水稻覆盖世界。 向学生介绍典型党员人物的梦想，且鼓励学生分享自己的梦想，并顺势引导学生认识到为什么要有梦想
学生活动	探究一：学生认真观看视频，了解中国共产党的梦想，感受中国共产党为实现梦想而百年奋斗的精神，并在教师的引导下认识到什么是梦想。 探究二：学生聆听教师的介绍，且积极分享自己的梦想，并在教师的引导下认识到为什么要有梦想
设计意图	探究一：梦想是较为抽象化的概念，所以为了化抽象为具体和更贴近学生的思维能力，在本环节紧扣党史教育播放视频，让学生更直观地感受党为了人民的美好生活做出的努力，并引导学生体悟梦想的含义。 探究二：以党史中三位关键人物的梦想引导学生意识到梦想的重要性，激发学生树立个人梦想，也借此给予学生分享梦想的机会，调动学生的积极性

环节三　故事引领，坚定梦想

活动设计项目	内　　容
教师活动	展示关于周恩来、邓稼先、袁隆平追梦场景的图片，鼓励学生根据课前的小组准备分享三位典型人物的追梦故事，并启发学生思考：怎样实现梦想？ 根据学生分享，结合三位典型人物的追梦故事，介绍他们身上的坚守理想、践行初心、担当使命、不负人民的伟大建党精神

续上表

活动设计项目	内　　容
学生活动	学生以小组为单位，根据课前准备分享故事，并从中认识到努力是实现梦想的途径。 同时，在教师的引导下，从三位典型人物的追梦故事中学习到伟大建党精神，并从中认识到努力需要目标、坚持和方法
设计意图	本环节鼓励学生以小组形式分享故事，突出学生的主体地位，且通过分享故事激发学生对典型人物的敬佩之情，鼓励学生向典型人物学习努力实现梦想。 同时，从党史重要人物的故事和精神切入，启发学生从具体人物身上去感受其梦想所具有的时代使命感，为党史情感的培养打下坚实基础

环节四　歌曲激励，追寻梦想

活动设计项目	内　　容
教师活动	播放歌曲《中国梦》，鼓励学生把个人梦想与中国梦结合起来，为梦想而努力，写下《我的梦想努力计划》
学生活动	学生沉浸在《中国梦》的歌声中，开始书写《我的梦想努力计划》
设计意图	通过播放歌曲，实现感情的升华，让学生在革命故事的情境和爱国爱党的歌声中书写梦想努力计划，把梦想落实到具体行动中

六、板书设计

板书设计见图3－3。

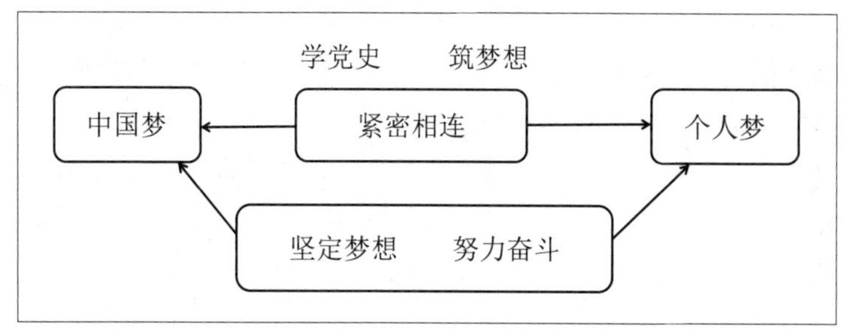

图3－3　板书设计

七、作业与拓展学习设计

书写《我的梦想努力计划》，引导学生把梦想的实现落实到具体行动中，真正地做到内化于心、外化于行。

八、特色学习资源分析、技术手段应用说明

导入时，播放采访视频，利用问题驱动启发思考，调动学生积极性。

活动探究时，以视频直观展示党的百年征程，用图片创设追梦场景，让学生更身临其境地感受党史和分享故事，激发学生对党的感恩之情和认同感。

最后，情感升华处播放音乐，让学生沉浸在爱国爱党的歌声中，书写计划，努力实现梦想。

九、教学反思与改进

本课设计巧妙地把党史知识和“少年有梦”内容有机融合，以党史场景体验为载体，通过分析党史视频、聆听党史故事、学习党史知识，梳理出党史典型人物实现梦想的过程，引导青少年向党史典型人物学习，正确织梦、坚定追梦、努力圆梦。同时在教学过程中还带领学生学习了伟大建党精神，不仅传承和弘扬党的宝贵精神财富，更是激发学生感恩党、认同党，激励学生坚定不移地听党话、跟党走。

总体而言，本课能通过梳理出教材和党史内容的相通之处，把党史形象生动地融入本课中，且能坚持以学生为主体，立足学生的情况和想法，调动学生的课堂积极性，既帮助学生落实本课知识，又培养学生的党史情感。

但与此同时，在学生分享故事环节应该要在课前对小组的准备情况进行了解，避免出现分享时间过长影响进度的情况。在课后要持续关注学生的思想理念和实际行动，真正地做到引领学生感恩党、认同党和鼓励学生把个人梦想与中国梦相结合，并为之不懈奋斗。

中国共产党领导的多党合作和政治协商制度

佛山市顺德区京师励耘实验学校　刘秋婵

一、教学内容分析

本课内容属于部编版《道德与法治》八年级下册第三单元“人民当家作主”，帮助学生正确认识我国的国家制度和国家机构。“国家制度”又包括“政治制度”和“经济制度”。本课时属于基本政治制度，主要围绕我国政党制度展开。

本课时分为三个部分：

第一，我国的爱国统一战线和多党合作的基本方针。

第二，人民政协的性质和职能。

第三，中国共产党领导的多党合作和政治协商制度的意义。

二、学情分析

1. 本课内容离学生生活实际比较远，学生了解较少。

2. “坚持党的领导”在本学期第一课已经讲解过，但时间已过去半个学期，需要补充复习。

3. 须理解的内容比较多，学生在记忆上比较难背诵。

4. 本课时内容知识不算多，但是学生对于党的相关时政兴趣不够浓厚，因此价值引导和激发热情很重要。

三、目标确定

1. 情感、态度和价值观目标：坚持和拥护中国共产党的领导，推动中国共产党领导的多党合作和政治协商制度的完善；尊重政治协商，树立主人翁意识。

2. 能力目标：运用本课相关知识理解分析政治现象，提升参与政治生活的能力；从时政生活中概括出该政治制度对保障人民当家作主的作用。

3. 知识目标：理解中国共产党领导的多党合作和政治协商制度，理解爱国统一战线。

四、学习重点难点

1. 教学重点：我国的政党制度如何保障人民当家作主，我国政党制度的现实意义和价值。

2. 教学难点：理解中国共产党和各民主党派的区别和联系；理解人民政协不是国家机关以及人民政协的职能。

五、学习活动设计

环节一　新课导入

活动设计项目	内　　容
教师活动	播放视频《共绘蓝图》。 问：这体现了我国实行什么政治制度
学生活动	观看视频，学生概括材料，提取信息、迁移生活实际和知识点：我国的基本政治制度是中国共产党领导的多党合作和政治协商制度
设计意图	1. 联系时政，总领课程：教师剪辑关于“十四五”规划制定过程中的相关内容，制作关于本节课制度的视频。 2. 引起学生兴趣，调动学生课堂积极性，让学生能够有话可说。 3. 学生通过迅速地概括材料，锻炼提取信息、迁移生活和知识点的能力

环节二　统一战线·同心向党

活动设计项目	内　　容
教师活动	1. 教师提取材料中的关键信息，制作成图示（见图3－4）并且进行展示，引发对比思考。 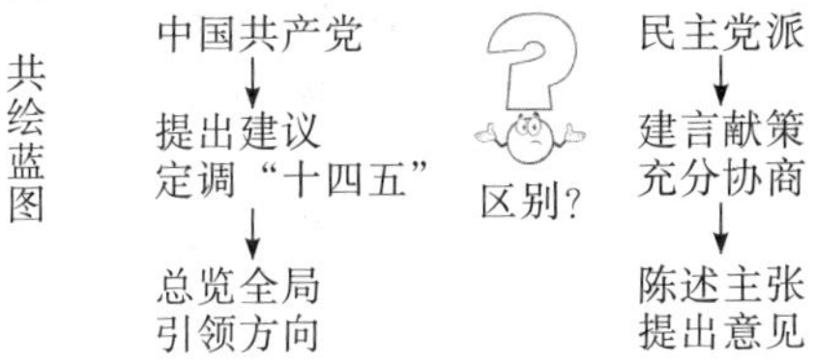 共绘蓝图 中国共产党 ↓ 提出建议 定调“十四五” ↓ 总览全局 引领方向 区别？ 民主党派 ↓ 建言献策 充分协商 ↓ 陈述主张 提出意见 图3－4　共绘蓝图 问：对比在《共绘蓝图》中，中国共产党和民主党派的区别是什么？ 2. 出示本校校运会开幕式主题，12个红色精神方阵的图片（见图3－5）。 追问：中国共产党是中国特色社会主义事业的领导核心吗？为什么只能中国共产党执政，其他党派参政？ 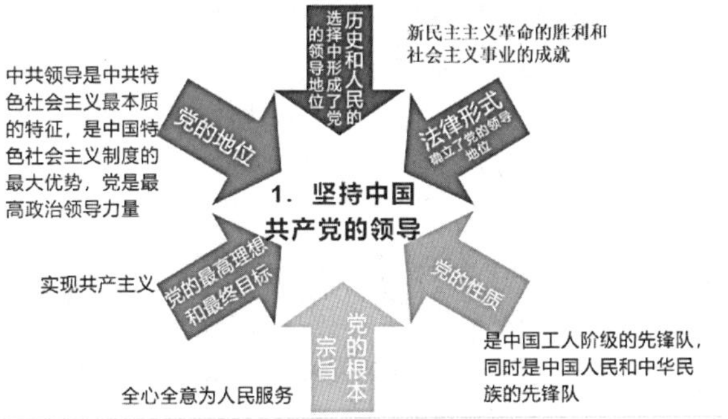 1. 坚持中国共产党的领导 历史和人民的选择中形成了党的领导地位 新民主主义革命的胜利和社会主义事业的成就 法律形式 确立了党的领导地位 党的地位 中共领导是中共特色社会主义最本质的特征，是中国特色社会主义制度的最大优势，党是最高政治领导力量 党的最高理想和最终目标 实现共产主义 党的根本宗旨 全心全意为人民服务 党的性质 是中国工人阶级的先锋队，同时是中国人民和中华民族的先锋队 图3－5　坚持中国共产党的领导 3. 展示图示（见图3－6），让学生寻找中国共产党和各民主党派的联系。 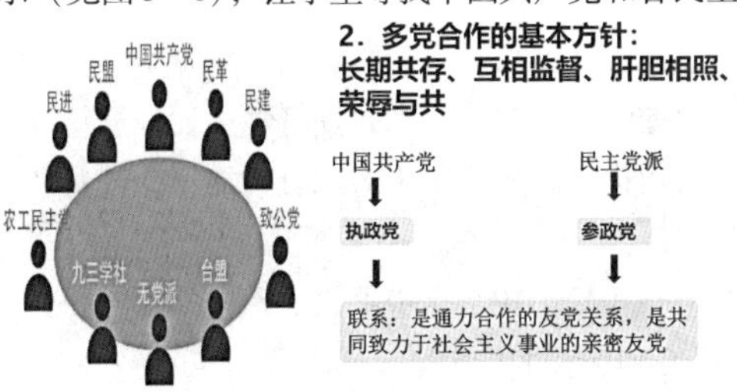 中国共产党　民革　民建　致公党　台盟　无党派　九三学社　农工民主党　民进　民盟 2. 多党合作的基本方针：长期共存、互相监督、肝胆相照、荣辱与共 中国共产党 ↓ 执政党 民主党派 ↓ 参政党 联系：是通力合作的友党关系，是共同致力于社会主义事业的亲密友党 图3－6　中国共产党和民主党派的关系 4. 小结训练，能力提升

续上表

活动设计项目	内　　容
学生活动	1. 结合所学知识，比较中国共产党和民主党派的不同，得出结论：中国共产党→执政党；各民主党派→参政党。 2. 观看校运会图片，学生朗诵诗歌（见图3－7），歌颂建党100周年。 从校运会开幕式、诗歌中总结相关知识点，回答相关知识点角度和具体内容。 **纪念中国共产党成立100周年** 五四春雷破晓天，迎来马列气雄篇。南陈北李传薪火，粤海湘江育俊贤。 新浪红船勇向前，匡扶华夏换新天。万里长征军更壮，千秋大业梦长圆。 九州昌盛黎民乐，百业繁荣捷报传。武汉倏然冠毒行，出生入死献忠诚。 抛家为国终无怨，舍己安民不计名。抗疫除灾凭大爱，飞天探月着先鞭。 初心牢记党魂在，建设中华奇志坚。中流砥柱雄风在，万众同心庆百年。 **图3－7　歌颂建党100周年** 问：为什么要坚持中国共产党的领导？ 3. 观看图示，寻找联系。 结论：多党合作的基本方针——长期共存、互相监督、肝胆相照、荣辱与共。 4. 完成选择题，巩固知识，突破难点：不是领导与被领导，是平等、相互监督的关系。 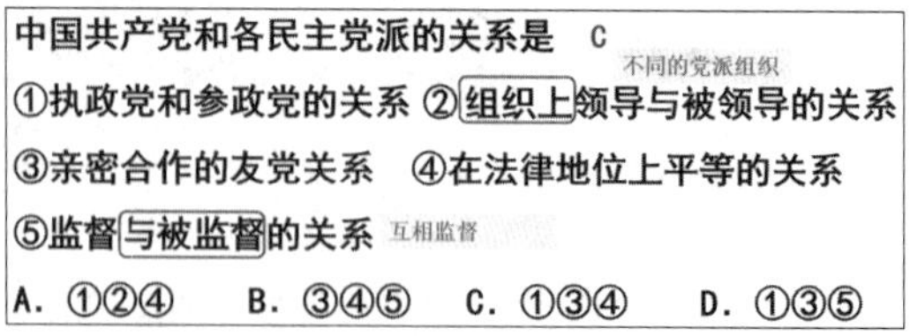 **中国共产党和各民主党派的关系是** C 不同的党派组织 **①执政党和参政党的关系 ②组织上领导与被领导的关系** **③亲密合作的友党关系 ④在法律地位上平等的关系** **⑤监督与被监督的关系** 互相监督 **A. ①②④　B. ③④⑤　C. ①③④　D. ①③⑤** **图3－8　能力提升**
设计意图	1. 深挖素材，深度思考，提升学生发掘、整合素材的能力。 2. 对比提问，提升学生对比分析能力，辩证理解中国共产党和民主党派的关系。 3. 结合实际，让学生把抽象的理论知识回归到生活中，提升时政与生活相互联系和迁移的能力。 4. 及时小结训练，用练习题突破难点，比教师讲解更多的案例来得更为直接和深刻

环节三　最大公约数·犇向中国梦

活动设计项目	内　　容
教师活动	1. 过渡：展示全国政协组成界别。中共共产党的法宝——爱国统一战线。 设问：如何发挥法宝的作用？ 正确使用：基本方针和中国人民政治协商会议。 播放视频：《人民政协》。 问：它又是什么，有什么作用？ 2. 追问：它是不是国家机关？（为后面的课程埋下伏笔） 3. 探究分享：它的价值。 总结学生答案：制度的意义。 得出结论：民主、和谐、和平、团结。 课堂小结：利用板书小结
学生活动	1. 观看视频《人民政协》。 思考：人民政协性质（是什么机构）、职能（做什么）。 从视频中获取并总结关键信息，得出结论。同时，完成智能连线，区分三大职能（见图 3－9）。 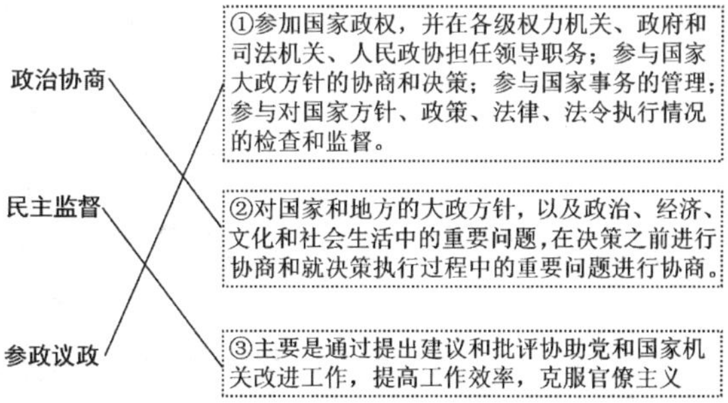 政治协商 民主监督 参政议政 ①参加国家政权，并在各级权力机关、政府和司法机关、人民政协担任领导职务；参与国家大政方针的协商和决策；参与国家事务的管理；参与对国家方针、政策、法律、法令执行情况的检查和监督。 ②对国家和地方的大政方针，以及政治、经济、文化和社会生活中的重要问题，在决策之前进行协商和就决策执行过程中的重要问题进行协商。 ③主要是通过提出建议和批评协助党和国家机关改进工作，提高工作效率，克服官僚主义 **图 3－9　人民政协的三大职能** 2. 区分：不是国家机关，是重要机构、统一战线（结合所学知识谈自己的观点）。 3. 对比分析：运用材料、分析知识，从是什么推论为什么
设计意图	1. 通过追问、连问方式，通过对新学知识的理解、运用，辩证思考获取新的知识。 2. 以练促学，以简单的习题，直观地突破难点。 3. 探究分享，小组讨论：在情境创设中，在能力范围内，以提升扩展为目的，通过小组讨论和新学知识运用，理解制度的价值，既有及时巩固效果，又能增强学生体验和自信心

环节四　开启新征程·青年正当时

活动设计项目	内　　容
教师活动	1. 任务驱动，准备素材，提供模板。 2. 价值升华：播放视频和结束语
学生活动	1. 小组体验，根据素材，撰写提案。 2. 观看视频《时代之问》，分享本课学习感受
设计意图	1. 撰写提案：体验人民政协的价值和意义，增强民主参与意识，认识到政党制度与我们的日常生活紧密相关，从课程回归生活。 2. 情感升华：树立主人翁意识，增强责任担当及舍我其谁的自豪感、责任心

六、板书设计

板书设计见图 3 – 10。

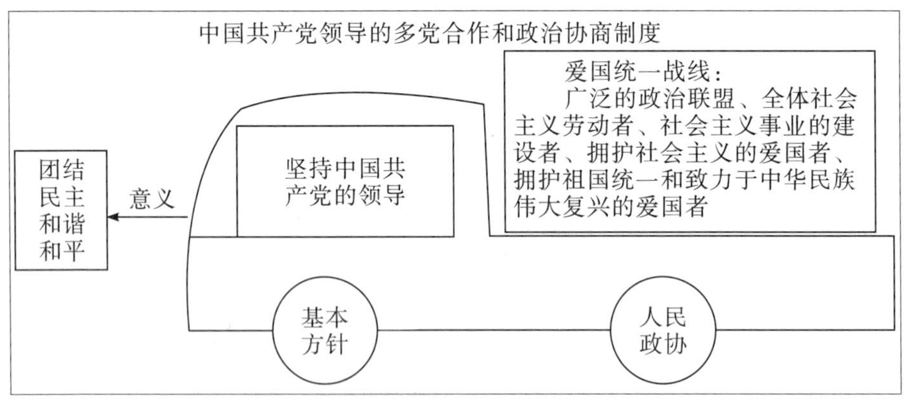

图 3 – 10　板书设计

七、作业与拓展学习设计

1. 常规作业：10 道选择题和 1 道问答题。因为本课内容不常考，所以只需要针对本课重难点设置选择题。问答题主要针对制度的意义，运用最新素材让学生思考："我国的政党制度为什么能划出最大同心圆？"

2. 拓展作业：对提案进行小组评比，一一对应课程知识点，分别从选题、规范性、实用性等几大板块进行评比。

八、特色学习资源分析、技术手段应用说明

1. 本校体育运动会开幕式，以建党百年华诞为主题，介绍党在不同时期的不同精神，学生都参与其中，体验感受深刻，及时运用，把知识融入生活。

2. 运用“十四五”规划、人民政协、少年之问等不同内容和形式的视频，引发兴趣，突破重点。

3. 选取学生关注的规划内容、两会提案典例，结合时政素材，充实知识。

4. 以关键词、图形、图片、表格等方式，通过形象思维让学生区分记忆，提升学习能力，并进行学法指导。

5. 作业设计中运用学生资源，相互评价，能够增强学生间的有效联结，促进对学习的兴趣和能力提升。

九、教学反思与改进

1. 体验活动中需要多留一些时间给学生，分享体验感受，因为前面课程进度只能在课后再进行小组评比和分享。

2. 语言上，还需要更加精炼和准确。

3. 可以再突出中国共产党执政，是我国社会主义制度的最大优势，作为世界上最大的政党，可以利用一些形象生动的语言去解释。比如：何谓其大？是大抱负，是大担当。让我们的道德与法治教学更加接地气。

传承红色基因，争做时代新人

佛山市顺德区陈村职业技术学校　丘少云

一、教学内容分析

2021 年是中国共产党成立 100 周年，组织学生开展党史学习教育，通过“听”“说”“读”“写”的教学环节，举办一场“跨越时空的对话”，让

2000 年后出生的学生尝试深刻了解 1900 年后出生的革命前辈的红色故事，传承革命先烈的崇高品质和宝贵精神。引导作为 2000 年后出生的“00 后”学生学习热爱祖国、拥护中国共产党、热爱人民、无私奉献等精神品质，做一个有理想、有道德、守纪律、讲奉献的好学生。

二、学情分析

学生对以时间为线索来学习党史的形式兴趣不大。本课选择一些感人肺腑的党史故事，通过图片、视频、演讲、朗读，介绍了一个个为民族进步事业不畏艰难、不怕牺牲的人民英雄，学生看着一个个为党和国家抛头颅、洒热血的英勇烈士，一股强烈的国家自豪感油然而生，从真人真事的感悟中，树立了正确的爱国情怀和政治思想。

三、目标确定

1. 知识目标：了解中国共产党光辉的奋斗历程；了解红色故事。
2. 能力目标：学会概括红色故事体现的红色精神，能够收集并分享红色故事，讲好党史故事。
3. 情感目标：大方、自信地在集体面前分享自己的想法；进一步提高学习党史的兴趣；将红色基因植入心中，坚定理想信念，志存高远、脚踏实地，勇做新时代的社会主义接班人。

四、学习重点难点

1. 教学重点：了解中国共产党在奋斗历程的红色故事。
2. 教学难点：表达学习感悟，提高学习党史的热情。

五、学习活动设计

学习活动设计见图 3－11。

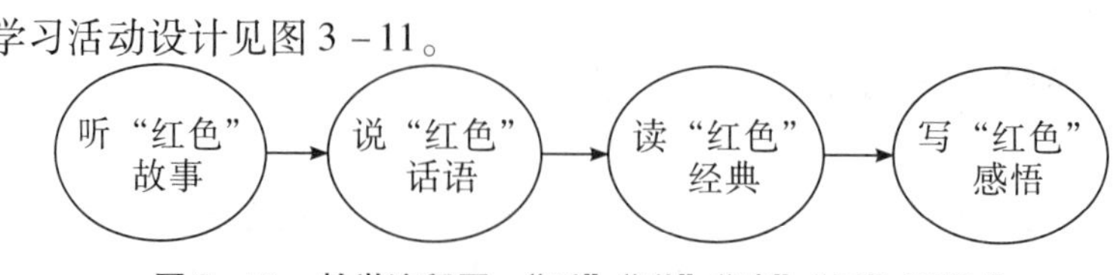

图 3－11　教学流程图：“听”“说”“读”“写”四部曲

环节一　歌曲导入“红歌猜猜猜”

活动设计项目	内　　容
教师活动	1. 播放《没有共产党就没有新中国》《团结就是力量》《唱支山歌给党听》《保卫黄河》等红色歌曲，让学生猜歌名。 2. 红歌背后的故事：“同学们是否知道这些红歌是根据什么创作的呢，是否了解红歌背后的故事？”强调“每一首红歌都记载了一个红色故事”
学生活动	1. 红歌知多少：课前让学生自行了解红歌，课上邀请学生积极发言，说出或唱出自己所知道的红歌。 2. 学生分享红歌背后的故事
设计意图	学生猜红歌、唱红歌，课堂气氛活跃，了解红歌传达的红色精神，营造学习红色文化的浓厚氛围

环节二　听“红色”故事

活动设计项目	内　　容
教师活动	1. 为什么习近平总书记赴广西考察调研的第一站去广西桂林全州县才湾镇的红军长征湘江战役纪念园？——长征途中最危险的时刻：血战湘江。 2. 红色故事 1：“断肠明志”——陈树湘（1905—1934 年）（视频）。 3. 红色故事 2：“刑场上的婚礼”——陈铁军（1904—1928 年）、周文雍（1905—1928 年）（视频）。 4. 分享你收集到的“红色故事”。 提问：他们不怕痛吗？他们不害怕吗？是什么在支撑着他们？他们身上体现了什么精神？
学生活动	1. 看视频。 2. 听故事。 3. 讲故事。 4. 谈感悟
设计意图	通过图片、文字、声音等的展示，引导学生去感悟“红色文化”和“红色精神”

环节三　说“红色”话语

活动设计项目	内　　容
教师活动	1. 跨越时空的对话：我想对您说…… 无数个1900年后出生的“00后”为革命献身，对比自身2000年后出生的“00后”，谈一谈：“作为‘00后’的你，想对100年前的‘00后’说什么?” 2. 引导学生思考人生的意义在于为国家和人民做贡献，人生因为奋斗而美丽
学生活动	1. 小组讨论。 2. 进行跨越时空的对话：我想对您说……
设计意图	以学生为主体，教师为主导，紧扣“00后”的革命先烈为国为民无私奉献的崇高品质，指引学生学、思、践、悟

环节四　读“红色”经典

活动设计项目	内　　容
教师活动	1. 组织学生朗读方志敏《可爱的中国》经典片段。 中国在战斗中一旦得到了自由与解放，这种创造力，将会无限地发挥出来。到那时，中国的面貌将会被我们改造一新。到那时，到处都是活跃的创造，到处都是日新月异的进步。 欢歌将代替了悲叹，笑脸将代替了哭脸，富裕将代替了贫穷，康健将代替了疾苦，智慧将代替了愚昧，友爱将代替了仇杀，生之快乐将代替了死之悲哀，明媚的花园将代替了凄凉的荒地！ 这时，我们民族就可以无愧色的立在人类的面前，而生育我们的母亲，也会最美地装饰起来，与世界上各位母亲平等地携手了。 这么光荣的一天，决不在辽远的将来，而在很近的将来。 2. 提问：文字“可爱的中国”现在实现了吗? 3. 引导：这盛世，如您们所愿！您笔下的“可爱的中国”，我们替您看见了，而且比您想象的还要好
学生活动	1. 观看视频《可爱的中国》。 2. 个人、小组、全班有感情地朗读《可爱的中国》片段。 3. 回答问题：文字“可爱的中国”现在实现了吗?（谈感悟和看法）
设计意图	通过听经典片段朗读，营造课堂环境，感悟更深刻

环节五　写“红色”感悟

活动设计项目	内　　容
教师活动	1. 邀请学生分享学习“红色精神”的感悟。 2. 教师课堂小结：今天身处和平的时代，爱国就是要建设祖国，把祖国建设得繁荣富强，建设得更加可爱
学生活动	分享感悟
设计意图	学生的课堂感悟通过文字写下来，有助于红色精神内化于心，外化于行

六、板书设计

板书设计见图 3－12。

传承红色基因　争做时代新人
——您好！“00 后”

1. 听“红色”故事：“断肠明志”——陈树湘（1905—1934 年）
“刑场上的婚礼”——陈铁军（1904—1928 年）、周文雍（1905—1928 年）
2. 说“红色”话语
3. 读“红色”经典
4. 写“红色”感悟

图 3－12　板书设计

七、作业与拓展学习设计

1. 继续完善学习心得，课后第二天交。
2. 每人收集并讲好一个红色故事，上传到 UMU 互动学习平台，评出 10 名班级“最佳故事演讲员”。

八、特色学习资源分析、技术手段应用说明

1. 学生收集爱国影剧、红歌、红色故事。
2. 应用多媒体技术。

九、教学反思与改进

学生对党史故事比较感兴趣，引导学生通过聆听“红色故事”，了解中国共产党光辉历史，感悟革命先烈对国家和人民的赤子之心和无私奉献品质，了解中国共产党的光辉历史，知史爱国，知史爱党。在“我想对您说……”和“写红色感悟”环节，学生有被感动到，但是表达不出来，书面和口头表达能力比较弱。笔者将在下半学期增加党史教育的内容，并让学生多表达自己的想法。

跨越时空的井冈山精神

佛山市顺德区勒流冲鹤小学　伍文英　罗宝苑

一、教学内容分析

（一）课标要求

学生的生活经验是良好品德形成和社会性发展的基础。教师首先应根据学生已有的经验设计教学，同时要通过多样化的教学活动丰富和提升学生的生活经验，加深他们对社会的认识。在教学中，教师要调动学生的生活经验与认识，引导学生用多种感官去观察、体验、感悟社会，获得对世界的真实感受。

（二）教材分析

建党100周年之际，为了充分响应时代号召，认真分析新时代特点，结合统编版《道德与法治》五年级下册第三单元“百年追梦　复兴中华”第9课“中国有了共产党”第二课时“星星之火可以燎原”的教材内容，特设计了符合“传承红色基因·同心逐梦前行”这个主题的“跨越时空的井冈山精神”课程。本堂课，将带领学生走近井冈山，在一个个的项目学习中，感悟并传承井冈山精神。此课，对于新时代的儿童来说，有一定的教育意义。

二、学情分析

学生对井冈山精神的了解仅仅限于祖辈的相传，以及文学作品、影视作品。为了让学生对井冈山精神有更深刻的了解，本课的学习尤为重要。五年级学生已经初步具备了收集整理资料和小组合作的能力，所以课前让他们分小组，围绕“井冈山”这一项目内容，选择井冈山的歌曲、井冈山的居所、井冈山的故事、井冈山的精神四个子项目中任一内容或自选一个井冈山相关内容进行研究，为课堂上的交流打下基础。

三、目标确定

1. 搜集交流井冈山的相关资料，了解井冈山，明白井冈山精神的内涵。

2. 探究井冈山的节俭故事，体悟井冈山艰苦奋斗精神。

3. 在丰富的情景体验、讨论交流的过程中，培养尊重井冈山历史文化、传承井冈山精神的情感。

四、学习重点难点

1. 教学重点：了解井冈山的节俭故事和意义，学习感悟井冈山艰苦奋斗精神。

2. 教学难点：抓住井冈山的节俭故事来进行探究、思辨，从而获得对井冈山精神的主动感知和体悟，激发对井冈山艰苦奋斗精神的崇敬之情、传承之意。

五、学习活动设计

环节一　井冈山的歌曲：红色歌曲，宛转悠扬

活动设计项目	内　　容
教师活动	1. 简介歌曲：这是第一次大革命失败后，红军在井冈山革命根据地自力更生、艰苦奋斗的故事。井冈山的“红米饭、南瓜汤”见证历史的沧桑巨变，犹如一条永远压不弯的脊梁，撑起一个古老而智慧的民族不屈的灵魂。 2. 补充：井冈山是中国革命的摇篮，以毛泽东为代表的中国共产党人在井冈山创建了第一块农村革命根据地，开辟了“农村包围城市，武装夺取政权”的道路，培育了伟大的井冈山精神

续上表

活动设计项目	内　容
学生活动	1. 欣赏歌曲《红米饭南瓜汤》，边听边思考：这是哪个时期、哪个地方发生的什么事情？ 2. 交流。 3. 了解井冈山
设计意图	通过一首歌曲、一幅幅历史旧照、一段段红色印记，让学员们重温那段峥嵘岁月，让大家进一步深刻领会到“坚定执着追理想、实事求是闯新路、艰苦奋斗攻难关、依靠群众求胜利”的革命精神

环节二　井冈山的居所：“游历”旧居，体会艰苦

活动设计项目	内　容
教师活动	1. 娓娓讲述《一根灯芯的故事》，适时出示八角楼图景，带领学生“游历”毛主席旧居。 2. 创设情景：课件配乐出示一些点亮着的煤油灯，然后一盏一盏地熄灭。 教师及时引导：当煤油灯由明到暗时，你内心是什么感受？在如此昏暗的灯光下，毛主席和战士们又是怎么样生活、工作与学习的？指名交流。 3. 出示图片：土房子、茅草屋、拥挤的会议室、破旧的休息室。 看着这些井冈山的旧居，同学们有什么感想？
学生活动	1. 阅读资料《八角楼上》，思考毛主席是一位怎样的人？ 2. 听教师讲毛主席在井冈山的故事《一根灯芯的故事》，并交流感想。 3. 结合课前搜集的资料，简单介绍一下井冈山的旧居。 4. 看图片，谈感想
设计意图	故事、图片、音乐的恰当运用，带领学生走进井冈山，感受一种特别的情景体验

环节三　井冈山的故事：合作交流，体悟艰苦

活动设计项目	内　　容
教师活动	1．提问：我们说要学习井冈山精神，那什么是井冈山精神？ 2．小结：井冈山精神就是坚定执着追理想、实事求是闯新路、艰苦奋斗攻难关、依靠群众求胜利。 3．重点谈论“艰苦奋斗”。 4．教师补充介绍：井冈山上的十二分节俭
学生活动	1．思考：什么是井冈山精神？根据已有经验用自己的语言解释井冈山精神。 2．小组分享：朱德的扁担、井冈山的油灯、红军给老百姓留的便条……井冈山时期红军官兵艰苦奋斗的故事流传至今。以小组为单位，分享课前查阅的更多革命故事，以及自己的感受。 3．我们可以从“一根扁担”“一盏油灯”“一张便条”里学到什么呢？分享感悟。 4．观看视频《井冈山上的十二分节俭》，了解刘启耀的革命故事。看后，谈感想
设计意图	运用多种形式，调动学生的多重感官，以井冈山的节俭故事为重点来进行探究，从而获得对井冈山精神的主动感知和体悟，激发对井冈山艰苦奋斗精神的崇敬之情

环节四　井冈山的精神：使命在肩，人人传承

活动设计项目	内　　容
教师活动	1．新时代如何看待井冈山的艰苦奋斗精神？（井冈山精神依然存在，依然闪耀。） 2．新时代如何践行井冈山精神？（参观井冈山革命根据地，学习井冈山精神、宣传井冈山精神，用实际行动落实井冈山精神。） 3．总结，提出希望：传承红色基因，坚定理想信念，沿着革命先辈开辟的革命道路，继续前行，将包括井冈山精神在内的革命精神发扬光大！我们争做井冈山少年，听党话，跟党走，为新时代建设社会主义现代化强国而不懈奋斗

续上表

活动设计项目	内　　容
学生活动	1. 辩一辩：新时代的我们，要传承井冈山的艰苦奋斗精神吗？ 2. 小组讨论：今天的我们该怎么来传承井冈山的节俭厉行、艰苦奋斗的精神呢？ 3. 联系实际，付诸行动：我们身边，发生了哪些浪费现象？ （提示：最常见的浪费有指尖上的浪费——纸张的浪费、舌尖上的浪费——粮食的浪费。） 4. 面对这种现象，我们是不是可以做点什么呢？同桌相互讨论，提出可行的建议，共同宣言。（比如双面用纸行动、光盘行动等。） 5. 许下诺言：诚实、勇敢、活泼、团结，我们是共产主义接班人！学党史、感党恩、听党的话、跟党走，为实现中华民族伟大复兴的中国梦，我们时刻准备着
设计意图	通过分享交流故事、畅谈新时代如何看待和践行井冈山精神等形式了解、感受井冈山精神，提升自觉践行井冈山精神的积极情感和态度，继承和发扬革命精神

六、板书设计

板书设计见图 3－13。

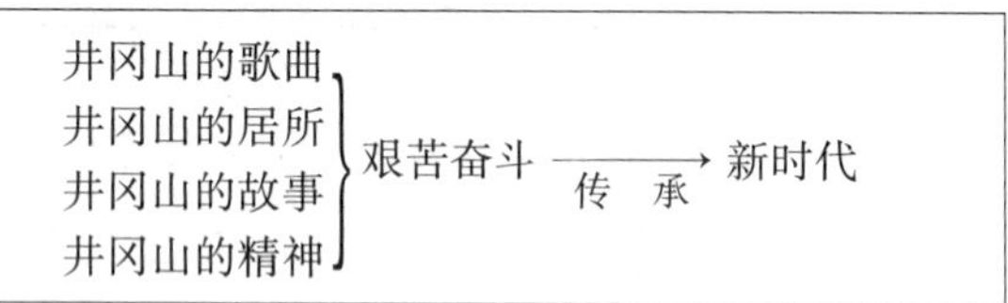

图 3－13　板书设计

七、作业与拓展学习设计

围绕井冈山历史事件、历史故事、历史人物、历史地点，挖掘和提炼丰富的精神内涵、历史作用和时代价值，创作出既有历史感又有时代感，形式新颖、内容丰富、生动活泼的，富有教育意义的手工、绘画和剪纸等作品。

目的：结合当前“双减”政策，创新作业形式，努力培养学生热爱党、拥护党的领导的感情，落实革命文化进课程，教导学生践行拥护党的领导的使命担当。

八、特色学习资源分析、技术手段应用说明

融合信息技术和红色基因强化问题意识，将爱国主义教育融入教育教学中，抓住井冈山的关键事件来进行探究、思辨，从而获得对井冈山精神的主动感知和体悟，激发对井冈山精神的崇敬之情、传承之意。

九、教学反思与改进

1. 本课学习内容与学生当下的生活距离较远，很多的历史资料仅靠课堂上教师的讲授是无法实现主动有效的学习的，因此本节课采用项目化学习的方式。从学生生活实际出发，强化问题意识，以“学生自主学习为主旨，以任务驱动、项目活动导向为抓手”的“做—学—导”为课程教学模式，注重在教学环节和教学项目上进行创新设计，使课堂教学活起来这一学习方式，促使学生在表达的过程中进行知识的再建构，从而真正获得情感的体验和升华。

2. 课堂学习以情感体验为主，通过丰富的故事、视频、图片等媒体拉近学生与学习内容之间的距离，全面融入井冈山红色文化元素，将爱国主义教育融入教育教学中，抓住井冈山的关键事件来进行探究、思辨，从而获得对井冈山精神的主动感知和体悟，激发对井冈山精神的崇敬之情、传承之意，让“井冈山精神”真正地入耳、入心，将红色文化直接作用到学生的成长成才上，培养出一大批具有井冈山情怀的学子。

弘扬长征精神，重塑理想信念

顺德区伦教汇贤实验学校　吴金来

一、教学内容分析

教材首先讲了红军按照毛泽东制定的军事方针、采取灵活多变的游击战术，连续取得反“围剿”的胜利，这就使得红军成为蒋介石的心腹之患。之后在第五次反“围剿”中由于党中央执行“左倾”错误、排挤毛泽东的正确领导，导致反围剿失败，红军被迫长征。接着，教材叙述了长征初期“左

倾”错误继续泛滥，导致红军长征初期受挫，为毛泽东力挽狂澜埋下了伏笔。然后介绍遵义会议，重新确立了毛泽东的正确领导，使红军长征进入顺利、走向胜利的轨道。下面按照长征中发生的重大历史事件的先后顺序介绍长征进程，直到红军长征的胜利会师。最后分析了长征胜利的历史意义。本课是党史教育的重点章节，教师应该带领学生分析、归纳长征精神，达到读史修德的目的。

二、学情分析

八年级的学生正处于好动、爱说、好奇心强的阶段，很容易被新奇的事物所吸引，想象力极其丰富，他们的思维积极性很容易被激发出来。同时，八年级学生已经有了一些知识储备，他们对红军长征的内容有一定了解，比如在小学语文学过课文《金色的鱼钩》，初中学过课文《七根火柴》，还通过影视、文学作品对长征有一定的了解，甚至跟老红军接触听到过许多关于长征的故事。但是，这都是对长征的零星了解，缺乏对长征艰苦历程完整的学习，缺乏对长征精神的感受与体验。因此教师必须充分利用各种资源，引导学生学好《红军长征》。

三、目标确定

（一）能力目标

1. 通过对比四次反“围剿”胜利与第五次反“围剿”失败，培养学生的比较能力。

2. 指导学生探究红军长征的原因和胜利的意义、遵义会议的背景和意义，从而初步培养学生的分析能力。

3. 引导学生阅读《中国工农红军长征路线图》，并合作排列出红军长征途中经历的重大历史事件，以便提高学生的读图能力，培养学生的协作意识。

（二）素养目标

1. 通过对红军长征的学习，使学生了解中国共产党和人民军队发展，乃至中国革命的艰苦历程，学习红军战胜艰难困苦、勇往直前的革命英雄主义精神，学习红军团结协作的团队精神，从中体会红军长征精神的内涵，进而激发学生热爱中国共产党的感情，引导学生逐渐形成不怕困难、积极向上的心态，教育学生积极面对今后生活中的困难与挫折。

2. 通过对长征的学习，引导学生体会毛泽东等老一辈无产阶级革命家在革命的危急关头力挽狂澜的伟大魄力，感受历史伟人的伟大人格力量。

四、学习重点难点

让学生把长征精神和今天的学习生活联系起来，坚定理想信念，树立集体主义价值观，培养艰苦奋斗精神。

五、学习活动设计

环节一　激发兴趣，导入新课

活动设计项目	内　　容
教师活动	请学生通过图片认识历史伟人（毛泽东），然后师生齐声朗诵配乐诗《七律·长征》，接着提问导入新课
学生活动	在教师的引导下有感情地朗诵配乐诗《七律·长征》，学生通过课外知识积累辨别图片中的历史人物
设计意图	激发学生的学习兴趣

环节二　探究长征原因和长征的过程

活动设计项目	内　　容
教师活动	1. 指导学生看教材相关内容，用看书归纳、对比分析的方法，引导学生理解红军长征的原因。学生回答后用相关图片展示长征的原因。 2. 观看影视资料，再现《遵义会议》，然后结合课件和教材，让学生归纳遵义会议的内容和意义。归纳后教师给学生介绍记忆历史的方法：抓主干、抓关键词。接着安排学生活动：讨论遵义会议为什么是中国共产党历史上生死攸关的转折点。 3. 教师引导学生从四个方面探究——会议前红军所面临的局面、会议解决了哪些问题、有何影响、会议后红军长征的胜利情况，也就是遵义会议的背景、内容和影响，从而突出本课的重点和难点。教师可以采取学生分组讨论、各组推选代表发言、教师进行补充和归纳的方法进行这一内容的教学。学生回答后，教师用多媒体出示“问题解答”，并做适当点评

续上表

活动设计项目	内　　容
学生活动	1. 学生看书，思考长征的原因。举手回答长征的原因。 2. 看多媒体地图演示，听教师简要介绍，了解红军长征初期受挫的情况。观看通过影视资料再现的《遵义会议》。结合教材对应相关文字了解并归纳遵义会议的内容和意义。问题探究：小组讨论遵义会议为什么是中国共产党历史上生死攸关的转折点。分组展示讨论成果
设计意图	借助于多媒体等先进教学技术来还原历史，让学生感受长征，认识长征，并为感情的升华做铺垫

环节三　探究长征胜利的原因和意义

活动设计项目	内　　容
教师活动	理解、归纳长征胜利的意义。引导学生主要从两方面进行总结：一是红军长征对中共和红军的考验，给后人留下的光荣的革命传统；二是长征的胜利，推动了革命形势的发展，红军开始走上抗日战场。在这里使用音频播放毛泽东的话，加深学生对长征意义的理解。 教师引导学生讨论、总结、体会长征精神。在感知长征的整个过程及艰苦历程的基础上，加上学生的课外积累，组织学生分组讨论什么是长征精神，请学生谈谈他们所理解的长征精神。然后出示教师的归纳，并指出：长征精神是革命前辈为后人留下的最宝贵的精神财富，是中国革命和建设赖以成功的基础。长征精神薪火相传，成为中华民族意志与品格的注脚和前赴后继追求光明与理想的象征
学生活动	1. 听音频文件，加深理解。 2. 分组讨论、归纳长征精神。 3. 学生朗读教师归纳的长征精神，加深理解和印象。 4. 结合长征精神，独自思考自己的不足。 5. 分组讨论、代表交流“在学习中如何发扬长征精神”

六、板书设计

板书设计见图 3 – 14。

第 12 课 红军长征
一、长征的原因
二、长征的经过
1. 长征初期——受挫
2. 遵义会议——转折
3. 长征继续——胜利
三、长征的意义
四、长征的精神

图 3 – 14 板书设计

七、作业与拓展学习设计

1. 探索长征胜利的原因。
2. 结合地图，按先后顺序排列长征中的重大历史事件。
3. 利用假期观看电视连续剧《长征》，全面了解长征的经过。
4. 部分长征参考书目：《西行漫记》《说不尽的长征故事》。

八、特色学习资源分析、技术手段应用说明

借助于多媒体辅助教学，以及 P&P 智慧课堂及时反馈学情。

九、教学反思与改进

本课的成功之处：第一，导入新课是本课第一成功之处。笔者利用毛泽东的图片和毛泽东的长征诗这些学生熟悉的知识激趣导入，抓住了学生的好奇心，把学生很快引进到了课堂，产生了极好的导入效果。第二，课堂流程设计新颖。为了让学生清晰地掌握本课内容，笔者把本课设计为如下流程：激趣导入—探究原因—梳理过程—图说历史—再现历史—想象历史—总结历史—升华历史—读史修德—学以致用—巩固练习—拓展提升。过程清晰，线索明晰，对学生掌握、理解历史起到了很好的辅助作用。第三，利用课件展示了长征的艰难，学生充分理解了长征的艰辛，在讨论长征的精神时，学生

总结合理、完善，完全达到了教学的目标。

需改进之处：第一，笔者在课前设计时，高估了学生的课外积累，所以在学生进行“红军翻雪山、过草地”想象历史的交流时有冷场的现象。第二，笔者还高估了学生分析归纳问题的能力。在讨论、交流“遵义会议为什么是中国共产党历史上生死攸关的转折点”的活动中，学生的理解达不到教师所想要的高度；讨论、归纳长征精神的活动也没有展示出学生的理想状态，不能完成高度归纳和概括。

今后改进措施：在今后的教学设计中，一定要充分了解学生，根据他们的能力层次、知识储备，设计合理的教学活动，采取适当的教学方法，争取取得满意的教学效果。

百年薪火，青春许国

佛山市顺德区勒流职业技术学校　周玲

一、教学内容分析

中职学校思想政治课“中国特色社会主义”第3讲为坚持和加强党的全面领导。2021年是中国共产党100周年华诞，习近平总书记指出，“历史是最好的教科书”。为了增强学生对中国共产党的思想和情感认同、坚定理想信念，帮助学生形成听党话、感党恩、跟党走的行动自觉，笔者对教材内容进行了重构。本次课授课时间为5月6日上午第2节，恰逢五四青年节之后，因此选题紧扣“党史”及“青春”。

二、学情分析

本班是中职数控专业二年级的学生，共32人，大多数是男生，已经适应分组教学法，有较强的表现欲和动手能力。他们处于人生的拔节孕穗关键期，需要精心引导和栽培，帮助他们树立正确的三观。通过调查了解到，学生有爱国之心，知道2021年是建党100周年，但是对党史了解不够深入，在如何落到实际行动上仍然有待提高。

三、目标确定

1. 认知目标：了解当时毛泽东等青年在中国共产党的历史发展中的重要作用和卓越贡献，知道每个时代有每个时代的主题，理解青年信仰对国家、社会的重要作用。

2. 情感态度价值观目标：坚定党的信仰，拥护党的领导，认同少年智则国智、少年富则国富、少年强则国强。

3. 运用目标：结合数控专业和个人实际，传承百年薪火，制订青春许国的计划，并在今后的学习生活中落实。

四、学习重点难点

1. 教学重点：坚定党的信仰，拥护党的领导，认同少年智则国智、少年富则国富、少年强则国强。

2. 教学难点：产生青春信仰的情感认同，制订青春许国的计划。

五、学习活动设计

环节一　新课导入

活动设计项目	内　　容
教师活动	1. 组织观看红船会议视频。 2. 提问：在所有角色中，你最熟悉的面孔是哪位？
学生活动	1. 观看红船会议视频。 2. 回答问题
设计意图	用中国共产党成立的标志性事件红船会议的视频导入，带领学生迅速了解主题

环节二 忆党史之青春往事

活动设计项目	内　　容
教师活动	1. 串讲《恰同学少年》故事。 2. 组织学生出演建党初期毛泽东等人的青春故事。 3. 教师小结：100 多年前，一群胸有大志的年青人，为中国共产党的成立做出了卓越的贡献；100 年来，中国共产党带领中国人民革命、改革、建设、复兴，迎来了近代以来中华民族最璀璨夺目的好时代，也是中华民族伟大复兴的中国梦最关键的时代
学生活动	1. 全员参演青春往事，并观看其他小组故事演出。 2. 思考：你如何看待毛泽东等同志的青春年华
设计意图	通过学生身临其境地演绎毛泽东等青年同志的青春故事，了解历史，知道在历史发展进程中，青年一代发挥着重要的作用

环节三 思爱国之青春信仰

活动设计项目	内　　容
教师活动	1. 案例分享：青年一代是否拥有理想信念的正反面 3 个案例。 2. 组织讨论：青年一代的信仰和抉择对国家的影响。 3. 教师小结："00 后"正以"一代更比一代强"的青春责任放飞青春梦想，已然成为新时代共和国的脊梁。只有拥有正确的理想信念，拥护党的领导，真正做到听党话、跟党走，才能真正成为为祖国发展做贡献的中坚力量
学生活动	1. 讲故事、听故事、看视频。 案例 1：香港暴力事件 香港暴力事件中的不理智行为及其严重危害。 案例 2：广东队夺冠之由 2021 年 5 月 1 日中国男子篮球职业联赛广东队夺冠后杜锋指导接受采访片段； 案例 3：了不起的"00 后" 学生分享"00 后"在防疫、抗洪、奥运中的出色表现。 2. 思考并讨论：青年一代的抉择对国家的影响。 3. 学生回答
设计意图	通过分享近期发生的、有时效性的案例，引发学生共情，产生情感认同

环节四 行许国之青春使命

活动设计项目	内容
教师活动	1. 邀请志鸿学长现身说法，发挥青春之榜样力量。 2. 组织同学写下“青春许国”计划和措施。 3. 教师小结：学长展示了青年的成长历程，同学们也写下了自己的许国计划。希望大家按照自己的计划，做一个有责任、有担当的青年，祝大家梦想成真！
学生活动	1. 倾听志鸿学长分享，并可现场提问。 2. 写下青春许国之行动计划：数控专业学生应如何在青春时期托起梦想？ 3. 小组派代表分享
设计意图	倾听学长的真实成长故事，发挥学长的朋辈作用，引导同学们思考走上社会和工作岗位的具体做法，践行青春使命

环节五 总结升华

活动设计项目	内容
教师活动	1. 总结并齐诵。 2. 组织评价。 3. 布置作业
学生活动	1. 齐诵：《以青春之我　创青春之中国》。 2. 自评及他评
设计意图	全体同学在齐诵诗歌的同频共振中坚定青春许国的决心

六、板书设计

板书设计见图 3－15。

百年薪火　青春许国

一、忆党史之青春往事

新民学会成立—《湘江评论》创刊—湖南共产党早期组织—红船会议：青春力量闪闪发光。

二、思爱国之青春信仰

香港愤青暴力事件—广东队夺冠之由—了不起的“00 后”：坚定理想信念，听党话、感党恩、跟党走。

三、行许国之青春使命

踏踏实实做好本分，做一个有责任、有担当的青年！

图 3－15　板书设计

七、作业与拓展学习设计

1. 评选你心中的最佳青年，为他（她）写一段颁奖词。

2. 以小组为单位，为心中的最佳青年拍摄一个短片，通过班级公众号分享。

3. 践行青春许国计划，一个月之后汇报实施情况。

八、特色学习资源分析、技术手段应用说明

1. 观看《恰同学少年》电视剧节选。

2. 使用问卷星做课前调查，以学定教。

3. 运用超星学习通辅助课堂教学。

4. 课后使用班级公众号进行宣传。

九、教学反思与改进

本次课以学生为中心，坚持三贴近原则，通过三段（课前、课中、课后）五步（导、知、信、行、结）教学过程，有效地达成了教学目标。

1. 以学生为中心。整堂课能做到以学生为中心，通过学生参演情景剧、案例分析、思考讨论青春信仰的重要作用、撰写青春许国计划并分享等体验自主学习，合作探究，增强学习效果。

2. 贴近学生、贴近实际、贴近生活。本次课以党的历史中的“青春力量”为切入口，让学生有深刻的代入感并产生情感认同；同时，将本专业学长请进课堂做个人故事分享，让学生找到奋斗的方向和动力。

3. 课前、课中、课后有机结合，增强教学效果。课前通过自制微课“爱上她的灵魂　为之奋斗终生”激发学生的爱国情感和民族骄傲；课中通过导、知、信、行、结五步，层层深化，达成知、信、行的教学目标；课后拓展通过“写颁奖词”的活动发现身边的榜样力量，进一步提升课堂效果。

逐梦星辰大海，勇担复兴大任

佛山市顺德区郑敬诒职业技术学校　李慧文

一、教学内容分析

习近平总书记指出，“两弹一星”精神激励和鼓舞了几代人，是中华民族的宝贵精神财富。2021 年是中国共产党成立 100 周年。作为一名中职学生，我们要传承好、弘扬好“两弹一星”精神，自觉把个人的理想追求融入党和国家事业之中，厚植爱国之情，砥砺强国之志，成就兴国之才，实践报国之行，为实现中华民族伟大复兴的中国梦添砖加瓦。

二、学情分析

本班学生为珠宝专业中职一年级的学生，正处于拔节孕穗的成长关键期，根据课前调查，爱国意识较强，具有强烈的党史、中国发展史的学习探究欲望，但因为习惯于通过网络获取碎片化知识，知识构建能力比较弱，对“两弹一星”的发展历程与精神内涵无法构建出系统的知识体系，无法对日常学习、实训、生活形成指导作用。

三、目标确定

学习目标见图 3－16。

图 3－16　学习目标

四、学习重点难点

学习重点难点见图 3－17。

理解“两弹一星”精神的内涵，中职生弘扬“两弹一星”精神的重要意义。

自觉传承和弘扬“两弹一星”精神，将个人理想与国家前途、民族命运有机结合在一起。

图 3－17 学习重点难点

五、学习活动设计

教学环节	教学内容	教师活动	学生活动	设计意图
课前	学情诊断	发布《对“两弹一星”了解情况》的调查问卷	完成问卷	诊断学情 调整内容
	任务发布	布置任务： 1. 搜集“两弹一星”工程中相关人物事迹、典型事件。 2. 要求学生以情景剧、PPT 汇报形式呈现成果	1. 以小组为单位，搜集、整理资料。 2. 人员分工： （1）排练情景剧。 （2）制作汇报课件	
	微课自学	在学习通平台发布线上教学资源，引导学生了解“两弹一星”工程的相关史实	学习微课内容	借助平台 预学内容

续上表

<table>
<tr><th colspan="2">教学环节</th><th>教学内容</th><th>教师活动</th><th>学生活动</th><th>设计意图</th></tr>
<tr><td rowspan="4">课中</td><td rowspan="2">导其趣（2分钟）</td><td>时政视频
激发兴趣</td><td>1. 播放天和核心舱发射成功新闻，问：
（1）看完视频后，你的感受是什么？
（2）这个伟大工程的起点是什么？
2. 用小火车的游戏形式，让学生回答问题</td><td>1. 带着问题观看视频。
2. 按顺序说出自己的观点</td><td>时政切入
游戏穿插
激发兴趣</td></tr>
<tr><td>习“语”近人
引出主题</td><td>引用习近平总书记给天和核心舱发射任务的贺电内容。
教师点拨：航天工程的起点是“两弹一星”工程</td><td>认真学习习近平总书记的话，划出重点，理解航天工程的起点</td><td>习语近人
思政引领</td></tr>
<tr><td rowspan="2">明其理（14分钟）</td><td>史实视频
了解工程</td><td>播放《两弹一星工程纪录片》片段。
提问：“两弹一星”工程分别指什么？
教师点拨：“两弹一星”含导弹、核弹、人造卫星</td><td>认真观看视频，举手积极回答问题</td><td>史实片段
直面历史</td></tr>
<tr><td>悬疑故事
交代背景</td><td>1. 讲授故事《神秘消失的第二十军团》，引出“两弹一星”工程建设的迫切性。
2. 展示当时的中国国情，交代“两弹一星”建设的艰巨性（见图3－18）。
内有困难：经济薄弱、技术落后、人才紧缺、自然灾害造成的困难
外有压力：帝国主义核垄断、核威胁、核讹诈和超级大国封锁威吓、毁约撤援、百般刁难造成的压力
图3－18　内交外困的背景
3. 引用毛主席的话，“自己动手，从头做起，准备用8年时间。拿出自己的原子弹”，证明工程建设的坚定性。
4. 罗列工程建设时间轴，说明“两弹一星”建设的伟大性。
教师点拨：“两弹一星”是中国人民用汗水和血肉拼搏出来的奇迹，其中蕴含的精神内涵值得我们挖掘与学习</td><td>认真聆听教师讲解，跟随进度，对“两弹一星”工程建设的艰难程度与建设成果进行对比，全面了解工程的建设背景</td><td>悬疑故事
解析内涵</td></tr>
</table>

续上表

教学环节		教学内容	教师活动	学生活动	设计意图
课中	明其理（14分钟）	学生剧场 掌握精神	1. 剧场一：《见字如面：一封历经千难万险的求救信》。 提问： （1）听完钱学森的信，你的感受是什么？ （2）钱学森突破千难万险回国的原因是什么？ 归纳："两弹一星"精神内涵——热爱祖国、无私奉献。 2. 剧场二：《一次说崩就崩的援助》。 提问： （1）如果你在这种处境下，你会怎么办呢？ （2）科学家最后成功的原因是什么？ 归纳："两弹一星"精神内涵——自力更生、艰苦奋斗。 3. 案例《"两弹一星"建设各部分的调动情况》。 提问："两弹一星"的成功，只靠个人付出能行吗？需要依靠什么？ 归纳："两弹一星"精神内涵——大力协同、勇于登攀	1. 学生表演情景剧《见字如面：一封历经千难万险的求救信》，思考问题，分享结果至学习通讨论区。 2. 学生表演情景剧《一次说崩就崩的援助》，思考问题，分享结果至学习通讨论区。 3. 分析材料，小组讨论，分享结果至学习通讨论区。 4. 齐读"两弹一星"精神内涵	剧场表演 加强代入 小组探究 思维碰撞
	论其意（8分钟）	习"语"近人 加强效果	引用习近平总书记给参与"东方红一号"科技工作者的回信内容。 引出学习"两弹一星"精神具有重要意义	认真学习习近平总书记的话，划出重点，理解学习"两弹一星"精神具有重要意义	习"语" 近人 加强效果

续上表

<table>
<tr><th colspan="2">教学环节</th><th>教学内容</th><th>教师活动</th><th>学生活动</th><th>设计意图</th></tr>
<tr><td rowspan="3">课中</td><td>论其意（8分钟）</td><td>航天人
现身说法
榜样引领</td><td>播放参与嫦娥五号发射工作的航天工作者何梓健队长的报告视频。
提问：现代航天工作者坚持继承与弘扬“两弹一星”精神的原因是什么？
知识归纳：
（1）“两弹一星”精神体现了坚持中国道路的理想信念。
（2）“两弹一星”精神塑造了汇集中国力量的光辉典范。
（3）“两弹一星”精神凝聚了实现中国梦的不竭动力</td><td>学生观看何队长的报告视频。
小组讨论，分享想法</td><td>朋辈讲解
提高效果</td></tr>
<tr><td>笃其行（15分钟）</td><td>小组活动
践行精神</td><td>发布小组活动任务：
从思想认识、专业学习、行为习惯等方面思考，作为一名新时代的中职学生，我们应如何传承和弘扬“两弹一星”精神，挑起民族复兴的大任。
知识归纳：
（1）争做爱国奉献的青年。
（2）争做砥砺奋斗的青年。
（3）争做自强自信的青年。
（4）争做协同创新的青年</td><td>各小组根据任务，进行讨论，将结果以思维导图的形式，分别展示</td><td>小组活动
突破难点</td></tr>
<tr><td>点拨升华（1分钟）</td><td>教师总结
升华主题</td><td colspan="3">2021 年是中国共产党成立 100 周年。作为一名中职学生，我们要传承好、弘扬好“两弹一星”精神，自觉把个人的理想追求融入党和国家事业之中，厚植爱国之情，砥砺强国之志，成就兴国之才，实践报国之行，为实现中华民族伟大复兴的中国梦添砖加瓦</td></tr>
</table>

续上表

教学环节	教学内容	教师活动	学生活动	设计意图
课后	给钱学森的一封回信	结合专业，给钱学森写一封回信，向其述说我们践行“两弹一星”精神，实现中国梦的行动计划表		与课堂呼应外化于行动

六、板书设计

板书设计见图 3－19。

一、“两弹一星”的含义
二、“两弹一星”精神内涵
三、弘扬“两弹一星”精神的意义
四、传承和弘扬“两弹一星”精神需要我们这么做

图 3－19　板书设计

七、特色学习资源分析、技术手段应用说明

1. 学生剧场充分调动学生的主观能动性，体现学生的中心主体地位。

2. 引用时政热点、习“语”近人等名人名言，提高学生政治认同感，实现思政目的。

3. 借助学习通、微课、问卷星等丰富的信息化手段，充实课堂内容，更好地突破教学重难点，实现教学目标。

4. 邀请新时代的年轻航天工作者做专题汇报，实现榜样引领作用。

八、教学反思与改进

1. 进一步甄选学生剧场的质量，提高其对课堂活动的帮助作用。

2. 使用多种方式进一步帮助提高学生的知识提炼能力。

中国共产党的历次工作重心转移

佛山市第一中学　潘彩珍

一、教学内容分析

理解本课的理论具有一定的难度，2021 年恰好是中国共产党成立 100 周年，因此在教学设计中采用案例教学法，运用中国共产党百年历程中的三次工作重心转移和未来 30 年的工作重心选择作为情景，从具体到抽象探讨相关理论，坚持理论与实际相结合，既减轻学生的学习难度，又能让学生重温党史。

二、学情分析

作为高中生，具备一定的党史知识，在中国共产党成立 100 周年之际，让学生重温党史，重新思考党的历史问题，具有可行性，且能激发学生的学习兴趣。通过分析真实的案例，让学生理解掌握真理和认识的相关理论，也体会从具体到抽象的教学过程。

三、目标确定

让学生掌握真理的含义、真理是具体的有条件的、认识具有反复性和无限性的理论；了解中国共产党百年历程中的三次工作重心转移和未来 30 年的工作重心选择；培养学生用历史的眼光分析、解决问题的能力，能客观评价中国共产党的百年历程；培养学生对未来负起责任的担当意识。

四、学习重点难点

真理是具体的、有条件的，认识具有反复性和无限性。

五、学习活动设计

环节一　中国共产党第一次工作重心转移

活动设计项目	内　　容
教师活动	俄国革命道路：俄国作为工业化的国家，工人阶级是最强大的力量，所以选择城市包围农村的革命道路。 1927 年中国革命道路选择： 李立三：以武汉为中心攻打中心城市的冒险主义。 毛泽东：（视频）我们当前力量还小，还不能去攻打敌人重兵把守的大城市，应当先到敌人统治薄弱的山区农村，去保存力量，发动农民革命，走农村包围城市道路
学生活动	思考并回答问题： （1）为什么说毛泽东当年为我国革命选择的道路是正确的？ （2）为什么不同的人对同一事物会有不同的观点？
设计意图	1. 说明真理是客观的，是标志主观同客观相符合的哲学范畴，是人们对客观事物及其规律的正确反映，所以真理最基本的属性是客观性。 2. 说明由于人们立场、观点和方法的不同，每个人的知识结构、认识能力和认识水平不同，对同一个确定的对象会产生多种不同的认识，但是，真理只有一个。真理面前人人平等。 3. 引导学生用历史的眼光去看待当年俄国与中国为什么选择不同的革命道路

环节二　中国共产党第二次工作重心转移

活动设计项目	内　　容
教师活动	1927 年，党将工作重心从城市转向农村。 1949 年，党将工作重心从农村转移到城市
学生活动	思考并回答问题： 1. 以上党对工作重心的两种认识是真理吗？ 2. 为什么内容相反的两种观点都是真理？

续上表

活动设计项目	内　　容
设计意图	1. 说明真理是具体的有条件的。 （1）真理都是有条件的，任何真理都有自己适用的条件和范围。如果超出了这个条件和范围，真理就会变成谬误。 （2）真理都是具体的，任何真理都是相对于特定的过程来说的，都是主观与客观、理论与实践的具体的历史的统一。 （3）真理与谬误往往是相伴而行，不注意真理的条件性，就会很容易犯错误。 2. 培养学生具体问题具体分析的思维以及如何对待错误的态度，提高学生分析问题的能力

环节三　中国共产党第三次工作重心转移

活动设计项目	内　　容
教师活动	1978 年，中国共产党停止“以阶级斗争为纲”的错误方针，把党的工作重心转移到社会主义现代化建设上来
学生活动	思考并回答问题： 中国共产党在“文革”期间为什么会犯“以阶级斗争为纲”的错误？
设计意图	1. 说明追求真理是一个过程。认识具有反复性，人们对客观事物的认识总要受到知识、立场、实践水平等条件的限制；客观事物本质的暴露和展现也有一个过程；对一个事物的正确认识往往要经过从实践到认识，再从认识到实践的多次反复才能完成。 2. 培养学生的科学精神，客观评价党的历史事件，对党的历史形成正确的认识，为日后减少工作的失误奠定思维基础

环节四　中国共产党未来 30 年工作重心选择

活动设计项目	内　　容
教师活动	中国共产党不忘初心、牢记使命。2020—2050 年，中国共产党的任务是为中国人民谋幸福，为中华民族谋复兴。 1927 年，党把工作重心转到农村的认识已被实践证明为真理，1949 年，党把工作重心转到城市的认识也已被实践证明为真理

续上表

活动设计项目	内　　容
学生活动	思考并回答问题： 1. 是不是后面的真理推翻了前面的真理？为什么？ 2. 未来30年，党应把工作重心放在城市还是农村？
设问意图	1. 说明认识具有无限性，表现在认识的对象是无限的变化着的物质世界；作为认识主体的人类是世代延续的；作为认识基础的实践是不断发展的，追求真理永无止境。 2. 说明认识具有上升性。认识运动的反复性和无限性，并不表明认识是一种圆圈式的循环运动，而是一种波浪式前进或螺旋式上升，那些经过实践反复检验的、已经确定的真理并没有被推翻，而是不断地向前发展。 3. 带领学生讨论未来中国共产党的工作重心选择问题，培养学生的长远眼光和担当意识

六、板书设计

板书设计见图3－20。

一、真理的含义
二、真理是具体的有条件的
三、认识具有反复性和无限性

图3－20　板书设计

七、作业与拓展学习设计

学生周末回家上网搜索并观看1927年毛泽东提出中国革命走农村包围城市道路的相关视频，并写200字左右的观后感。

八、特色学习资源分析、技术手段应用说明

摒弃从理论到理论的传统教学模式，通过教师创设真实情景，以议题式教学促进师生互动，既重温了党史，又学习了理论，并增强了对党的政治认同感。

九、教学反思与改进

本课以中国共产党百年发展历程中的三次工作重心转移和未来 30 年的工作重心选择为情景，通过创设议题让学生分析，达到了以下效果：引导学生理论联系实际，理解、掌握真理和认识的有关知识，同时也让学生重温党的百年发展历程，增强拥护中国共产党的领导和拥护党的路线方针政策的政治认同感，培养了学生客观看待历史问题的科学精神，引导学生树立公共参与的担当精神。不足之处是，由于课堂时间的有限性，导致对一些历史问题的分析还不够深入。解决方法是可以让学生课前了解相关的史实，从而提高在课堂中的学习效率。

致敬最闪耀的星

佛山市启聪学校　黄烨雯

一、教学内容分析

在中国共产党的百年历史当中，传颂着革命先烈可歌可泣的故事，也见证和记录着赓续红色血脉、勇担时代使命的生动实践和荣光。本课以“建党 100 周年”为契机，将思政课与日常德育相结合，并以爱国教育为主题进行党史教育；以“闪耀的星”为线索，介绍中国共产党百年壮阔历程，讴歌红色人物，缅怀革命先烈；以“立大志、明大德、成大才、担大任”为新时代要求，鼓励学生感恩家国，树立理想，坚定信念。

二、学情分析

启智部中职二（1）班共 10 名学生，8 男，2 女，年龄在 16 ~ 19 岁之间，均为中轻度智力发展障碍学生。经过校内一系列的党史课程与宣传活动，该班学生对中国共产党的发展也产生了浓厚的学习兴趣，但对党史红色人物缺乏了解，需要进一步学习。

三、目标确定

1. 了解百年党史波澜壮阔的光辉历程，理解百年初心红色血脉的精神实质。

2. 感受革命先辈牺牲奉献的红色故事，体会新时代中国人初心不变的红色传承。

3. 引导学生志存高远，坚定信仰，用实际行动践行青年使命，将自己的梦想与中华民族伟大复兴的中国梦结合在一起。

四、学习重点难点

1. 教学重点：感受中国今日命运，思考青年应担之责任。

2. 教学难点：听党号召，用实际行动践行青年使命，将自己的梦想与中华民族伟大复兴的中国梦结合在一起。

五、学习活动设计

环节一　忆往昔，发现闪耀的星

活动设计项目	内　　容
教师活动	1. 引入：2021 年是建党 100 周年，我们一起回顾来时的路。 2. 视频：观看建党百年主题系列微视频《这百年》，循着历史时间线，回望百年奋斗历程。 3. 提问：说一说视频中令你触动最大的人物或事件。 4. 总结：这一百年来，有不少的艰难险阻，有不少的激流困顿。然而，回顾来时的路，我们能发现，有许许多多的英雄人物，就像一颗颗闪耀的星，照亮我们前进的路。今天，我们就来一一细数那闪耀的星。 5. 板书：导入课题，出示板书“致敬最闪耀的星”
学生活动	1. 聆听，感悟建党 100 周年的壮阔历程。 2. 观看视频。 3. 回忆视频的内容，思考令人触动的人物或事件，进行表达与交流。 4. 聆听与思考
设计意图	回首：通过观看视频，激发学生的对百年建党的兴趣，为下一步红色人物的讲解做铺垫

环节二　念初心，传承闪耀的光

<table>
<tr><th>活动设计项目</th><th>内　　容</th></tr>
<tr><td>教师活动</td><td>一、百年壮阔星旅途
1. 情境出示。
情境一：建党之初，李大钊铁肩担道义，扛起传播马克思主义的大旗。
情境二：抗战时期，刘胡兰不幸被捕，面对铡刀，慷慨就义，生得伟大，死得光荣。
情境三：建设时期，焦裕禄同志在风沙之下治沙丘、种泡桐，让兰考的面貌焕然一新。
2. 交流讨论。
提出问题：他们身上有哪些值得敬佩的品质？引导同学们进行交流与讨论。
3. 总结升华。
历史的长河奔流不息，党的百年跨过了建党之初、抗战时期再到建设时期，他们的精神历久弥新，价值永恒，初心不改。他们有不畏牺牲的大义，为人民谋幸福的大智，他们永远是历史上最闪耀的星，向他们致敬！
二、英雄故事我来说
1. 过渡引入。
英雄不仅存在于遥远的历史书上，在佛山这边大地上，也存在着闪耀的明星。
2. 分组汇报。
课前已将学生分为四个小组，分别对佛山英雄吴勤、陈铁军、罗登贤、廖锦涛进行资料搜集，引导学生进行小组讨论，并对所选的英雄人物进行故事讲述。
3. 总结升华。
有了这些英雄人物的牺牲与奋斗，才换来今日美好的生活，让我们向他们致敬！
三、时代人物照耀我
1. 过渡引入。
在和平年代，我们身边是否存在闪耀的星呢？
2. 致敬闪耀。
PPT 出示图片，引导同学们交流他们身上发生的故事。致敬闪耀的星，以“××之星”为他们颁发荣誉。</td></tr>
</table>

续上表

<table>
<tr><th>活动设计项目</th><th>内　　容</th></tr>
<tr><td>教师活动</td><td>
<table>
<tr><th>姓名</th><th>荣誉</th><th>事迹</th></tr>
<tr><td>袁隆平</td><td></td><td></td></tr>
<tr><td>钟南山</td><td></td><td></td></tr>
<tr><td>王亚平</td><td></td><td></td></tr>
<tr><td>苏炳添</td><td></td><td></td></tr>
<tr><td>……</td><td></td><td></td></tr>
</table>
3. 总结升华。
那些闪耀的星化作一个个具体的名字，他们的才能在不同的岗位上发光发热，用自己的力量为祖国做贡献。他们是这个时代最闪耀的星，让我们向他们致敬
</td></tr>
<tr><td>学生活动</td><td>一、百年壮阔星旅途
1. 阅读文字与图片材料，了解三位不同时期英雄人物的事迹。
2. 交流与表达三个不同时期的英雄人物，感悟他们身上值得敬佩的精神与品质。
3. 聆听与思考，向三颗闪耀的星致敬！
二、英雄故事我来说
1. 聆听与思考。
2. 课前搜集吴勤、陈铁军、罗登贤、廖锦涛四位英雄人物的事迹，并分小组进行故事讲述，了解佛山地区的红色人物，感悟红色精神，传承红色基因。
3. 感悟革命先辈的牺牲与奋斗的精神，向革命先辈致敬！
三、时代人物照耀我
1. 聆听与思考。
2. 交流表达时代之星，挖掘他们身上为家国奉献的闪光点。分小组进行对上述人物“××之星”的荣誉评比。
3. 感悟这个时代所闪耀的星，努力为祖国做贡献的精神，向他们致敬！</td></tr>
<tr><td>设计意图</td><td>传承：回溯建党初期、抗战时期和建设时期三个时间段的典型代表人物，挖掘佛山区域红色人物，结合时代挖掘闪耀的星，拓宽学生对红色人物的认知，传承红色精神</td></tr>
</table>

环节三　担使命，成为闪耀的星

<table>
<tr><th>活动设计项目</th><th>内　　容</th></tr>
<tr><td>教师活动</td><td>1. 视频播放。
播放习近平总书记会见中国少年先锋队第七次全国代表大会代表时的讲话。
2. 对话未来。
站在今日的中国回望过去的百年辉煌，我们都应该把个人理想与祖国命运紧密相连。
教师设问：如何才能成为闪耀的星？
（1）小组讨论。
（2）静心书写（见图 3－21）。
成为闪耀的星
闪耀的________：
你好！向闪耀的群星致敬，在 2021 年的伟大百年交汇节点上，我应当__________________________不辜负党和人民的殷切期望，为中华民族伟大复兴而奋斗。
2021 年 12 月 12 日
图 3－21　成为闪耀的星
（3）交流与讨论。
3. 课堂小结</td></tr>
<tr><td>学生活动</td><td>1. 观看视频，感受党和国家对自己的期望和嘱托，立志为祖国增添闪耀。
2. 思考如何才能成为闪耀的星，表达交流，并写下与未来对话的信</td></tr>
<tr><td>设计意图</td><td>展望：通过习近平总书记的话和与未来对话两个环节，引导学生志存高远，坚定信仰，用实际行动践行青年使命，将自己的梦想与中华民族伟大复兴的中国梦结合在一起</td></tr>
</table>

六、板书设计

板书设计见图 3－22。

致敬最闪耀的星

忆往昔，发现闪耀的星
念初心，传承闪耀的光
担使命，成为闪耀的星

成为闪耀的星

闪耀的________：

你好！向闪耀的群星致敬，在 2021 年的伟大百年交汇节点上，我应当__________________________不辜负党和人民的殷切期望，为中华民族伟大复兴而奋斗。

2021 年 12 月 12 日

图 3－22　板书设计

七、作业与拓展学习设计

选择你所感兴趣的英雄人物，结合英雄事迹和个人感悟画一幅手抄报。

八、教学反思与改进

在这节课中，素材选取，丰富适切。本节课精选富有时代性和典型性的材料，从建党不同时期的典型人物、佛山地区的革命先烈到和平时代的人物，真实的情感和人物激发起学生内心深处的动力和使命感。

铸魂育人，直指素养。党史教育，不仅要用生动的事实感染学生，更要用真理的价值引领学生。本课以“忆往昔，发现闪耀的星”—“念初心，传承闪耀的光”—“担使命，成为闪耀的星”三个视角，营造对学生具有高度吸引力的学习氛围，激发学生的情感共鸣。在“传承”这个话题的学习中，培育传承意识，达到认识的深化和情感的升华，将核心素养的培育巧妙地融入教学环节之中，真正让核心素养价值回归立德树人。

中国有了共产党

佛山市禅城区奇槎小学　夏秋玲

一、教学内容分析

五年级《道德与法治》下册第三单元第三课“中国有了共产党”第一课时。

二、学情分析

2021 年恰逢中国共产党成立 100 周年，结合统编教材《道德与法治》五年级下册第三单元第三课“中国有了共产党”，开展本次思政课，授课对象为五年级学生。五年级部分学生可能听说过五四运动、中共“一大”等名词，但了解有限。其次，学生没有合适的生活经验与历史对接，本课中陌生概念和重大历史事件较多，所以学生很难在情感上对这段历史产生共鸣。

三、目标确定

1. 通过近一百年来中国探索救国之路失败的原因进行分析，理解中国共产党产生的历史必然性。通过了解中国共产党成立后对中国革命产生的影响，坚定没有共产党就没有新中国的信念。通过新旧社会中国人民生活的变化，以及中华人民共和国成立后取得的各方面的成就，体会只有社会主义才能救中国的真理。

2. 主动维护国家荣誉，理解中国共产党对中国发展的重要作用，培养爱党爱祖国的民族自豪感。

3. 通过歌曲演唱、故事欣赏等形式，激发思考，体悟中国共产党对中国革命产生的影响，知道中国共产党的领导地位，明白中国共产党对中国解放的重要作用。

4. 通过查阅李大钊不惧死亡的原因、五四运动、巴黎和会不平等待遇等相关资料，锻炼学生分析问题、总结概括能力，学会运用历史、辩证、发展的眼光看问题。

四、学习重点难点

1. 教学重点：让学生在情境体验中理解为什么没有共产党就没有新中国。
2. 教学难点：让学生明白只有社会主义才能救中国的道理。

五、学习活动设计

环节一 听歌曲，谈感想

活动设计项目	内　　容
教师活动	1. 播放歌曲《没有共产党就没有新中国》。 2. 教师提问：从这首歌曲中你能学到什么？为什么说没有共产党就没有新中国？
学生活动	1. 学生齐唱歌曲。 2. 根据教师的提问大胆发表想法
设计意图	通过歌曲调动学生思考的积极性，引导学生了解中国共产党为中国人民的解放事业所做出的贡献，让学生了解：是中国共产党领导中国人民最终走出黑暗，走向光明，实现了中华民族的百年雪耻梦

环节二　求索吧，我的国

活动设计项目	内　容
教师活动	引导学生认识爱国先驱们苦苦求索救国救民的中国革命道路的时代背景。 1. 介绍思想传播者陈独秀及其创办的著名刊物《新青年》。 2. 简介思想传播者代表李大钊的事迹。 下面请同学们回顾查阅的李大钊的生平资料，议一议，李大钊为何不惧死亡？ 3. 五四运动的爆发。 （1）教师引导认识过去斗争失败的原因各不相同，但归根到底，都是因为没有先进的、正确的理论指导，没有代表人民利益的先进的政党的领导。所以，要拯救中国，必须要有一个具有先进指导思想并代表人民利益的政党来领导革命，这就是中国共产党。 提问：中国共产党是怎样诞生的呢？为中国共产党的成立产生了巨大的推动作用的，那就是五四运动。哪位同学来介绍一下五四运动？ （2）共同分享五四运动经过。 小结：五四运动促进了马克思主义在中国的传播及其与工人运动相结合，标志着中国新民主主义革命的开端，为中国共产党的成立做了思想上和组织上的准备
学生活动	1. 学生通过图片、视频了解历史背景，分享感受。 2. 学生分享课前查阅的关于李大钊的生平资料。根据教师的提问，谈谈李大钊为何不惧死亡。 3. 学生结合之前搜集的资料，共同分享五四运动经过
设计意图	通过图片、视频等历史资料创设情境，以生动的历史画面，使学生们充分体验历史背景；通过让学生在课前搜集资料，在课堂上提问和讨论，帮助学生深入理解爱国先驱们苦苦求索救国救民的中国革命道路的历史必然性和正确性

环节三　说历史，明产生

活动设计项目	内　容
教师活动	1. 课件呈现：介绍中共“一大”的由来及“一大”会址。 2. 认识党旗、党徽
学生活动	说一说：中国共产党党旗上的金黄色镰刀和锤头分别代表什么？
设计意图	通过介绍，加深学生对中国共产党的诞生及其意义的认识

环节四　听故事，悟精神——中国有了共产党

活动设计项目	内　　容
教师活动	1. 请304班李芷晴讲述抗日小英雄张嘎的故事。 2. 播放电影《闪闪红星》片段，由8位教师现场进行配音。 3. 请601班罗浩林同学给我们带来当代党员故事。 4. 播放中国共产党百年述职报告
学生活动	1. 304班李芷晴同学讲述抗日小英雄张嘎的故事。 2. 601班罗浩林同学讲述当代党员故事。 3. 学生观看中国共产党百年述职报告
设计意图	此环节是本节课的亮点。以两位学生的深情演讲和老师们精彩的现场电影配音的形式，吸引学生兴趣。其中，小英雄张嘎的形象贴近孩子的年龄，容易打动孩子的心灵；党员代表的故事，把学生从过去带回到现实，时空的跨越更能体现中国共产党的百年辉煌是一代又一代的先驱们用鲜血换来的。最后，通过中国共产党百年述职报告使学生对党的发展有全面的了解。设计层层深入、形象生动，非常贴合学生的年龄和认知特点

环节五　童心向党，接力百年

活动设计项目	内　　容
教师活动	1. 小结：没有共产党，就没有新中国，只有共产党，才能救中国。作为新时代的好少年，作为社会主义建设的接班人，让我们将对党和国家的热爱之情付诸实践，此刻，就让我们用歌声来表达我们的信念与决心吧！ 2. 合唱《我们是共产主义的接班人》
学生活动	全场齐唱《我们是共产主义的接班人》
设计意图	以队歌《我们是共产主义的接班人》结尾，与开头的歌曲《没有共产党就没有新中国》相呼应，使整节课的设计完整而充满童趣，内容层层深入，寓意深刻

六、板书设计

板书设计见图3-23。

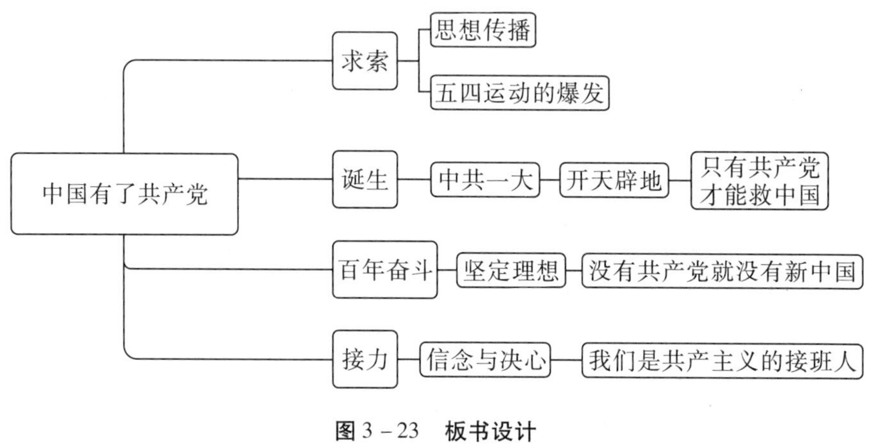

图 3－23　板书设计

七、作业与拓展学习设计

这节课后，你对中国共产党有了哪些新的认识？请搜集几个感人的新时代共产党员的故事，下节课与同学们分享。

八、特色学习资源分析、技术手段应用说明

本节课为学生提供了大量的历史资料，通过唱歌、演讲、电影片段配音等丰富的活动，形象生动地展现了中国共产党的发展历程，贴合学生的年龄和认知特点。通过提问、讨论、搜集资料、课堂展示等方法锻炼学生分析问题、总结提升的能力。最后的中国共产党百年述职报告视频，进一步帮助学生学会运用历史、辩证、发展眼光看问题。

九、教学反思与改进

本节课设计重点突出学生的主体地位，通过课前查阅资料，课上呈现展示，并对相关问题进行讨论、探究，形成对问题的认识。本课内容需要大量的历史事实作为内容铺垫，所以需要学生们对中国的近代史有一个比较全面的了解。在查阅资料的过程中，对中国共产党的产生、中国革命的历史进程有了全面的认识，从而理解本节课的结论：没有共产党就没有新中国！

铁军精神薪火相传，红色血脉生生不息

禅城区东华里小学　曾龙梅

一、教学内容分析

2021 年是中国共产党 100 周年华诞，100 年春夏秋冬，风雨兼程，千千万万个优秀的中国共产党人撑起了民族的脊梁。佛山这块人杰地灵的宝地孕育了许多革命先烈，陈铁军就是中国共产党历史上一位著名的革命烈士和忠诚的共产党员，也是佛山人民引以为豪的革命先烈。

陈铁军故居距离东华里小学 800 米左右，学生出行或上学途中常路过此地，学生对陈铁军烈士充满了好奇。因此，根据学生的兴趣开展一次主题为“铁军精神薪火相传，红色血脉生生不息”综合实践活动。在此次综合实践活动中，学生需要通过资料收集，了解佛山本地与陈铁军烈士相关的红色基地，并制订研学计划和开展研学旅行。学生在研学的过程中通过探究、分析、归纳等方法深入了解陈铁军的光荣事迹，增长多方面的知识和能力，增强对陈铁军烈士的敬意及爱家乡、爱祖国的情怀。

本课主要任务是指导学生制作研学方案，为研学旅行做充分准备。

二、学情分析

三年级学生对烈士陈铁军有一定的了解，对佛山本地的红色基地比较熟悉，但未深入了解陈铁军的光荣事迹和理解铁军精神的内涵。在活动中通过资料搜集和实地探访，走进铁军烈士，深入了解铁军精神。

学生在搜集资料和动手能力方面有一定的基础，但实践操作和自主探究方面仍存在不足。因此要逐步培养学生掌握一些探究问题的方法，提高学生的问题意识，能够试着和同学展开小组合作学习，在有效的活动中不断提高学生的实践能力与挖掘学生的创新潜能。

三、目标确定

1. 价值体认：深入了解家乡革命先烈陈铁军，表达对革命先烈的崇高敬意。

2. 责任担当：在小组合作过程中，能独立完成分配的任务，积极参加小组内的讨论，设计丰富多样的研学活动表达对陈铁军烈士的崇高敬意。

3. 问题解决：通过课题小组的集体探究和教师引导，初步学会自主提出问题、分析问题、解决问题，在研学活动中理解铁军精神内涵。

4. 创意物化：通过小组交流探讨，制定研学旅行攻略。

四、学习重点难点

1. 教学重点：深入了解家乡革命先烈陈铁军，表达对革命先烈的崇高敬意。

2. 教学难点：制定研学旅行攻略。

五、学习活动设计

环节一　创设情境，激趣导入

活动设计项目	内　容
教师活动	1. 出示图片，由佛山革命先烈吴勤、罗登贤、邓培引出英雄模范人物陈铁军。 2. 引导：通过前期资料的搜集和同学的精彩介绍，同学们对三个红色基地有了一定的了解。想要顺利开展研学之旅，需要完成两大挑战。 3. 挑战：自由分组。请大家根据兴趣选择自己的研学目的地
学生活动	1. 了解革命先烈陈铁军。 2. 学生展示铁军红色基地相关资料：铁军公园、陈铁军故居和铁军小学三个基地的基本情况。 3. 学生分组：学生根据兴趣选择研学目的地，教师指导分组
设计意图	学生的愿望、兴趣是确定探究活动内容最基本的动力。学生通过资料搜集和交流分享，对研学目的地有一定的了解。自由分组选择目的地，调动学生对基地研学的兴趣

环节二　方法指引，制定流程

活动设计项目	内　　容
教师活动	1. 挑战：制定研学旅行攻略。研学旅行攻略就是我们研学路上的“法宝”。 2. 发布任务：用思维导图制作研学旅行攻略。 3. 明确研学攻略内容：研学目标、研学准备、任务和分工、成果与展示。 4. 教师巡堂指导小组制定研学攻略思维导图
学生活动	1. 探讨：与教师共同讨论思维导图中的研学目标、研学准备、任务与分工、成果与展示的具体内容。 2. 小组合作完成研学旅行攻略思维导图
设计意图	教师引导学生设计思维导图，师生共同探讨研学旅行攻略的框架，由小组成员协作完成思维导图内容的补充和设计，锻炼学生的自主探究和团队协作能力

环节三　学生分享，交流汇报

活动设计项目	内　　容
教师活动	教师点评并提出建议
学生活动	小组交流分享，讲解和展示思维导图
设计意图	通过小组分享交流、教师点评等方式，小组间相互学习和借鉴，完善铁军红色基地研学旅行攻略

环节四　课堂小结，布置作业

活动设计项目	内　　容
教师活动	1. 总结：恭喜大家通过今天的两大挑战，可以顺利开启我们的研学之旅！ 今天组成了不同的活动小组并且共同设计完成了研学活动的思维导图，在制作研学方案的过程中体会到小组合作的快乐。相信同学们会在这次的研学之旅中收获满满。 2. 布置作业：将思维导图制成表格，再次完善活动方案

续上表

活动设计项目	内　　容
学生活动	1. 完善研学攻略思维导图。 2. 计划前往研学基地深入学习铁军精神，以实际行动表达对革命先烈的崇高敬意
设计意图	学生小组合作设计的研学攻略为研学旅行提供了明确的指引，为下一步实践活动的开展做充分准备，学生对学习铁军事迹、感受铁军精神充满期待

六、板书设计

板书设计见图 3－24。

图 3－24　板书设计

七、作业与拓展学习设计

1. 利用一周时间完善研学旅行攻略并将其制定成完整的研学旅行方案。
2. 小组做好研学旅行的具体安排，计划开展研学旅行。

八、特色学习资源分析、技术手段应用说明

禅城区有多个与陈铁军相关的红色基地，如铁军故居、铁军公园、铁军小学等。利用身边的红色基地让学生深入了解佛山革命烈士，在实地中探寻铁军烈士的足迹，在红色基地中找到历史的印记，感受生生不息的铁军精神。

九、教学反思与改进

本课以佛山的革命先烈引入课题，让学生对佛山这块红色土地有所了解并为佛山人身上流淌的红色血液感到自豪。学生通过资料搜集和分享，对陈铁军烈士有初步的了解。通过对基地的介绍，进一步激发学生对铁军红色基地的好奇。

在讨论和交流环节中，学生始终围绕着“学事迹，传精神”“齐一心，共合作”“以行动，表敬意”的目的展开讨论。学生以小组讨论的形式进行研学方案思维导图的设计。在课堂中以“挑战”的形式布置任务，吸引了学生的学习兴趣。以研学旅行中的“法宝”引出研学旅行攻略，学生的学习积极性和好奇心被调动。在选题过程中，由学生自主组合成小组，体现了学生的自主性和实践性。在活动中培养了学生与人交流合作和动手能力。在讨论中，小组成员分工明确，积极参与讨论，锻炼了学生的团结协作能力。学生的参与度极高，学习的自主性被激发，对此次的研学旅行活动充满兴趣。

本课的交流展示环节中，缺少了学生评价的环节。应在小组分享后，让其他小组参与评价，学会评价他人的作品，在评价中学习。学生设计的旅行攻略可操作性强，目标明确，但需要突出研学旅行中的具体任务。教师在教学中可以对研学任务进行指导，让学生能够更好地用实际行动向革命先烈表达敬意。

中国共产党领导人民站起来、富起来、强起来

佛山市第四中学 周海欣

一、教学内容分析

本课内容为2020年统编教材高中政治必修二《政治与法治》第一课第二框“中国共产党领导人民站起来、富起来、强起来”，主要介绍了中国共产党领导人民实现中华民族伟大复兴，是历史的选择、人民的选择和正确的选择。本课内容处在第一单元第一课第二框的位置，讲述我国的中国共产党

领导人民所实现的三次历史性飞跃。第二框题的内容承接第一框题讲述中国共产党在建党百年期间对中华民族和中国人民所做出的贡献，介绍中国共产党对于为中华民族谋复兴、为中国人民谋幸福的初心和使命，进一步增强学生对中国共产党的认识，是第一单元的重要知识。教材内容从中国共产党百年奋斗探索过程中所体现的共同追求，与上一框题中国共产党的执政是历史的必然、人民的选择相承接，让学生形成对于中国共产党较为完整、系统的认知。

二、学情分析

高一的学生基本上已经具备一定的分析、归纳能力，对时政能够保持一定的关注，对一些时政新闻也已形成一定的感性认识，但对中国共产党整体认识较为缺乏，仍停留在较为感性的认识。通过前面对中国共产党产生执政历程的学习，学生对中国共产党的发展已有一定的知识储备，为本课的学习奠定了一定的知识基础。但学生普遍抽象思维的能力和主动性较弱，较多停留在直观、感性的认识，而难以主动自觉地将其归纳上升到理性客观的层面。

因此，本课在教学过程中，一方面通过猜谜游戏、合作探究等方式，激发学生的学习热情与兴趣；另一方面，引入当前建党一百周年这一时政热点，引导学生关注时政，强化对学生从具体到抽象的归纳能力的培养。此外，希望通过建党一百周年这一时政热点，从宏观的党史学习中激发学生对党的支持与认同，实现政治认同素养的提升。

三、目标确定

本课通过中国共产党三个创业团队的接力奋斗历程及中华民族和中国人民生活所取得的成果展现与分析，引导学生理解中国共产党为中华民族谋复兴、为中国人民谋幸福的初心和使命；在教学过程中强调对学生提取有效信息能力和由具体到抽象的归纳分析能力的培养。通过翔实的实例，以及宏观党史的简要呈现，引导学生逐步增强对中国共产党领导人民实现中华民族伟大复兴的认同与理解，提升政治认同素养。

（一）具体任务教学目标

1. 描述与分类：中国共产党领导中国人民实现的三个飞跃过程中的历史实例。

2. 解释与论证：中国共产党领导人民实现中华民族伟大复兴，是历史的选择，是人民的选择，是正确的选择。

3. 预测与选择：中国共产党在新时代将如何践行初心和使命。

4. 辨析与评价：辩证分析党在百年奋斗过程中的失误和成就。

（二）具体核心素养目标

1. 政治认同：坚持党的领导，坚持改革开放，实现中华民族伟大复兴。

2. 科学精神：理解中华人民共和国成立的意义、社会主义制度建立的意义、改革开放的意义、中国特色社会主义进入新时代的意义。

3. 公共参与：积极构想在新征程背景下中国共产党的奋斗方案，为实现中华民族的伟大复兴贡献自己的力量。

四、学习重点难点

1. 教学重点：社会主义制度的建立过程和意义；改革开放的目的和意义；新时代的主要矛盾和中国特色社会主义进入新时代的重大历史意义。

2. 教学难点：理解对“站起来、富起来、强起来”的理解；理解人民和历史选择了中国共产党领导人民实现中华民族的伟大复兴，是正确的选择。

五、学习活动设计

环节一　游戏导入：根据提示词猜一个“创业团队”

活动设计项目	内　容
教师活动	给出 4 个短句，让学生猜一猜是哪个“创业团队”： 这是一支 100 年前的创业团队；1921 年公司注册，资本金接近于 0，靠共产主义的蓝图拿到了苏联的天使轮和 A 轮（融资）；经历艰辛，打败了西方跨国公司和国内强有力的竞争对手，1949 年 10 月 1 日在主板市场上市；经过 70 多年，五代 CEO 经营，目前市值突破 100 万亿元，居全球第二
学生活动	学生认真地关注通过教师不断呈现的创业团队的关键信息，描述并确认该团队的名称
设计意图	以猜谜的形式导入，充分调动学生的积极性，活跃课堂氛围；同时，引出本节课的探究关键词“中国共产党”以及本课主题——中国共产党领导人民站起来、富起来、强起来

环节二　团队一：胜局洗前耻——建立新中国，中国人民站起来

活动设计项目	内　　容
教师活动	展示 1921—1978 年中国重要的历史事件，引导学生归纳出历史事件中突显的三次革命和三次社会性质的变化，从而探讨中国共产党在其中所做出的贡献（见图 3－25）。 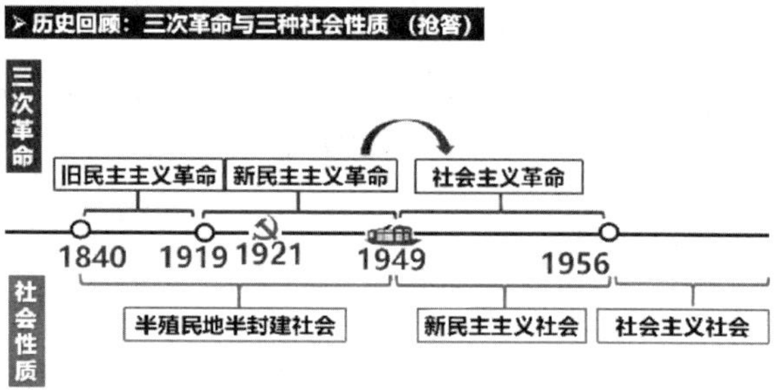 ➤历史回顾：三次革命与三种社会性质（抢答） 三次革命　旧民主主义革命　新民主主义革命　社会主义革命 1840　1919　1921　1949　1956 社会性质　半殖民地半封建社会　新民主主义社会　社会主义社会 **图 3－25　历史回顾** 层层设问，根据熟悉的历史事件思考： 问题 1：中华人民共和国成立的政治意义是什么？ 问题 2：在过渡时期的探索过程中我国确立了哪些社会制度？ 问题 3：在艰辛探索时期，中国共产党遇到哪些苦难、取得哪些成就？如何评价这一过程中中国共产党的作用
学生活动	学生根据教师预设的问题回顾中国重要历史事件，并通过小组合作探究得出中国共产党在这一阶段对中国人民和中华民族所做出的贡献，将具体的历史实例转化为概括性的学科知识
设计意图	从进入新课开始，教师从宏大的历史视角展开党史学习活动，通过引导学生回顾近代中国以来的三次革命和三次社会性质的变化。通过时间轴的形式简要呈现近代中国的发展进程，引导学生梳理和归纳知识。教师通过层层设问，学生带着问题进入情境，将具体的纵向时间事件转化为对中国共产党的认识与评价，有助于培养学生的归纳和理性思考能力

环节三　团队二：变局奔小康——实行改革开放，走向民富国强

活动设计项目	内　容
教师活动	选取并呈现中国共产党发展历程的重要时间节点，引导学生从宏观层面理解中国的发展历程（见图 3－26）。 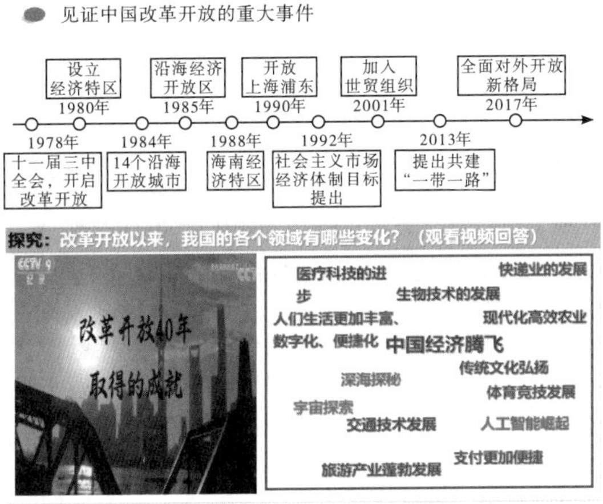 见证中国改革开放的重大事件 1978年 十一届三中全会，开启改革开放；1980年 设立经济特区；1984年 14个沿海开放城市；1985年 沿海经济开放区；1988年 海南经济特区；1990年 开放上海浦东；1992年 社会主义市场经济体制目标提出；2001年 加入世贸组织；2013年 提出共建"一带一路"；2017年 全面对外开放新格局 探究：改革开放以来，我国的各个领域有哪些变化？（观看视频回答） 改革开放40年取得的成就 医疗科技的进步　快递业的发展　生物技术的发展　人们生活更加丰富、数字化、便捷化　现代化高效农业　中国经济腾飞　传统文化弘扬　深海探秘　体育竞技发展　宇宙探索　交通技术发展　人工智能崛起　支付更加便捷　旅游产业蓬勃发展 **图 3－26　变局奔小康**
学生活动	学生将改革开放以来多个时间节点上中国共产党所做的事进行归纳和总结，进而回答教师预设问题："这一个团队在改革开放多年历程中为中国人民和中华民族谋得了什么？"
设计意图	从宏观的党史中转到具体的改革开放具体时间点对应的历史事件的呈现，并结合恢宏快节奏的视频，有助于学生进一步感受中国共产党一如既往的初心和使命，将对改革开放史的复述转化为对中国共产党的初心和使命的理性认识

环节四　团队三：新局赴圆梦——进入新时代，踏入新征程

活动设计项目	内　容
教师活动	提问这 10 年的重大成就，让学生感受中国发展。 教师引导学生说出这十年每一年的突出成就，教师紧接着向学生展示新时代的内涵和意义

续上表

活动设计项目	内　　容
教师活动	2012—2021 年这十年，与学生的亲身体验有着密切联系。学生的小视角和国家发展的大视野——新时代相结合，让学生全方位地从成就感悟当中理解中国共产党的初心和使命。 回归课堂开始的问题“中国共产党为什么能?”，引导学生认识到中国的成就离不开中国共产党的坚强领导作用，不变的初心和使命体现在不同的创业团队中。中国共产党能的原因是在领导人民站起来、富起来、强起来的过程中始终坚持为中国人民谋幸福，为中华民族谋幸福的初心和使命
学生活动	学生结合自身所见证的中国 2012—2021 年所取得的历史成就，并与小组成员交流后得出更全面的认识，进而进行小组抢答，回答教师所设置的问题
设计意图	学生对于第三个创业团队所领导的中国发展事例比较熟悉。在学生的积极反馈中，教师进一步引导中国特色社会主义进入新时代的内涵和意义，并展示最新最权威的中国成就数据信息，使得课堂教学更具时代性，同时训练学生从具体内容归纳总结出抽象内涵和意义的能力

议学延伸：强国团队——建党百年，风华正茂；青春一代，强国有我。

活动设计项目	内　　容
教师活动	教师引用人民日报评论员对于中国共产党建党百年的评价，结合不同年代的人对于中国的关系的称呼，引导学生与祖国同频共振。“15 年后，我国初步建成社会主义现代化国家，同学们会成为各行各业的骨干力量；30 年后，我国建成社会主义现代化强国，同学们会成为社会发展的中流砥柱”。教师引导学生进一步把对中国共产党的理解和支持转化为外显的课堂表现，设计团队职业发展规划
学生活动	学生类比中国共产党的不同创业团队，小组内部商议并制作小组的团队职业发展规划，并进行小组展示与评价
设计意图	以“议学延伸 · 强国团队”的形式，引导学生立足于中国现阶段发展情况，结合学生自身的特点与中国的长远发展相联系，使书本学科知识与具体学生发展有机结合，帮助学生树立远大的职业理想，提高学生的政治认同和公共精神素养

六、板书设计

板书设计见图 3 – 27。

中国共产党领导人民站起来、富起来、强起来
团队一：胜局洗前耻，以血泪争取人民翻身解放
——建立新中国，中国人民站起来
团队二：变局奔小康，以改革带领人民摆脱贫困
——实行改革开放，走向民富国强
团队三：新局赴圆梦，以发展引领人民伟大复兴
——进入新时代，踏上新征程

图 3 – 27　板书设计

七、作业与拓展学习设计

本课以创业团队作为情境主线，讲述中国共产党对中国人民和中华民族所做的突出贡献，课堂结尾要求学生进行议学延伸活动。这既有利于学生总结回顾本节课所学知识，又有利于学生内化和应用知识，激发学生的职业发展规划设计热情和对于中国发展的责任感。

八、特色学习资源分析、技术手段应用说明

本课教学过程中充分利用时代重大热点，如中国共产党成立 100 周年及近十年来中国取得的杰出成就等真实并为学生所熟知的事例，使得教学过程中展示的材料具有时代性，对学生的价值引领和政治认同素养的培育具有重要作用。同时，本节课除应用形式多样的学习材料外，引导学生进行项目式学习，学生在议学探究活动中进行项目式学习，培养学生具有高阶思维的深度学习。

九、教学反思与改进

“中国共产党领导人民站起来、富起来、强起来”这一课的内容与高中政治必修一《中国特色社会主义》有着知识重叠的部分，同时这一课的内容

都是以真实的历史事件为依托。如何既把这一个以历史逻辑为基础的课上出政治味道，同时能够理出一个可操作、趣味性强的议题情境是备课的重要任务。经过广泛地查阅文献资料与观看党史相关内容的宣讲视频，与学校科组老师多次沟通磨课，最终确定以“中国共产党为什么能?”作为探究议题。学生通过回顾三个创业团队的奋斗历史，同时能够以中国共产党的初心和使命在不同阶段的不同表现作为线索，构建起一节有探究价值的议题、学生自主合作探究的结构化情境任务、序列化的课堂活动安排、以时间轴呈现完整知识内容的思政课。

这堂课的亮点就在于以宏观党史与微观知识点相结合的方式呈现中国这百年的发展历史，运用具体的、最新的案例向学生讲述中国、中国共产党的奋斗故事，归纳得出中国共产党为中国人民和中华民族在三个不同阶段所做出的重大贡献，并引导学生凝练出百年党史中中国共产党不变的初心和使命，坚持中国共产党的领导。本节课仍然需要改进的地方是有些具体的知识没有向学生澄清，例如中国进入新时代的时间节点是 2012 年。同时，课堂节奏的掌控能力还需提高，最后一个延伸活动的部分安排显得不够充分。这需要接下来进一步理顺思路，以更加精简的方式推进教学过程，在培育学生政治认同和公共参与素养的部分给予更多的时间浸润。

坚持改革开放

佛山市实验学校　叶青

一、教学内容分析

九年级《道德与法治》教材侧重国情和国策教育，本框依据“从站起来到富起来、强起来的伟大飞跃”的论断，简明扼要地概括了近代以来中国实现飞跃的历史进程，通过着重剖析我国改革开放的发展历程、改革开放促进我国经济社会发展的原因，展示取得的举世瞩目的成就，提升学生的政治认同，引导学生拥护党的领导，厚植爱国情怀，树立民族自豪感，增强主人翁意识和责任担当意识。

二、学情分析

九年级学生对于自身与社会、国家的密切关系有了比较清醒的认识，关注社会生活的深度和广度不断延伸。开始对国家社会现象、国家大政方针有了自己的思考，并且具备了初步的社会责任感和使命感，但他们的认识还存在着局限性，大多数同学很少会自觉地将今天的生活放到历史中去观察、比较。因此，我将从改革开放的变化入手，使学生亲身感受，帮助学生理解全面深化改革的时代内涵。

三、目标确定

1. 知识与技能：了解改革开放的历程和作用，认识我国腾飞的表现，理解改革开放的伟大意义。

2. 过程与方法：培养学生搜集整理材料、分析材料的能力。

3. 情感态度价值观：拥护中国共产党的领导，厚植爱国情怀，树立民族自信心及自豪感，自觉做改革开放的拥护者和支持者。

4. 核心素养目标：

（1）戏剧扮演，小组合作探究，学会学习，客观分析改革开放是如何促进发展的，培养科学精神；

（2）连线外国记者，展示中国发展成就，增强政治认同感，拥护中国共产党的领导，提升民族自豪感；

（3）寻找老照片，制作短视频：《致敬改革开放，寻找佛山人的记忆》，提升学生公共参与能力。

四、学习重点难点

1. 教学重点：理解改革开放怎样促进经济发展。

2. 教学难点：改革开放的意义。

五、学习活动设计

环节一　创设穿越的情境，导入新课

活动设计项目	内　　容
教师活动	1. 选取两张佛山老照片，通过新旧对比感受佛山的变化，得出改革开放对一个城市的影响； 2. 设置活动情境“时光穿梭机”，以小组为单位参与本次挑战，利用“穿越解密”剧情，呈现“坚持改革开放”的课题和内容
学生活动	1. 对比两张照片，感受改革开放对一座城市的巨大影响； 2. 积极组队，参与穿越解密的剧情挑战
设计意图	兴趣是最好的老师，利用学生生活场景就地取材，吸引学生眼球，同时通过“时光穿越解密”的形式导入新课，激发学生对本框内容学习的兴趣

环节二　“穿越1938年——珠海”

活动设计项目	内　　容
教师活动	情境设置：展示穿越背景：1938年4月13日，日军对珠海三灶岛实行全岛“三光”政策，屠杀了2 891名三灶岛居民。 任务驱动：为实现强国富民目标，中国共产党带领中国人民做出了哪些努力？表现最佳组获得“穿越线索”
学生活动	活动流程： 1. 一名学生角色扮演珠海三灶镇正表村村民陈福炎，讲述1938年的苦难故事。 2. 学生观看视频并结合书本知识，与陈福炎对话，寻找中国共产党带领中国人民实现强国富民所做的努力
设计意图	引导学生通过自主探究的方式，总结得出党带领人民完成了新民主主义革命、社会主义革命、改革开放等实践，体验中国共产党全心全意为人民服务的宗旨，坚定政治信仰，为提升核心素养奠定基础，从而实现了知识性与价值性、政治性与学理性相统一

环节三　“穿越1978年——小岗村”

活动设计项目	内　　容
教师活动	情境设置：展示穿越背景：1978年底，安徽凤阳小岗村18户农民秘密签订契约，搞大包干。 任务驱动：以穿越者的身份，和他们分享改革开放历程中的重大历史瞬间，并谈谈这些历史瞬间是怎样促进中国发展的。表现最佳组获得“穿越线索”
学生活动	活动流程： 1. 一名学生角色扮演小岗村生产队副队长严宏昌，讲述按手印前的故事。 2. 学生在演绎基础上，结合已有经验进行“头脑风暴”，分享改革开放重大历史瞬间，理解改革开放是如何促进中国发展的
设计意图	教师引导学生以1978年改革前背景为出发点，通过搭建好合作探究的“脚手架”：角色扮演讲述历史，引导学生合作探究按下手印背后不为人知的原因，让学生在活动中、在思维的碰撞中升华认识，增强政治认同，落实核心素养，从而实现立德树人的根本任务

环节四　回到现在：2021年

活动设计项目	内　　容
教师活动	情境设置：播放国外记者采访视频，希望与中国学生连线，展示中国发展成就。 任务驱动： 1. 模拟现场连线直播，表现最佳组获得“穿越线索”。 2. 展示100位改革先锋的图片
学生活动	活动流程： 以小组为单位，模拟现场连线直播的方式解答外国记者的困惑，展示改革开放发展成就。 小组分享一：分享中国综合国力发展水平。 小组分享二：分享中国人民生活水平。 小组分享三：分享中国的国际影响力

续上表

活动设计项目	内　　容
设计意图	模拟现场连线直播的方式解答外国记者的困惑，播放100位改革先锋的图片，提升学生的民族自豪感和自信心，引导学生认识到改革开放取得伟大的成就，离不开中国共产党的领导，认识到人民群众才是历史的创造者。活动性环节设置让学生在参与、体验、感悟中提升学生的民族自豪感和自信心，落实核心素养

环节五　“穿越未来——落实行动”

活动设计项目	内　　容
教师活动	情境设置：展示中国共产党百年华诞和建国92周年的图片。 任务驱动：学生上台拼凑国家未来发展的“穿越线索”
学生活动	活动流程： 学生上台拼凑“穿越线索”——“强国有我”
设计意图	学生上台拼凑决定国家未来发展的“穿越线索”——“强国有我”，引导学生认识到中国青年是决定国家未来发展的制胜法宝，从而激发学生的社会责任感和使命感，让理论在实践的检验中彰显力量，从而实现理论性和实践性相统一

六、板书设计

板书设计见图3－28。

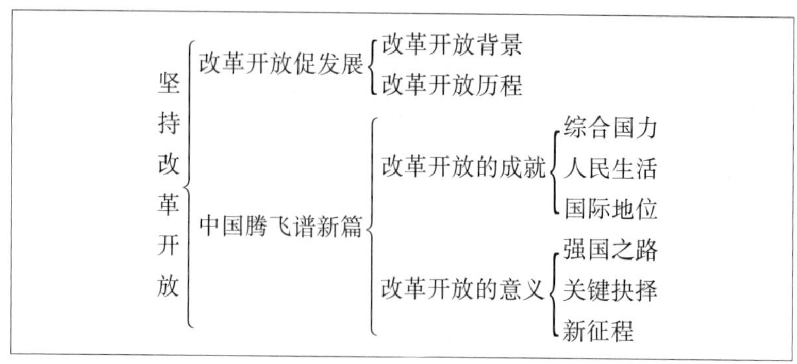

图3－28　板书设计

七、作业与拓展学习设计

“致敬改革开放，寻找无数佛山人的记忆”。请你采访身边的佛山人，寻找佛山旧照片，以视频方式记录改革开放40多年来佛山的巨大变化。请以小组为单位，完成短视频的拍摄，并在朋友圈展示。

八、特色学习资源分析、技术手段应用说明

本节课内容采用现代教育技术和戏剧教学相结合的方式，为学生展示了一堂以改革开放为主题的立体生动的道法课。

1. 多媒体课件：采用PPT制作课件，采取现代酷炫时光穿梭机背景设置，使课件更加契合“穿越”主题，极大增强学生学习兴趣。

2. 戏剧教学：通过戏剧教学的方式，提升学生的代入感和体验感，感受不同年代老百姓不同生活体验，增强对国家改革开放的认同感。

3. 视频和音频：在认识改革开放取得伟大的成就，离不开兢兢业业的每一位劳动者时，播放慷慨激昂的音乐，深刻感受人民群众才是历史创造者，是推动人类社会发展的决定性力量。

九、教学反思与改进

（一）本节课优点

1. 利用时光穿越的形式，探索改革开放之路，激发学生积极性。在本堂课上，学生充分调动了已有经验和历史知识，通过头脑风暴，让学生形象直观地了解到改革开放的进程及其带来的影响，让学生看、听、思相结合，从而为接下来的学习奠定了良好的基础。

2. 戏剧教育方式的运用，增强了时光穿越的年代感，激发学生探究欲，给予课堂沉浸式的体验。

3. 教学设计环环相扣，自然流畅，拍摄“致敬改革开放，寻找无数佛山人的记忆”短视频的任务布置，让核心素养在课堂中落地。

（二）本节课不足之处

留给学生讨论的时间过少，给予学生发言表达的时间不够。

（三）本节课改进设想

1. 教师在问题的设问上，需要更加清晰一些。

2. 在问题讨论上，留足小组间讨论的时间，在回答问题时，耐心倾听学生的发言，精准找到学生发言的重点，进行有益的引导，也可增加组员补充回答的方式。

没有共产党就没有新中国

佛山市高明区荷城街道第一小学　蔡美冬

一、教学内容分析

本课时选取的是课外教学内容，以“没有共产党就没有新中国”为主线，引导学生学习党领导人民在革命、建设、改革中取得的辉煌成就，学生通过收集资料、开展实践活动，在课堂上汇报收获，抒发感受，同唱“没有共产党就没有新中国”，热情讴歌伟大的党、伟大的祖国，坚定为实现中华民族伟大复兴中国梦而奋斗的信心和决心。

二、学情分析

小学六年级学生已初步形成了良好的学习态度，学习主动性和积极性都较强，具备一定的课外知识，也具备一定查找资料的能力，但对于中国共产党的历史及伟大意义很陌生，不能理解为什么社会主义才是中国的必然出路。希望通过本节课的学习让学生体会没有共产党就没有新中国的道理，主动维护国家荣誉，增强爱党爱祖国的民族自豪感。

三、目标确定

1. 让学生了解中国共产党的诞生及根本宗旨，了解长征、改革开放等革命历史事件。

2. 了解中国共产党领导人民在革命、建设、改革中取得的辉煌成就，坚定没有共产党就没有新中国的信念。

3. 理解中国共产党对中国发展的重要作用，培养爱国爱党的民族自豪感。

四、学习重点难点

1．教学重点：通过一百年来中国共产党探索、强国之路，理解中国共产党的历史必然性。

2．教学难点：了解中国共产党领导人民在革命、建设、改革中取得的辉煌成就，坚定没有共产党就没有新中国的信念。

五、学习活动设计

环节一　谈话导入，激发兴趣

活动设计项目	内　　容
教学活动	1．老师：同学们，你们觉得现在的生活怎么样？请用一个词来形容。 学生：幸福、美好、快乐。 2．老师：这样幸福的生活是怎么来的呢？带着这个问题走进我们今天的课堂。 3．老师：请同学们读一读这段歌词《没有共产党就没有新中国》（引导学生快速读），读完后，产生了什么样的情感？ 学生：自豪、骄傲、感恩。 4．老师：你在歌词中还发现了什么？（随即板书课题） 学生：发现了“没有共产党，就没有新中国”出现的次数最多
设计意图	通过谈话，引起学生的学习兴趣，引导学生思考，并引出课题

环节二　对比质疑，视频解疑

活动设计项目	内　　容
教学活动	1．出示两则资料，对比区别。 （1）中国共产党刚成立的资料：1921 年 7 月 23 日晚，中国共产党第一次全国代表大会在上海秘密召开。参会代表 13 人，代表着全国的 50 多名党员。 （2）中国共产党现状的资料：2017 年 10 月 17 日，中国共产党第十九次全国代表大会在人民大会堂三楼金色大厅举行新闻发布会。截至 2019 年 12 月，全国共有基层党组织 468.1 万个，党员 9 191.4 万名。 老师：同学们对比来看这两则资料，有什么发现？有什么疑问？（相机板书：队伍壮大）

续上表

活动设计项目	内　　容
教学活动	学生1：我发现了两个会议相差近100年。 学生2：我发现了中国共产党刚成立时的会议是秘密进行的，现在是公开的。 学生3：我发现了共产党刚成立时，党员人数只有50多人，而现在党员有9 000多万人，共产党的队伍壮大了。 2. 播放老党员视频。 （内容为80岁老党员讲述他从小受到党的照顾，长大后自愿加入共产党，近20年来国家在党的领导下越变越好，他切身感受到了党的伟大。） 学生问：中国共产党为什么可以得到如此惊人的壮大？ 3. 老师：听了老党员的心里话，我们可以找到“中国共产党为什么可以得到如此惊人的壮大”的答案了。（相机板书：全心全意为人民服务） 学生：中国共产党是全心全意为人民服务的，所以得到了老百姓的拥护，老百姓就自愿加入到这个队伍中去，队伍就壮大了
设计意图	通过对比资料与看视频，学生质疑解疑，这样能充分发挥学生的学习主体，以学生的思考回答推动课堂，教师起引导作用

环节三　小组汇报，交流感受

活动设计项目	内　　容
教师活动	1. 课前布置了大家以小组的形式开展实践活动搜集资料，课上请各组组长上来展示实践成果。 2. 听了各个小组的汇报，你有什么样的感受？你的心情又是如何的？ 3. 我们的党是全心全意为人民的，你能结合生活说说党都为我们做了哪些实事吗？ 4. 同学们，你们说得太好了，我们都深切地感受到党的正确领导让我们的生活越来越幸福（板书：正确领导），我们的国家一步一步走向富强（板书：走向富强）
学生活动	第一小组：（边说边投影搜集到的图片）搜集到的资料是有关红军长征的资料。1934年10月，中央主力红军为了摆脱国民党军队的“围剿”，开始了漫漫长征路。两年间，中国工农红军历经曲折，征服雪山，穿越草地，粉碎上百万敌军的围追堵截……历经千难万险，1936年10月，三大主力终于胜利会师。之前学过的《七律·长征》形象地表现了红军战士不屈不挠、英勇顽强的精神，接下来一起来朗诵这首革命史诗《七律·长征》

续上表

活动设计项目	内　　容
学生活动	第二小组：搜集了改革开放的资料。1978 年 12 月，党的十一届三中全会做出了实行改革开放的重大决策。在改革开放浪潮中，一批批党员先锋心怀祖国，敬业奉公，无私奉献，重塑时代的光荣与梦想。在老师指导下，创作了《改革先锋之歌》，现在给大家表演。（快板表演） 改革先锋之歌 改革开放春风吹，神州大地新气象。 党员先锋带头行，奏响时代新乐章。 功勋村官吴仁宝，华西改革促发展。 干部楷模孔繁森，勤政为民两进藏。 太行愚公李保国，科技兴农第一线。 公安标兵邱娥国，贴心执法人人赞。 探索山区发展路，劳动模范申纪兰。 农民工代表胡小燕，自强不息好榜样。 于敏研制核武器，国防事业做贡献。 航天英雄景海鹏，三巡苍穹奇迹创。 人民公仆为人民，情怀祖国品高尚。 改革开放齐出发，奏响时代新乐章， 奏响时代新乐章，新乐章！ 第三小组：党的十八大以来，中国发生巨大变化，在实现中国梦的道路上大步迈进。来听听习近平总书记给我们的激励讲话。 第四小组：高明也有为中国革命事业做出贡献的伟大人物，我们小组一起到了高明区明城镇的三谭纪念馆参观，并拍下了视频，现在分享给大家吧！（播放视频） 看完四个小组的汇报后，同学们都感触良多。 学生 1：我现在心情很激动，共产党带领着人民一步一步地走向光明，走向幸福康庄大道，感谢党给我们带来的一切！ 学生 2：我们现在能免费读书，能安安稳稳地坐在教室上课，不用担惊受怕，这是党和革命先辈为我们拼来的。 学生 3：现在我们乡下的路越来越好走了，都铺上了水泥，环境也越来越好了。 学生 4：出远门便捷了，出行方式多样，汽车火车高铁飞机都可以

续上表

活动设计项目	内　　容
设计意图	学生通过搜集资料、开展实践活动，了解了中国共产党领导人民在革命、建设、改革中取得的辉煌成就；在课堂上以多种方式汇报收获，抒发感受，以促进全班领悟

环节四　观外交图，齐唱明志

活动设计项目	内　　容
教师活动	1. 出示1901年《辛丑条约》签订图与2021年中美高层战略对话会议图，我们要理直气壮地说："和中国人说话注意你的态度。"同学们此时此刻有什么想说的吗？ 2. 所以我们说，没有共产党就没有新中国，我们要感谢党、热爱党、永远跟党走。请大家一起来跟唱《没有共产党就没有新中国》。 3. 布置作业：你有什么话想对党说的吗？学完这节课有什么收获？请写下来吧！
学生活动	学生：中国共产党让全中国人民站起来了。 齐唱《没有共产党就没有新中国》
设计意图	再次用对比图，进一步感受中国共产党的伟大与必然性；齐唱歌曲，抒发对党的热爱

六、板书设计

板书设计见图3－29。

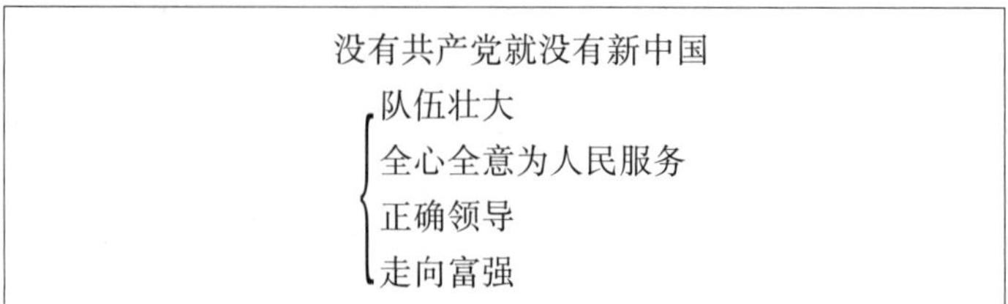

图3－29　板书设计

七、作业与拓展学习设计

1. 你有什么话想对党说的吗？学完这节课你有什么收获？请写下来。
2. 与同学共同制作“庆祝建党100周年”手抄报。

八、特色学习资源分析、技术手段应用说明

退休老党员视频与学生实践参观红色革命教育基地的视频都是结合高明区的革命历史事迹，是一特色资源；与学生创作的《改革先锋之歌》通俗易懂，也是本课的特色之一；通过多种形式的对比，让学生在学中思，在思中悟。

九、教学反思与改进

本课时基本达到了教学目标，充分体现了以学生为主体、教师为主导的教学理念，但在上课过程中，教师未能充分激发学生的思维，学生回答的面较窄；教学手段较为单一，在往后的教学中要从多方面、多角度激发学生的思维，让学生能畅所欲言。

百年逐梦，复兴中华

佛山市高明区更合镇中心小学　何雪怡

一、教学内容分析

本节课属于课外教学内容，继五年级下册第三单元“百年筑梦　复兴中华”的内容后进行本土红色文化的拓展教学。本课带领学生现身革命老区，听当地书记讲革命英雄故事，引导学生了解、认识和感悟革命先辈们走出苦难、复兴中华的艰难历程，使学生树立奋发图强的爱国志向。让学生选取恰

当的方式纪念人民英雄，献花、瞻仰纪念碑，以实际行动表达对革命先烈的敬仰之情。

二、学情分析

五年级学生对教学形式的要求越来越高，不局限于图片了解。所以这节课，教师带领学生现身革命老区、请外援讲故事来吸引学生学习兴趣。

五年级学生具备一定的搜集、整理资料的能力。教学前，教师指导学生以小组为单位查阅资料、上网学习了解当代英雄的故事，并讨论作为新时代的青少年，又应如何向自己心目中的英雄看齐。

五年级大多数学生对红领巾、祖国和党都有一定的了解，并在内心深处有了祖国的概念，教师通过提问理想的方式来引导学生，树立为中华之崛起而读书的理想。

五年级学生有一定的组织能力和团结意识，让学生代表引领同学一起选取恰当的方式纪念革命英雄。

三、目标确定

1. 树立民族自尊心和自信心，进一步增强爱国主义情感。
2. 了解革命历史，学习革命先烈大无畏的英雄气概，陶冶情操。
3. 追忆身边英雄人物的光辉事迹，领悟幸福生活来之不易，坚定理想信念。

四、学习重点难点

通过观看历史、听史料了解革命历史，激发学生强烈的爱国主义思想，发出“为中华之崛起而努力读书”的心声。培养学生获取信息、自主探究、合作学习、学会表达等方面的能力。

五、学习活动设计

环节一　激趣导入，党史抢答

活动设计项目	内　　容
教学活动	（革命纪念堂内上课） 老师：同学们，谁知道2021年是中国共产党建党的第几周年？ 学生：2021年是中国共产党建党的100周年。 老师：以史为鉴，可以知兴衰，那接下来老师要考考你们党史的问题！准备好了吗？ 老师提出若干党史问题，学生举手抢答
设计意图	通过党史的问答，让学生了解党史知识，牢记历史，从而引出课题

环节二　观看视频，现身老区

活动设计项目	内　　容
教学活动	老师：在民族危亡之际，是中国共产党带领中国人民同仇敌忾、共御外侮。今天老师带你们学习《百年逐梦　复兴中华》——学身边英雄，圆中华复兴梦。在战争时期，为保一方安宁、守护国家利益，涌现了无数英雄舍小家为大家，不惜流血献身。让我们一起来看看这些英雄人物都有谁？ （播放视频） 学生观看后回答：狼牙山五壮士、邱少云、黄继光、董存瑞、刘胡兰、潘冬子、王二小
设计意图	重温教科书里的历史革命英雄人物，为引出当地同样伟大的革命英雄人物做铺垫

环节三　书记讲解，走近英雄

活动设计项目	内　　容
教学活动	老师：视频中的英雄人物的故事激励着一代又一代的青少年，其实在我们今天上课的小洞村也曾经涌现过许许多多英雄人物和感人的故事 （请来陈书记现场史料讲解革命英雄陈定和陈妹的故事）
设计意图	邀请嘉宾讲解当地革命故事，让学生感受更深刻

环节四　感知精神，畅谈精神

活动设计项目	内　　容
教学活动	老师：同学们，从陈定和陈妹的革命英雄故事中，你觉得他们都有哪些精神让你感动呢？ 学生（略）
设计意图	听革命英雄故事，总结感受，总结品质，学会表达内心想法

环节五　总结品质，牢记于心

活动设计项目	内　　容
教师活动	无论是陈定还是陈妹，他们拥有的精神品质都是革命精神，让我们齐读这革命的精神，将它牢记于心
学生活动	勇于实践、勇于探索、勇于思考、奋发进取的开拓精神；不畏艰险、坚韧不拔、艰苦奋斗的精神；为社会主义事业鞠躬尽瘁的献身精神（齐读）
设计意图	让学生感受，学习精神，牢记精神

环节六　畅谈英雄，学习英雄

活动设计项目	内　　容
教师活动	老师：虽然我们生活在和平年代，但哪有什么岁月静好，不过是有人替你负重前行。同学们能说说我们当代的英雄故事吗？每小组选出一位代表说出你知道的英雄故事，作为新时代的青少年，你要如何向他们看齐？
学生活动	学生课前搜集资料、讨论，由小组的代表上台分享
设计意图	让学生感知革命时期的英雄、身边的英雄乃至当代的英雄，让学生明白为实现中华民族伟大复兴需要一代又一代人的共同努力。培养学生获取信息、自主探究、合作学习，学会表达的能力

环节七　学习榜样，坚定理想

活动设计项目	内　　容
教学活动	老师：同学们讲的榜样故事深入人心，革命先烈为了祖国的解放事业抛头颅、洒热血，建立了新中国，当代的英雄们为了岁月的静好而负重前行，父辈们为了祖国的繁荣强大而努力工作着，那么作为当代的少年，你们的理想是什么？ 同学们都说出了自己的理想
设计意图	追忆身边英雄人物的光辉事迹，领悟幸福生活来之不易，坚定理想信念

环节八　立下志向，立见行动

活动设计项目	内　　容
教师活动	老师：今天我们将在这里缅怀我们的革命烈士，学习他们不怕困难、不怕牺牲、英勇献身的革命精神，跟着时代的英雄，走向充实，走向崇高，走向伟大。全体起立，排队出列
学生活动	1. 在纪念碑前默哀一分钟。 2. 敬献鲜花。 3. 行队礼。 4. 唱队歌。 5. 瞻仰纪念碑
设计意图	引导学生选取恰当的方式纪念人民英雄，以实际行动表达对革命先烈的敬仰之情

六、板书设计

板书设计见图 3－30。

《百年逐梦　复兴中华》
——学身边英雄，圆中华复兴梦

时代英雄　　身边英雄　　当代英雄

革命精神

图 3－30　板书设计

七、作业与拓展学习设计

同学们能说说我们当代的英雄故事吗？作为新时代的青少年，你又应如何向他们看齐？

八、特色学习资源分析、技术手段应用说明

带领学生现身革命老区，邀请当地书记讲革命英雄事迹，用好红色资源活教材。让学生了解、感悟当地革命先辈们走出苦难、复兴中华的艰难历程，使学生树立奋发图强的爱国志向，并用恰当的方式纪念人民英雄，以实际行动表达对革命先烈的敬仰之情。

九、教学反思与改进

课上充分利用本土红色文化资源，让学生现身革命老区上课，通过看视频、听书记讲、感知革命的精神，认识到复兴中华需要一代又一代中国人的共同努力，使学生树立奋发图强的爱国志向。

本节课所采用的教学方式、提出的问题层层递进，达到突出重点、突破难点的目的，学生在自主探究中发展了思维能力。

弘扬中华优秀传统文化和民族精神

佛山市南海区西樵高级中学　赵小兰

一、教学内容分析

“弘扬中华优秀传统文化和民族精神”是思想政治教材统编版必修四第三单元第七课第三目的内容。此内容在全书中起着承上启下的作用，既呼应了前文“文化的功能”和“我国的传统文化”，同时也为下文“发展中国特色社会主义文化”“培育和践行社会主义核心价值观”埋下伏笔。

中国共产党的百年光辉历程，展现了自强不息精神和深厚的爱国情怀，与思想政治课教材中“中华民族精神”高度契合。此课集中反映了立德树人的教育任务。结合党史教育学习，青年一代能从小在心里种下爱国的种子，弘扬传统文化和中华民族精神，并投身到中华民族伟大复兴的实践中。因此，本课有着重要的理论和现实意义。

二、学情分析

高二学生通过系统学习，已经掌握了文化的功能和我国传统文化等知识，对百年党史也有一定的了解，具备一定的知识基础和逻辑思维能力，能在教师的引导下透过现象分析其内在的原因和本质。随着自我意识的发展，他们不喜欢满堂灌的教学方式，乐于在情境中探究、在合作中分享。利用党史创设好课堂情境，使课程贴合实际、贴合生活，能激发学生的家国情怀，更好地理解中华民族精神，并自觉成为中华民族精神的弘扬者、建设者，为实现中国特色社会主义中国梦而奋斗。

三、目标确定

1. 知识目标：理解如何实现创造性转化和创新性发展；识记中华民族精神的基本内涵。

2. 能力目标：从中国共产党的百年党史中感受中华民族精神的巨大作用和力量。

3. 情感态度价值观目标：在党史教育中感受优秀传统文化和中华民族精神的巨大作用和力量；引导学生胸怀祖国、厚植爱国主义情怀、坚定理想信念，自觉肩负起为实现中华民族伟大复兴的使命担当。

四、学习重点难点

1. 教学重点：创造性转化和创新性发展；中华民族精神的基本内涵和意义。

2. 教学难点：优秀中华传统文化与民族精神的关系。

五、学习活动设计

环节一　从家书看传统文化在今天

活动设计项目	内　　容
教师活动	1. 选定两位同学分别朗读方志敏的《可爱的中国》和史砚芬的《给弟弟妹妹的家书》，指导学生用抑扬顿挫的声调，比较准确地表达作者的思想感情。 2. 提出问题：家书是中华传统文化的重要表现形式，是家人之间传递情愫，沟通交流，寄寓乡愁的重要载体。但今天这种方式已不多用，为什么？
学生活动	1. 两位学生用抑扬顿挫的声调清晰、响亮、富有感情地把家书读出来。 2. 学生发言，抒发自己的看法。学生除了谈及写信这种方式的缺点外，也会谈及它的优点
设计意图	自古以来，家书都起着传讯寄情的重要作用，是我们传统文化的重要表现形式之一。一封家书，一段历史，几乎每封家书背后都有一个感人的故事。但随着社会的发展，传统文化也要进行创造性转化、创造性发展，才能更好地适应当代实践和社会发展的要求。由此引出第一个知识点“创造性转化和创新性发展”

环节二　破解“红色”力量之谜

活动设计项目	内　　容
教师活动	1. 教师播放新闻视频，展示国庆期间各地红色旅游火热，人们纷纷去景点欣赏红色家书，重温红色征程的场景，同时引出两个问题：什么叫“红色旅游”？“红色旅游”为什么这么红？ 2. 参加红色旅游，赏读红色家书，重温红色征程，使人们深受感动的是什么？
学生活动	1. 观看视频，思考问题，开展讨论。 2. 小组合作探究，总结回答
设计意图	2021 年恰逢建党 100 周年，国家推出多条红色旅游路线，引发红色旅游热。教师在创设此情境中，引导学生思考：革命烈士身上有什么宝贵的精神品质？对我们今天的生活会产生什么影响？这样教师就可以借此总结中华民族精神的基本内涵和重要作用

环节三　变化的时代，不变的情怀

活动设计项目	内　　容
教师活动	播放2020年全员支援武汉抗击新冠肺炎视频，并引出任务。 1. 中国共产党的精神谱系不仅在新民主主义革命时期初步形成，在社会主义革命、建设和改革开放时期，也在不断地丰富和发展着。同学们知道在这个阶段还形成了哪些精神吗？ 2. 请留意，视频中走在抗疫最前线的是什么人？ 3. 教师点拨：这些精神尽管产生的时代背景和具体内涵有所不同，但都始终涌动着中国共产党人不变的情怀，这就是爱国主义、中国精神。今天，我们可以通过哪些途径方式去弘扬伟大的中华民族精神呢？请从身边生活和书本两方面说明
学生活动	1. 观看视频。小组交流分享，举例回答如雷锋精神、女排精神、工匠精神等。 2. 学生回答教师提问：中共党员。 3. 学生分别谈感受并举例，如社区公益活动、志愿者服务活动等，同时结合教材归纳知识，从而理解弘扬中华民族精神也是践行社会主义核心价值观的要求，并归纳中华民族精神的途径
设计意图	如何使看似抽象的中华民族精神特别是爱国主义精神得到具体化的体现呢？对于中学生教育来说，既要结合革命烈士的英勇事迹，也要彰显当今社会年轻一代的精彩故事，从而为学生树立榜样。中华民族精神的“时代性”是优秀传统文化和中华民族精神的衔接点。通过党史教育展现不同时代下相同的爱国情怀，能帮助学生更好地理解。此外，通过学生的举例，自然引渡到后面的社会实践作业

环节四　课堂小结

活动设计项目	内　　容
教师活动	先由学生画出思维导图进行总结，再由教师做点评总结
学生活动	学生制作本节课的思维导图

六、板书设计

板书设计见图 3－31。

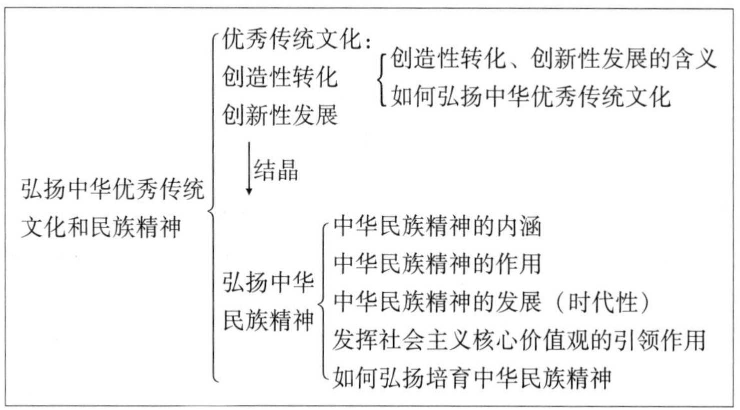

图 3－31　板书设计

七、作业与拓展学习设计

1. 完成相应课题的学案，预计花时 20 分钟。
2. 调查身边的志愿者活动，并积极参与。

八、特色学习资源分析、技术手段应用说明

1. 借助一体机平台展示红色家书。
2. 播放视频《红色旅游》和《我是中共党员，我在抗疫一线》。

九、教学反思与改进

本节课以党史作为基线，通过对不同环节的运用和真实情境的创设，引导学生通过合作与探究掌握弘扬中华优秀传统文化和中华民族精神等必备知识，也能通过朗读红色家书、观看视频感悟到革命烈士和当代共产党员的深厚爱国情怀和理想信念，从而增强社会责任感，明确自己肩上的政治使命。

把党史融入思政课，活用各种红色资源，能使思政课充满魅力。在教学中，反对单纯罗列史实，而是要对党史进行加工，提取有利于与思政课结合的“点”，注重创设情境，发挥学生的主体作用，变输入为“生成”，切实

提高课堂效率。对于价值观不仅要内化于心，外化于行，如能为学生创造实践和行动的契机，教学效果会更佳。

始终走在时代前列

桂城中学　许家伟

一、教学内容分析

本课从党的指导思想、法宝、党员先锋模范作用说明“党始终走在时代前列”，从理论指引到实践落实，从中央部署到党员践行论证“中国共产党的先进性”，既是对第一课中国共产党是“历史和人民的选择”的有力印证，也为后一课“坚持和加强党的全面领导”起自然过渡和理论阐明作用，有助于学生理解中国共产党的先进性，增强政治认同。

二、学情分析

本课的教学对象为高一年级学生，通过初中道德与法治和历史课的学习，学生已经接触到相关党史知识，思维活跃，善于思考，具备一定的合作探究能力。通过脱贫攻坚和抗击新冠肺炎疫情的成功实践，学生自然会产生对党和国家的认同。本课内容结构清晰，但理论性较强，可采用具体实践情境，调动学生的学习积极性，触动学生的真实情感体验，从而落实教学目标，增强政治认同。

三、目标确定

了解中国共产党一脉相承、与时俱进的指导思想和永葆生机与活力的法宝及共产党员的先锋模范作用。通过分析脱贫案例和撰写颁奖词，增强分析与综合能力、反思与评价能力。在探究脱贫攻坚过程中，感悟中国共产党的先进性，立志成为有共产主义理想信念的、坚定的社会主义事业建设者和接班人。

四、学习重点难点

1. 教学重点：党的指导思想与时俱进、发挥党员的先锋模范作用。
2. 教学难点：解放思想、实事求是、与时俱进、求真务实的内涵。

五、学习活动设计

环节一　思想之光照亮脱贫征途

思想理论	扶贫思想	扶贫措施、具体政策
马克思主义		
毛泽东思想		
邓小平理论		
“三个代表”重要思想		
科学发展观		
习近平新时代中国特色社会主义思想		

活动设计项目	内　容
教师活动	展示情境：习近平同志在全国脱贫攻坚总结表彰大会上庄严宣誓。 提出问题：中国的扶贫事业之所以取得举世瞩目的伟大成就，离不开党的指导思想作为行动指南。以小组为单位完善党的扶贫指导思想发展表格
学生活动	小组展示：学生展示课前收集的社会主义扶贫思想，完善扶贫思想的发展历程。 百家讲坛：以“一脉相承、与时俱进”为主题，阐明中国共产党指导思想的一脉相承、与时俱进的逻辑脉络
设计意图	党的指导思想内容较为宏观抽象，由学生自行搜集整理社会主义扶贫思想发展脉络，提升学生的信息获取与整理能力，直观感受党的扶贫思想的一脉相承、与时俱进，体会实践基础上的理论创新是社会变革的先导，突破教学难点。另外，通过百家讲坛活动，让学生自行挖掘党指导思想的逻辑脉络，调动学生学习主动性，将枯燥的理论输入型学习转化为活跃的课堂演讲输出型活动，有效化解了内容抽象的问题，发挥学生主体地位，调动学生学习积极性

环节二　脚踏实地创造脱贫奇迹

活动设计项目	内　容
教师活动	展示情境：牛津大学中国研究中心主任拉纳米特教授表示，过去的四十年，中国创纪录地带领数亿人成功脱贫，对全球减贫的贡献率超七成。这是中国发展战略取得的重要成就。他认为中国是全球贫困治理的重要贡献者，可以为全球贫困治理提供中国智慧和中国方案。 设置任务：小组合作，分工收集汇总具体脱贫案例。思考不同地区精准扶贫过程中的共性措施
学生活动	案例展示：全班划分为三大小组，分别搜集整理福建省寿宁县下党乡、湖南省湘西土家族苗族自治州花垣县十八洞村、云南省贡山县独龙江乡的脱贫实践，从产业、教育、基建等方面梳理党中央、基层党组织、党员干部是如何贯彻落实精准扶贫工作的。 集体思考：中国共产党的“法宝”——解放思想、实事求是、与时俱进、求真务实在打赢脱贫攻坚战中的体现
设计意图	通过分析党在脱贫攻坚过程中贯彻解放思想、实事求是、与时俱进、求真务实，增强分析与综合能力，直观感受党的“法宝”的在脱贫攻坚过程中的具体体现，感受脱贫攻坚过程中普遍性与特殊性的关系，体会中国共产党的实践智慧，增强政治认同和科学精神

环节三　扶贫路上谱写秀美人生

活动设计项目	内　容
教师活动	展示情境：习近平总书记在全国脱贫攻坚总结表彰大会上向全国脱贫攻坚楷模荣誉称号获得者颁奖：历时七年在绝壁上凿出天路的毛相林；献身教育扶贫，点燃大山女孩希望的张桂梅；回乡奉献，谱写新时代青春之歌的黄文秀…… 设置任务：请搜集整理脱贫攻坚战中共产党员的先进事迹，为扶贫路上优秀共产党员撰写颁奖词
学生活动	表彰大会：展示扶贫路上共产党员的先进事迹，并为他们撰写颁奖词。 演讲比赛：以“请党放心，强国有我”为主题开展班级演讲比赛
设计意图	深入了解脱贫攻坚战中共产党员的先进事迹，通过为扶贫路上优秀共产党员撰写颁奖词，接受先进思想、高尚精神、优良品质的熏陶，感受共产党员的先锋模范作用，增强政治认同。通过脱贫攻坚到乡村振兴，真切感受党的政策的一脉相承、与时俱进，同时引导学生认识到自己肩负的责任与使命，增强学生的政治认同，引导学生的公共参与

六、板书设计

板书设计见图 3－32。

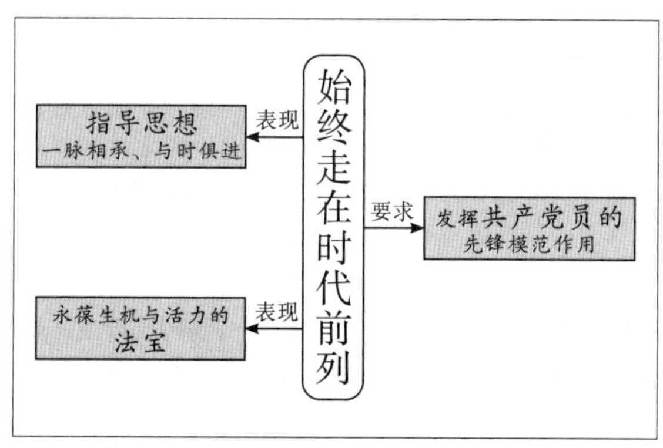

图 3－32　板书设计

七、作业与拓展学习设计

用“中国共产党的先进性”分析中国共产党在新冠肺炎疫情防治中发挥的作用，撰写 500 字左右的小论文。

八、特色学习资源分析、技术手段应用说明

观看《全国脱贫攻坚总结表彰大会》视频。

九、教学反思与改进

围绕党史学习教育的教与学的经验性总结，基于学情分析和目标达成度进行对比反思，教学自我评估与改进设想。

需要学生课前小组合作完成的任务，要明确任务负责人，同时确定任务完成时间表。

伟大的改革开放

佛山市南海区里水高级中学　张美莲

一、教学内容分析

本节课为新版教材必修1《中国特色社会主义》第三课“只有中国特色社会主义才能发展中国”第一框题“伟大的改革开放”。从历史逻辑来看，教材叙述的历史时期是改革开放以来的历史阶段；从内容逻辑上，教材不仅阐述了改革开放的历程，更着重阐述了改革开放的重大历史意义。本课既承接前一课的内容，又开启下一课的探究。围绕改革开放这一中心点，通过阐述改革开放进程，深化学生对改革开放重大意义的认知，培养学生对中国特色社会主义才能发展中国的政治认同，坚定四个自信。

二、学情分析

新高考，新教材，新学生。学生此前已经学习了“社会主义从空想到科学，从理论到实践的发展”，以及“只有社会主义才能救中国”，充分理解了科学社会主义的来龙去脉以及社会主义在中国的建立，对“社会主义”已具理论认知。学生通过历史学习已经了解了改革开放的历史背景，但学生缺乏对“中国特色社会主义”的理解，以及对改革开放重大意义的理解和认同。

学生在生活中可以感知到党、政府发挥的作用，辩证地看待改革开放的成就，深化对改革开放的认识，深化对党的坚强领导、人民群众的勤劳和智慧的认识。通过学习社会主义作为新的社会形态具有强大生命力，从而增强我国深化改革开放的信心，增强对我国社会主义社会制度的认同感，树立道路自信、理论自信、制度自信和文化自信。通过本课学习，对于学生树立正确的世界观、人生观、价值观，积极参与政治生活具有重要意义。

三、目标确定

通过让学生上网搜集资料，理解党的十一届三中全会实现历史性转折的意义；通过自主学习活动，了解改革开放的进程，培养自主学习能力、总结归纳能力；通过课堂小组讨论改革开放以来中国发生的巨变，理解改革开放的意义，明确改革开放的重要性、必要性，坚定对中国共产党和改革开放的信心，坚定道路自信，认同只有中国特色社会主义才能发展中国。

四、学习重点难点

1. 教学重点：改革开放的伟大意义。

2. 教学难点：改革开放的进程（重要时间节点）。党的十一届三中全会重新确立了马克思主义的思想路线、政治路线和组织路线。

五、学习活动设计

环节一　课前党史测试

活动设计项目	内　　容
教学活动	学生利用平板在规定时间答题。根据学生答题效果看掌握党史情况，奖励答题较好的学生
设计意图	本节课是在实验班进行，每个学生都有平板，课前用平板进行党史测试，考查学生答题效果看掌握党史情况，让学生用党史相关知识对竞赛题目进行判断、分析；坚定制度自信，增强政治认同

环节二　体验感悟

活动设计项目	内　　容
教学活动	播放视频：深圳有如此大的变化是因为什么呢？（改革开放） 介绍党的十一届三中全会。 让学生在轻松愉悦的氛围下进入到课堂学习中，从感性上了解我国改革开放前后人民群众生活的变化，了解改革开放后取得的成就，了解深圳因改革开放而生，也因改革开放而兴；同时理解我国进行改革开放的背景

续上表

活动设计项目	内　　容
设计意图	从学生身边的具体事例入手，吸引学生注意力，激发兴趣。增强对我国社会主义社会制度的认同感，树立道路自信、理论自信、制度自信和文化自信

环节三　合作探究

活动设计项目	内　　容
教师活动	播放视频：《昨日、今日和明日的深圳》。 引出课题以“决定当代中国命运的关键一招”为总领全课。教师引导，环节一：破局之招——十一届三中全会的历史转折；环节二：引领之招——改革开放的星火燎原；环节三：制胜之招——改革开放的今天和明天。 提出问题：创造改革开放伟大奇迹的重要力量是什么？改革开放的重要意义是什么？
学生活动	学生思考、回答：（游戏：时间接龙）绘制改革开放的历程图。 总结改革开放的起步、深化和全面改革的新时代新格局。 人民是历史的创作者，群众是真正的英雄。人民群众是我们的力量源泉。领导核心：党；主体力量：人民
设计意图	学生带着问题阅读教材，提高学生综合运用知识的能力，体现学生的主体地位。提高学生推理与论证、分析与综合、探究与建构能力

环节四　迁移升华

活动设计项目	内　　容
教师活动	让学生思考：改革开放完成了吗？
学生活动	谈谈改革开放对青年学生的启示。要坚定理想信念，志存高远，脚踏实地，勇做时代的弄潮儿
设计意图	让学生真切体会实践发展永无止境，解放思想永无止境，改革开放也永无止境，停顿和倒退没有出路。学生的学习也是永无止境的，鼓励学生坚定理想信念。接近学生实际生活，进而加强学生对改革开放意义的理解

六、板书设计

板书设计见图 3－33。

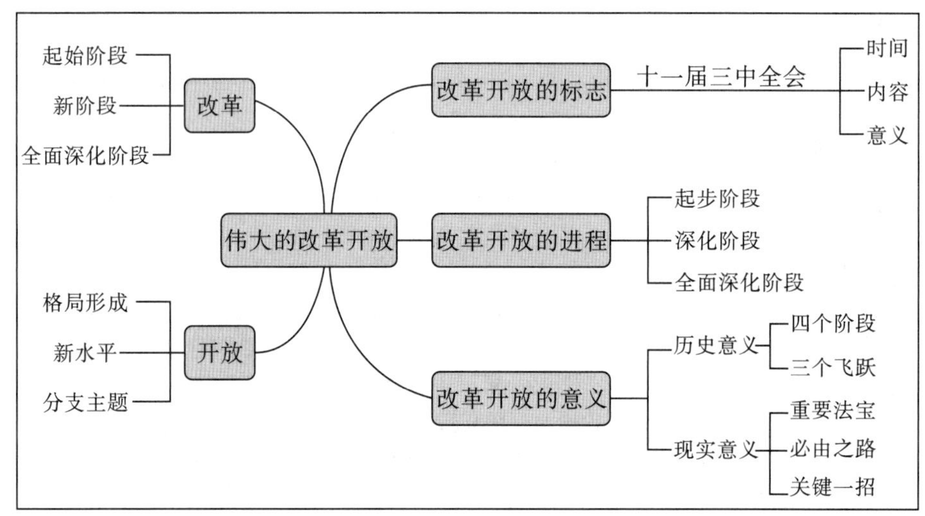

图 3－33　板书设计

七、作业与拓展学习设计

主题演讲：放飞青春梦想，改革开放正进行！

开展“放飞青春梦想，改革开放正进行”的演讲活动，让学生真切体会实践发展永无止境，解放思想永无止境，改革开放也永无止境，停顿和倒退没有出路。学生的学习也是永无止境的，鼓励学生坚定理想信念，圆高考梦！

八、特色学习资源分析、技术手段应用说明

实验班教学，遵循“以学为主、先学后教、以学定教”的先进教育理念，通过教学模式和学习方式的创新，有效提高学生的自主学习、合作、探究等学习能力和核心素养。在教学中，可以运用信息技术和学习移动终端，丰富教学资源和学习资源，能快速直观地反馈学生学习进度和知识掌握程度，有针对性地突破重难点，个性化因材施教，培养学生自主学习能力和开展高效课堂教学。

九、教学反思与改进

本课设计的活动，分为平板测试—体验感悟—合作探究—迁移升华四个主要环节，这些环节环环相扣，层层深入，由感性认识上升到理性认识，在由理性认识回到学生的实践中去，符合学生的认知规律。因为设置深圳改革开放的情景学生很容易领会，所以学生参与热情很高，课堂气氛一直很活跃、参与面很广；在整个教学过程中充分尊重了学生主体地位，并加以适当点拨，使得课堂氛围温馨而和谐；同时，我既注重激发学生的学习兴趣，也注重对学生知识和能力的培养，取得了良好的教学效果。但是也存在一定的不足，比如在时间的把握上不够，对知识点深度挖掘不够。今后在挖掘相关知识点时要与习近平中国特色社会主义思想更加完美融合，在高考考点深度上要注重方法指导。

始终坚持以人民为中心

佛山市南海区南海中学 易彩云

一、教学内容分析

本课时教学内容属于第一单元第二课第一框。第二课“中国共产党的先进性”具有承上启下的作用，阐述中国共产党领导为什么能够成为历史的必然和人民的选择。第一框结合中国共产党的性质、宗旨、执政理念和奋斗目标，讲述中国共产党是具有先进性的政党，始终坚持以人民为中心。

学习本课时内容，能够增强党史学习教育的功能价值，引导学生增强政治认同，树立正确的价值观，坚决拥护党的领导。

二、学情分析

学生在高一上学期学习了“中国特色社会主义”，有了一定的知识储备。学习了中国共产党带领中国人民革命、建设和改革的历程，理解中国共产党人的初心和使命是为中国人民谋幸福、为中华民族谋复兴。

学生在必修三第一课“历史和人民的选择”学习了中华民族在寻求救亡图存的出路中最终选择了中国共产党，中国共产党执政是历史必然和人民的选择。学生会有进一步探索的兴趣和发展需求，了解中国共产党领导为什么能够成为历史的必然和人民的选择。

三、目标确定

1. 指导学生查找资料，了解党史纪念物。透过党史纪念物背后的故事，使学生理解中国共产党的性质是工人阶级的先锋队、是中国人民和中华民族的先锋队，党的宗旨是全心全意为人民服务。

2. 结合“岭南女杰”区梦觉用一生诠释共产党人的忠诚的事迹，说明中国共产党与中国人民的关系，懂得人民立场是中国共产党人的根本立场，进一步明确。

（1）中国共产党坚持立党为公、执政为民的执政理念。要践行全心全意为人民服务的根本宗旨，要坚持党在社会主义初级阶段的基本路线。

（2）中国共产党把人民对美好生活的向往作为党的奋斗目标。达成热爱祖国、热爱中国共产党，坚决拥护中国共产党领导的政治认同。

3. 查找资料，探究和分享党提出的我国社会主义现代化建设的时间表和路线图。理解马克思主义是随着时代、实践和科学的发展而不断发展的、开放的理论体系。

四、学习重点难点

1. 教学重点：党的性质、宗旨、执政理念。
2. 教学难点：如何坚持立党为公、执政为民。

五、学习活动设计

环节一　探寻红色纪念物，感悟党的性质宗旨

活动设计项目	内　容
教师活动	1. 教师指导学生查找资料，了解党史纪念物背后的故事。 2. 指导学生思考佛山红色纪念物背后的故事，填写表格

续上表

<table>
<tr><th>活动设计项目</th><th>内容</th></tr>
<tr><td>学生活动</td><td>
学生交流、介绍自己搜集的党史纪念物，讲述它们背后的故事。说明对党的性质、宗旨的理解。
<table>
<tr><th>名称</th><th>纪念物的位置</th><th>纪念物背后的故事</th><th>我们要铭记什么</th></tr>
<tr><td>红船</td><td>浙江嘉兴南湖</td><td>1921 年，中共一大最后一天的会议从上海转移至浙江嘉兴，在南湖的一条游船上胜利闭幕，宣告中国共产党的诞生</td><td>中国革命的航船从这里扬帆起航，体现了“开天辟地、敢为人先”的首创精神</td></tr>
<tr><td>广州起义纪念碑</td><td>广州市越秀区中山二路 92 号烈士陵园</td><td>1927 年广州起义爆发，并迅速建立了中国第一个苏维埃政权——广州苏维埃政府</td><td>广州起义是中国共产党单独领导革命战争和创建人民军队的伟大开端，在中国革命史上谱写了光辉的篇章</td></tr>
<tr><td>中共南海县委旧址</td><td>南海区狮山镇显纲社区中和里 234 号</td><td>1927 年，中国共产党在南海县显纲村建立首个县级组织机构——中共南海县委员会</td><td>南海革命之火从这里燎原。在中共南海县委的领导下，南海重新恢复党组织和农会，配合广州起义战斗</td></tr>
</table>
</td></tr>
<tr><td>设计意图</td><td>本环节引导学生了解党史纪念物，围绕“我们要铭记什么”，在理论维度和实践维度的统一中深刻认识中国共产党人的初心和使命，导入对新课的学习。联系党的性质、宗旨说明党保持先进性的必要性</td></tr>
</table>

环节二　重温红色党史故事，理解党的执政理念

活动设计项目	内　　容
教师活动	1. 课前指导学生搜集“岭南女杰”区梦觉的先进事迹，并请学生代表讲述。 2. 归纳总结。引导学生结合区梦觉的事迹，理解中共的执政理念、奋斗目标
学生活动	1. 学生通过报刊、网络搜集“岭南女杰”区梦觉的先进事迹并讲述。 2. 学生结合区梦觉的事迹思考：作为一名中国共产党党员，区梦觉最宝贵的品质是什么？如何理解中国共产党执政理念的内涵和奋斗目标？ 总结：“岭南女杰”区梦觉成为中国妇女解放运动的先驱，用一生诠释共产党人的忠诚，全心全意为人民服务，践行了立党为公、执政为民的执政理念
设计意图	“岭南女杰”区梦觉是佛山党史人物代表之一，区梦觉是佛山市南海区松塘镇人，选取学生身边的事例，情境真实、党史感人。旨在让学生加深对中国共产党的执政理念、奋斗目标的理解

环节三　建设现代化强国，畅想美好生活愿景

活动设计项目	内　　容
教师活动	教师提醒学生在选择采访对象时要注意年龄、职业等方面的多样性，应向采访对象简要介绍我国现代化建设的时间表和路线图
学生活动	1. 学生选择几位采访对象，了解他们对 2035 年和 21 世纪中叶的愿景的认知，将相应内容填入表中。 2. 进一步访谈或查找资料，列举人们实现共同愿景所面临的机遇和挑战。就如何实现共同愿景提出建议。 总结：坚持党的领导，坚持立党为公、执政为民，就要坚持党的宗旨、坚持党的基本路线
设计意图	向学生展示实行改革开放以来我国社会主义现代化建设的时间表和路线图，要求学生选择几位采访对象，了解他们对 2035 年和 21 世纪中叶的愿景的认知，进而对采访结果进行分析，引导学生畅想未来，关注祖国的发展与进步

六、板书设计

板书设计见图 3－34。

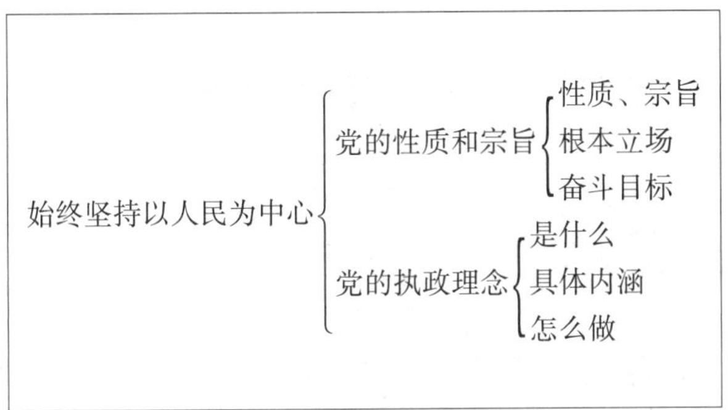

图 3－34　板书设计

七、作业与拓展学习设计

设计具体的真实情境作业："以不忘初心为主题，设计红色旅游线路，让游客感悟党的性质宗旨、执政理念。"引导学生利用 2 个周末的放假时间，结合情境进行多维度的探究和深入学习，从而多角度评价学生学科核心素养的发展水平。

八、特色学习资源分析、技术手段应用说明

广东革命历史悠久，有大量纪念碑、烈士陵园等党史纪念物，是把党史融入思政课程的鲜活教材。可以指导学生利用周末时间，参观家庭住址附近的党史纪念物，例如广州起义烈士陵园、中共南海县委旧址、区梦觉故居、谭平山故居、陈铁军故居、吴勤烈士陵园、西海抗日烈士陵园、粤中纵队纪念馆等。

九、教学反思与改进

教学过程中应注重对学生的过程性评价，不要急于归纳总结。要让学生发自内心地体会到坚持中共领导的正确性、坚决拥护党的领导。

党在我心中

佛山市南海区里水镇和顺第二初级中学　陈彩婷

一、教学内容分析

青少年是祖国的未来、民族的希望，对党的认知状况，直接影响党的事业的传承和发展。然而初中阶段学生对党的认识还不足，对党的光辉历程中的革命精神体会不深，为扎实开展党史学习教育，本课内容融合党史中的时间线、革命人物和红色地标，志在通过党史教育进课堂，补充学生对党史的了解，引导学生认真学习党领导人民推进中华民族伟大复兴的光辉历程，让学生树立正确的历史观和人生观。

二、学情分析

初中学生在平时的学习，尤其在历史学科的学习和思政课堂的渗透中，已经对党史有了初步了解，具有一定的知识储备。学生在课堂之外也会看到一些相关的内容，对立志成为团员的学生来说，党史对他们的吸引力也是更大的。但大部分学生只对党史有着浅层了解，因此需要我们对此进行引导，激发学生认识党、走近党的热情。

三、目标确定

1. 情感、态度、价值观目标：能结合生活实际和所学，体会党在近百年历史进程中形成的革命精神。

2. 能力目标：引导学生在行动上落实爱党、爱国、爱社会主义的观念，激发学生树立远大理想，为中华之崛起而努力奋斗。

3. 知识目标：初步了解中国共产党党史，了解革命先烈的事迹，知道党章的相关内容。

四、学习重点难点

1. 教学重点：让学生在日常生活中将爱党、爱国内化于心，外化为行动。

2. 教学难点：在学习中对学生的价值取向做适时和正确的引导，领会革命精神，激发学生树立远大理想。

五、学习活动设计

环节一 观百年征程，理党史脉络

活动设计项目	内 容
教师活动	引用习近平总书记的话并播放视频，跟着总书记的讲述，来回顾中国共产党的百年征程，吸引学生的注意力，让学生对党的光辉历程有更多的了解。教师引导学生用一句话总结每个时期的重点
学生活动	学生根据视频及所学，梳理党史的时间脉络，从新民主主义革命时期、社会主义革命和建设时期至改革开放和社会主义现代化建设新时期，用一句话总结每个时期的重点
设计意图	党史记载了中国共产党引领人民的辉煌成就，更蕴有近百年的艰难探索与不屈精神。通过视频和时间线梳理，将百年历史化繁为简，吸引学生的注意力，充分调动学生的感官，让学生了解党史的时间脉络

环节二 知党的由来，明党的发展

活动设计项目	内 容
教师活动	通过图片和视频展示党的名称的由来、中共一大的相关内容和中共一大到中共十九大的时间及重要意义，并结合历史做简要阐述，重点强调党的发展过程中的行动指南
学生活动	1. 观看 PPT 展示的相关内容，知道“中国共产党”名称的由来，认识跟党的名称由来相关的两位主要人物：陈独秀、蔡和森。 2. 观看视频，了解党的生日定在 7 月 1 日的原因。学生对党的由来和发展有更深刻的认识

续上表

活动设计项目	内　容
设计意图	借党的名称和党的生日的由来拓展学生的知识面，激发学生的学习热情，引起学生的学习兴趣。在此环节中，学生能够了解中共一大召开的地点及会议要点，知道中共一大召开的意义及红船精神的内涵，知道中国共产党走过了一条艰难曲折的革命道路

环节三　讲革命故事，游红色地标

活动设计项目	内　容
教师活动	1. 教师通过 PPT 展示陈铁军、罗登贤的事迹，播放视频《红色地标里的党史故事——吴勤烈士陵园》，引导学生分享自己所知的革命先烈故事，让学生感悟革命精神，激发学生爱国爱党的热情。 2. 教师通过五一假期 95 后和 00 后成为红色旅游主力的热点新闻来引入，让学生分享自己的经历和感悟，再通过展示佛山的红色地标，来激发学生的爱国热情，并教育学生要文明旅游，保持对革命先烈的尊重，对生命要有敬畏之心
学生活动	1. 观看 PPT 和视频，了解革命先烈的事迹，分享自己所知道的其他革命先烈故事。以小组为单位搜索党的前进历程中一些杰出的共产党员和革命者的事迹。各小组谈感悟，其他小组进行补充，感悟革命精神。 2. 分享自己所去过的红色教育基地，分享所感所想
设计意图	简单的说史可能会让学生感到枯燥无味，通过学生自己来讲述自己所知的革命先烈故事和分享到过的红色教育基地，再辅以教师提供的该地区的革命先烈故事和红色地标，更能吸引学生注意力，激发学生兴趣，让学生进一步感悟革命先烈的精神。而且学生在搜集与寻找革命先烈事迹的同时，开拓了学生的视野，也让学生在主动去了解革命先烈人物的同时，无形之中树立起对革命先烈的崇拜与敬佩，引导学生从革命先烈事迹和红色地标中感悟革命精神

环节四　党员如何为，志在向党进

活动设计项目	内　容
教师活动	调查班上有多少位团员，有多少人想成为党员，PPT 展示《中国共产党章程》部分内容，了解入党过程、党和共产主义青年团的关系

续上表

活动设计项目	内　　容
学生活动	学生根据实际情况填写调查表，了解《中国共产党章程》，谈谈自己的感想
设计意图	对于中国共产党党员，很多同学仅仅停留在书本知识和时政热点中的文字上，这样很容易让学生觉得党离我们的生活很远，不知道党员是做什么的，而根据《中国共产党章程》的部分内容，学生可以知道怎样成为一个党员，成为正式党员要经历怎样的过程，从而让学生进一步了解党，激发学生立志成为党员的意愿

环节五　党史记心中，誓要忠于党

活动设计项目	内　　容
教师活动	教师对活动做总结：历史事实告诉我们，没有共产党就没有新中国，党领导人民在过去的100年里写下的光辉篇章，我们坚信也一定能够在新的世纪继续写出更加壮丽的篇章
学生活动	学生宣誓：站在“两个一百年”的历史交汇点，让我们以咬钉嚼铁的干劲、只争朝夕的拼劲、不负韶华的闯劲，为奋斗“十四五”开启新征程贡献自己的蓬勃力量！
设计意图	通过教师总结，学生宣誓升华本节课，给本节课画上一个完整的句号

六、板书设计

板书设计见图3－35。

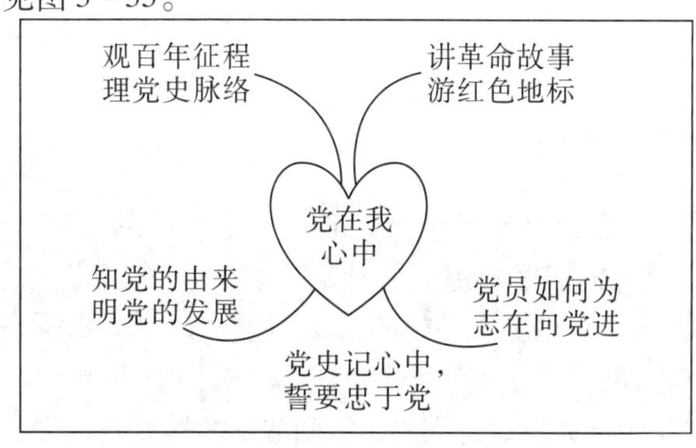

图3－35　板书设计

七、作业与拓展学习设计

课后作业：写一篇课后感想，要求300字左右。

通过写课后感想的方式，让学生自由表达对党的认识，可看出学生对本节课内容的掌握程度，进一步了解学生的想法。

八、特色学习资源分析、技术手段应用说明

本课善用多媒体器材进行视频播放和图片放映，逐一动画播放，给学生以直观体验，课件所用学习资源兼具时代特色和新颖性，结合了党史和时政，具有学科特色。

九、教学反思与改进

本节课通过图片、视频、分享经验和知识竞赛等方式，激发学生的学习兴趣，注重发挥学生的主动性和积极性。整节课流程完整，从知情意行等方面对学生进行引导，让学生对党有了更深刻的认识。但是也存在教师讲党史较多，学生分享较少，不够大胆发表自己的感悟等问题。

改革开放促发展

南海实验学校　方籍伟

一、教学内容分析

“改革开放促发展”是九年级上册第一单元第一课“踏上强国之路”的第一目内容。本单元的三个关键词分别是“富强”“改革”“创新”。“改革开放促发展”介绍了促进改革开放的历史因素、改革开放是如何促发展的，最终落脚到实行改革开放是决定当代中国命运的关键抉择。

改革开放史是中国人民敢为人先、敢闯敢试的勤劳致富史，学习本课内容能够帮助学生全面理解改革开放的历史必然性，了解改革开放的深刻影响。

二、学情分析

学生在八年级已经学过有关改革开放的知识，在历史课上也学习了中国近代史，这为本课的学习提供了一定的基础。但是学生的知识储备、生活经历有限，不能全面地思考我国经济发展过程中遇到的问题。

三、目标确定

1. 了解我国在中国共产党带领下从站起来到富起来再到强起来的伟大征程；了解社会的变迁。

2. 能够运用所学知识对经济现象做出正确分析，提高搜集资料、解读资料和解决现实问题的能力。

四、学习重点难点

1. 教学重点：理解改革开放的意义。

2. 教学难点：理解改革开放，理解让一切创造社会财富的源泉充分涌流。

五、学习活动设计

环节一　促进改革开放的历史因素

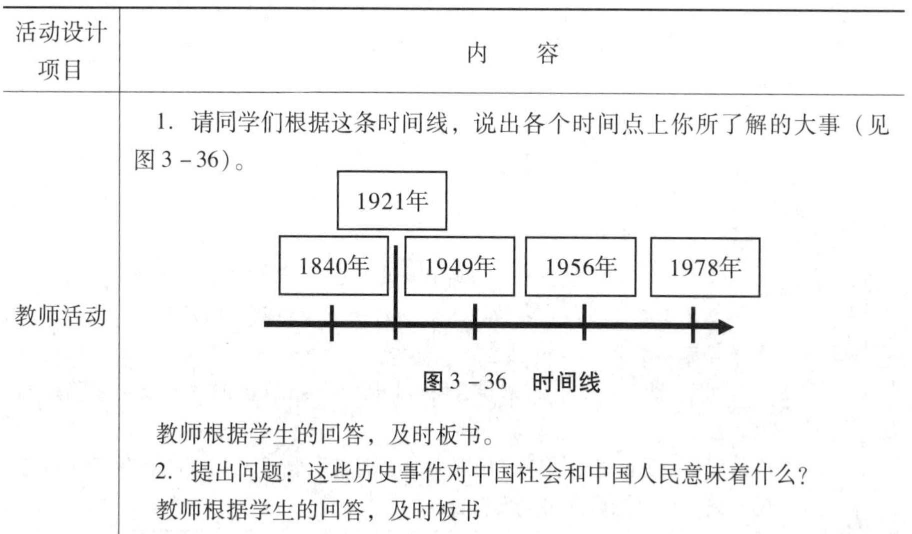

活动设计项目	内　　容
教师活动	1. 请同学们根据这条时间线，说出各个时间点上你所了解的大事（见图 3－36）。 1840年　1921年　1949年　1956年　1978年 **图 3－36　时间线** 教师根据学生的回答，及时板书。 2. 提出问题：这些历史事件对中国社会和中国人民意味着什么？ 教师根据学生的回答，及时板书

续上表

活动设计项目	内　　容
学生活动	学生们思路会很多，但其中最常回答的是1840年鸦片战争，1921年中国共产党诞生，1949年中华人民共和国成立，1956年“三大改造”基本完成，1978年十一届三中全会召开（或改革开放）。 1. 1840年鸦片战争标志着中国进入到半殖民地半封建社会。 2. 1921年中国共产党诞生，意味着中国革命面貌从此焕然一新。 3. 1949年中华人民共和国的成立意味着中国人民从此站起来了。 4. 1956年“三大改造”的基本完成标志着我国进入到社会主义初级阶段。 5. 1978年十一届三中全会胜利召开，改革开放拉开序幕，中国综合国力显著增强
设计意图	1. 重心下移，学生在八年级上册已经学习了相关知识，回顾中国近代史，感受中国共产党带领中国人民走过了的百年沧桑。 2. 给出具体的时间点，避免学生思路太过宽泛，影响教学进行。 3. 中国从站起来、富起来到强起来离不开中国共产党的领导

环节二　改革开放是如何促发展的

活动设计项目	内　　容
教师活动	展示材料： 材料一：1978年11月的一天，安徽省凤阳县小岗村18位农民郑重地签下一份“契约”，揭开了中国农村改革的序幕，家庭联产承包责任制迅速推广，促进农业生产发展。在农村改革的推动下，城市经济体制改革逐步在全国推开。1984年，中共十二届三中全会通过《关于经济体制改革的决定》，城市改革进一步推进，改革的中心环节是增强全民所有制企业的活力。 提问：结合所学知识思考，改革开放后，我国确立了哪些基本经济制度？ 材料二：1978年7月，东莞县太平服装厂创办了全国第一家来料加工企业——太平手袋厂。 材料三：1980年春节前，当时社会上“姓资姓社”的争论还没结束，时任南海县委书记梁广大带队敲着锣、打着鼓，到丹灶南沙村的“万元户”家里贺富，轰动一时。 提问1：小组讨论：改革开放后人们参与经济社会的热情发生了怎样的变化？ 提问2：同学们还知道哪些佛山的企业是乘着改革开放的春风迅速崛起的？请小组讨论后，派代表发言

续上表

活动设计项目	内　　容
学生活动	1. 阅读材料一，并结合课本内容可以答出： （1）以公有制为主体、多种所有制经济共同发展。 （2）按劳分配为主体，多种分配方式并存。 （3）社会主义市场经济体制等社会主义基本经济制度。 2. 阅读材料二、材料三，并经过小组讨论后，结合课本第6页内容可以答出提问1：改革开放使广大人民群众参与社会劳动、创造社会财富的积极性和主动性空前高涨。尊重劳动、尊重知识、尊重人才、尊重创造已成为社会共识。 根据自己生活所见所闻，小组交流后想到提问2的一些答案：美的集团、林氏木业、海天酱油、格兰仕家电、乐从家具等
设计意图	三则材料由大到小，环环相扣，首先让学生们了解国家经济制度大背景，正是逐步确立了这些社会主义基本经济制度，才迎来了中小企业的快速崛起，进而激发了人们创造社会财富的活力。从学生身边的事例出发，更有代入感，让学生有话说

六、板书设计

板书设计见图3－37。

改革开放促发展
- 前提：站起来、富起来、强起来
- 制度保障：基本经济制度、分配制度、社会主义市场经济体制
- 人民力量：尊重劳动、尊重知识、尊重人才、尊重创造

图3－37　板书设计

七、作业与拓展学习设计

1. 单选题（用时3分钟）。

佛山大学毕业生小宁申请到南海政府“国家资助大学生自主创业无息贷款”后，创办了一个科创微型企业。像小宁创办的这种微型企业，在社会主义市场经济的舞台上，焕发出蓬勃的生命力。对此理解正确的是（　　）

①改革开放使广大人民群众参与社会劳动、创造社会财富的积极性高涨

②我国社会主义市场经济体制不断完善

③国家鼓励创办微型企业是尊重劳动的表现

④微型企业增强了国民经济的活力，成为我国国民经济的主体

A. ①②③④　　B. ①②④　　C. ①③④　　D. ①②③

解题思路：我国基本经济制度和社会主义市场经济体制的确立让中小企业蓬勃发展，人民生活水平也日益提升。用本土创业历程启发学生，理解改革开放及其重要意义，理解让一切创造社会财富的源泉充分涌流，突出重点、突破难点。正确答案D。

2. 材料分析题（用时8分钟）

材料：四十年风雨，“美的”成为中国改革开放浪潮中制造业发展的一个缩影。从诞生那一刻，美的那段艰苦卓绝的创业经历和砥砺前行的发展历程，为改革开放这个伟大的时代献上了辉煌的颂歌。

1968年美的创始人带领23人集资5 000元在顺德北滘创业。

1980年生产电风扇，进入家电行业。

1981年正式注册使用“美的”商标。

1999年美的商标被评为“中国驰名商标”。

2002年冰箱公司成立。

2018年7月23日，美的集团斥资约40亿元回购股票。

探究：改革开放背景下，为什么美的集团能快速发展？

参考答案：

（1）美的集团不断技术创新，形成独创技术。

（2）美的集团不断体系创新，塑造企业发展的高价值典范。

（3）美的集团不断经营创新，兼容并蓄、共享优势资源。

（4）美的集团不断产品创新，为美的集团带来更稳固的市场地位。

八、特色学习资源分析、技术手段应用说明

改革开放史是父辈们亲身经历的历史，学生们从小耳濡目染，学习资源丰富。课堂教学中借助希沃白板，动态视频播放，图文结合，进一步引导学生关注改革开放史，坚定道路自信、理论自信。

九、教学反思与改进

本节课基于学生已有的知识经验，从学生生活实例入手，以小见大，帮助学生更加了解改革开放史，理解中国共产党带领中国人民实现历史性飞跃所付出的艰辛与不易。

经过一节课的学习，学生能够分析一些简单的经济现象，但由于知识限制、经验欠缺，学生尚不能全面地分析其深层次的原因，有待进一步学习。

改进设想：课前让学生搜集改革开放相关的历史资料，调查父辈们的生活经历，形成调查报告；课中小组讨论后班级交流，可以使课堂更加流畅，也能帮助学生们更好地理解改革开放的伟大历史意义。